Arbeitsrecht

mit Hinweisen auf das Sozial- und Ausbildungsrecht

Von

Prof. Dr. jur. Karl Linnenkohl

unter

Mitarbeit von

Dipl. oec. Christine Gressierer

und

Dipl. oec. Regina Schütz

4., veränderte und ergänzte Auflage

R. Oldenbourg Verlag München Wien

Die Deutsche Bibliothek - CIP-Einheitsaufnahme

Linnenkohl, Karl:
Arbeitsrecht : mit Hinweisen auf das Sozial- und Ausbildungsrecht / von Karl Linnenkohl. Unter Mitarb. von Christine Gressierer und Regina Schütz. – 4., veränd. und erg. Aufl. – München ; Wien : Oldenbourg, 1999
ISBN 3-486-24838-3

Rosenheimer Straße 145, D-81671 München
Telefon: (089) 45051-0, Internet: http://www.oldenbourg.de

Gedruckt auf säure- und chlorfreiem Papier
Gesamtherstellung: WB-Druck, Rieden

ISBN 3-486-24838-3

Inhaltsverzeichnis

Vorwort (zur vierten Auflage)

Ebenso wie für die dritte waren auch für die vierte Auflage der gesamte Text des Buches zu überarbeiten sowie die Fälle auf ihre Aktualität zu überprüfen. Neue Gesetzte, gesetzliche Änderungen sowie neue Grundsatzentscheidungen von Bundesarbeitsgericht, Bundesverfassungsgericht und Europäischem Gerichtshof waren zu berücksichtigen.

Viele „kleine Schritte" des Gesetzgebers haben in der zurückliegenden Zeit das geltende Arbeits- und Sozialrecht nicht unerheblich ge- und verändert. So hat das Arbeitsrechtliche Beschäftigungsförderungsgesetz 1996 z. B. den Geltungsbereich des Kündigungsschutzgesetzes eingeengt und den gesetzlichen Anspruch auf Lohnfortzahlung im Krankheitsfalle durch das Entgeltfortzahlungsgesetz von 100 auf 80 Prozent reduziert. Ebenso hat das ab 1. Juli 1994 geltende Arbeitszeitgesetz (als Artikel 1 des Arbeitszeitrechtsgesetzes) die überalterte Arbeitszeitordnung abgelöst und den öffentlichrechtlichen Arbeitszeitschutz neu gestaltet u. a. mit dem Ziel, die Rahmenbedingungen für flexible Arbeitszeit zu verbessern. Eine grundlegende Neuerung stellt auch das Arbeitsschutzgesetz (1996) dar, mit dem eine entsprechende EG-Richtlinie umgesetzt worden ist.

Das Arbeitsförderungsgesetz ist als drittes Buch in das Sozialgesetzbuch (SGB III) überführt worden. Dabei sind u. a. die Vorschriften über die Gewährung von Kurzarbeitergeld neu gefaßt worden. Außerdem tritt ab 1. Januar 1999 an die Stelle des Konkursausfallgeldes das Insolvenzgeld.

Verfasser und Ko-Autorinnen danken Frau Margarete Korn für die erfolgreiche Mitarbeit bei der Textherstellung.

Die Verfasser

Vorwort (zur dritten Auflage)

Für die dritte Auflage des Buches mußte der Text überarbeitet werden. Die Änderungen und Ergänzungen befinden sich auf S. 129ff. Seit dem Erscheinen der zweiten Auflage in 1986 sind neue Gesetze sowie Änderungen bereits bestehender Gesetze in Kraft getreten. Außerdem galt es, neue Grundsatzentscheidungen des Bundesarbeitsgerichtes und des Bundesverfassungsgerichtes zu berücksichtigen.

Bei den neuen Gesetzen handelt es sich um das Sprecherausschußgesetz und das Sozialgesetzbuch (SGB) V. Inhaltliche Änderungen betreffen das Schwerbehindertengesetz, das Bundeserziehungsgeldgesetz, das Jugendarbeitsschutzgesetz, das Berufsbildungsgesetz sowie das Bundesdatenschutzgesetz.

Das Bundesverfassungsgericht hat die gesetzlichen Vorschriften für Arbeiter für verfassungswidrig erklärt. Vom Bundesarbeitsgericht sind u.a. Entscheidungen zur rechtlichen Beurteilung von Warnstreiks, zur Frage der Arbeitnehmerhaftung und Kurzerkrankungen ergangen.

Herrn Assessor Gerhard Kilz danke ich für wertvolle fachliche Unterstützung.

Vorwort (zur zweiten Auflage)

Die zweite völlig überarbeitete Auflage meines Buches erscheint im Oldenbourg Verlag. Herrn Dipl.-Volkswirt **Martin Weigert** sei hierfür herzlich gedankt.

Der Text ist durchgesehen und auf den neuesten Stand gebracht, die neuere Literatur und Rechtsprechung ist eingearbeitet worden. Dies gilt besonders für die Darstellung des Arbeitskampfrechtes. Die gesetzlichen Neuregelungen, das Beschäftigungsförderungsgesetz - vor allem im Hinblick auf die Befristungsregelung von Arbeitsverhältnissen -, das Bundeserziehungsgeldgesetz, die Neufassung des § 116 Arbeitsförderungsgesetz sowie der Entwurf der Bundesregierung für ein Arbeitszeitgesetz sind berücksichtigt. Der Inhalt des Buches ist um ein neues Kapitel (Fall Nr. 30) erweitert worden, in dem das Informations- und Datenschutzrecht behandelt wird. Dieses neue Rechtsgebiet gewinnt immer mehr an theoretischer und praktischer Bedeutung, nicht zuletzt durch die Entscheidung des **Bundesverfassungsgerichtes** vom 15.12.1983 zum Volkszählungsgesetz, mit der das Gericht ein „informationelles Selbstbestimmungsrecht" als Bestandteil des allgemeinen Persönlichkeitsrechtes anerkannt hat.

Frau G. Theil danke ich für die Mitarbeit bei der Textherstellung, Frau Dipl.oec. R. Schütz vor allem für die Mitarbeit bei der Erweiterung des Buches um den informations- und datenschutzrechtlichen Teil sowie Herrn Assessor H.-J. Rauschenberg für stete unermüdliche Mitarbeit an der Neufassung des Manuskriptes sowie für konstruktive und anregende Kritik.

Vorwort (zur ersten Auflage)

Das Arbeitsrecht gehört zu jenen Rechtsgebieten, die in der Praxis des Wirtschaftswissenschaftlers (Ökonomen, Betriebswirtes), des Ingenieurs u.a. eine entscheidende Rolle spielen können. Dennoch kann von diesen Berufsgruppen nicht erwartet werden, daß sie das Arbeitsrecht bis in alle Einzelheiten und Streitfragen hinein beherrschen. Vielmehr kommt es darauf an, die Bedeutung des Arbeitsrechtes für die berufliche Tätigkeit aufzuzeigen sowie Interesse und Verständnis für Aufgabe und Funktion dieser Rechtsmaterie zu wecken. Das bedingt eine exemplarische Stoffauswahl bei gleichzeitiger Berücksichtigung der Systematik des Arbeitsrechtes. Die Darstellung erfolgt anhand von Fällen, die in Lehrveranstaltungen erprobt sind. Die fallweise Stoffbehandlung dient der Veranschaulichung von Sinn und Tragweite der besprochenen Rechtsnormen, außerdem der Schulung in der Rechtsanwendung. Rechtsausbildung für die vorstehend erwähnten Berufe hat eine das (Fachhochschul- oder Universitäts-) Studium ergänzende, also komplementäre, Funktion. Die Vermittlung und der Erwerb von Rechtskenntnissen steht folglich nicht - wie für Juristen -

im Mittelpunkt des Studiums, sondern stellt einen unter mehreren Ausbildungsfaktoren dar. Das heißt nicht, daß nicht auch Studenten der Rechtswissenschaft - zum Einstieg in das Arbeitsrecht - Nutzen aus der Lektüre dieses Buches ziehen können.

Am Ende jeder Fallbesprechung finden sich Hinweise auf weiterführende und vertiefende Literatur bzw. Rechtsprechung. Zur Verdeutlichung sind dem Text Schaubilder beigegeben.

Den Herrn Tutoren Heinz Brethauer, Rainer Emde und Gerhard Tripp danke ich für wertvolle Mitarbeit bei der Durchsicht von Manuskript und Druckfahnen.

Abkürzungsverzeichnis

A.A.	Anderer Ansicht
a.a.O.	am angeführten Ort
ABM	Arbeitsbeschaffungsmaßnahme(n)
Abs.	Absatz
AEVO	Ausbildereignungsverordnung
a.F.	alte Fassung
AFG	Arbeitsförderungsgesetz
AG	Arbeitsgericht
allg.	allgemein
Anm.	Anmerkung
AP	Arbeitsrechtliche Praxis
ArbG	Arbeitgeber
ArbGer	Arbeitgeber (Mehrzahl)
ArbGG	Arbeitsgerichtsgesetz
ArbN	Arbeitnehmer
ArbNer	Arbeitnehmer (Mehrzahl)
ArbSichG	Arbeitssicherheitsgesetz
ArbuR	Arbeit und Recht
ArbZG	Arbeitszeitgesetz
Art.	Artikel
Aufl.	Auflage
Ausn.	Ausnahme
AÜG	Arbeitnehmerüberlassungsgesetz
AV	Arbeitsverhältnis
AVE	Allgemeinverbindlicherklärung (von Tarifverträgen)
AZ	Arbeitszeit
AZO	Arbeitszeitordnung
BAG	Bundesarbeitsgericht
BAGE	Bundesarbeitsgericht, Entscheidungen
BAV	Berufsausbildungsvertrag

BB	Der Betriebs-Berater
BBG	Bundesbildungsgesetz
BBiG	Berufsbildungsgesetz
Bd.	Band
BeschFG	Beschäftigungsförderungsgesetz
Beschl.	Beschluß
bestr.	bestritten
BetrVG	Betriebsverfassungsgesetz
BErzGG	Bundeserziehungsgeldgesetz
BfA	Bundesversicherungsanstalt für Angestellte
BGB	Bürgerliches Gesetzblatt
BGBl.	Bundesgesetzblatt
BMAuS	Bundesminister für Arbeit und Sozialordnung
BR	Betriebsrat
BSG	Bundessozialgericht
BSHG	Bundessozialhilfegesetz
BT-Drucksache	Bundestags-Drucksache
BUrlG	Bundesurlaubsgesetz
BV	Betriebsvereinbarung
BVerfG	Bundesverfassungsgericht
BVerfGE	Bundesverfassungsgericht, Entscheidungen
bzw.	beziehungsweise
DB	Der Betrieb
d.h.	das heißt
DVR	Datenverarbeitung im Recht
EFZB	Entgeltfortzahlungsgesetz
Entsch.	Entscheidung
Erl.	Erläuterung(en)
etc.	et cetera (lateinisch) = und so weiter (usw.)
EuGH	Europäischer Gerichtshof
EzA (SD)	Entscheidungssammlung zum Arbeitsrecht (Schnelldienst)
f.	folgende Seiten oder folgende Paragraphen

ff.	fortfolgende Seiten oder fortfolgende Paragraphen
Fußn.	Fußnote
GAZ	gleitende Arbeitszeit
GewO	Gewerbeordnung
gem.	gemäß
Ges.	Gesetz
GG	Grundgesetz
GmbH	Gesellschaft mit beschränkter Haftung
GmbHG	Gesetz betreffend die Gesellschaften mit beschränkter Haftung
Gr.S.	Großer Senat
GS	Gemeinsamer Senat der obersten Gerichtshöfe des Bundes
HAG	Heimarbeitsgesetz
HandwO	Handwerksordnung
HGB	Handelsgesetzbuch
hins.	hinsichtlich
h.L.	herrschende Lehre
h.M.	herrschende Meinung
HRG	Hochschulrahmengesetz
hrsg.	herausgegeben
HV	Hessische Verfassung
IA	Interessenausgleich
IG	Industriegewerkschaft
IRWAZ	individuelle regelmäßige wöchentliche Arbeitszeit
i.S.	im Sinne
i.e.S.	im engeren Sinne
i.d.F.	in der Fassung
i.S.d.	im Sinne der, des
i.S.e.	im Sinne einer, eines
i.V.m.	in Verbindung mit
i.w.S.	im weiteren Sinne
JASchG	Jugendarbeitsschutzgesetz
JZ	Juristenzeitung

KAPOVAZ	Kapazitätsorientierte variable Arbeitszeit
KFZ	Kraftfahrzeug
KO	Konkursordnung
KR	Gemeinschaftskommentar zum KSchG
KSchG	Kündigungsschutzgesetz
LAA	Landesarbeitsamt
LadSchlG	Ladenschlußgesetz
LAG	Landesarbeitsgericht
Lit.	Literatur
LohnfortzG	Lohnfortzahlungsgesetz
LVA	Landesversicherungsanstalt für Arbeiter
m.	mit
MB	Mitbestimmung
MdE	Minderung der Erwerbsfähigkeit
ME	Mitentscheidung
m.E.	meines Ermessens
MitbestG	Mitbestimmungsgesetz
mm	manager magazin
MuSchG	Mutterschutzgesetz
MW	Mitwirkung
m.w.N.	mit weiteren Nachweisen
n.F.	neue Fassung
NJW	Neue Juristische Wochenschrift
Nr.	Nummer
n.v.	nicht veröffentlicht
NZA	Neue Zeitschrift für Arbeit- und Sozialrecht
od.	oder
OLG	Oberlandesgericht
PersVG	Personalvertretungsgesetz
PKW	Personenkraftwagen
pos.	positiv(e)
p.V.V.	positive Vertragsverletzung

Präs.	Präsident
RdA	Recht der Arbeit
Rn.	Randnummer
Reg.Entwurf	Regierungsentwurf
RG	Reichsgericht
RGZ	Amtliche Entscheidungssammlung des Reichsgerichtes in Zivilsachen
RGBl.	Reichsgesetzblatt
Rspr.	Rechtsprechung
RVO	Reichsversicherungsordnung
S.	Seite
s.	siehe
SAE	Sammlung arbeitsrechtlicher Entscheidungen
SGB	Sozialgesetzbuch
sog.	sogenannt(e)
SP	Sozialplan
SchwbG	Schwerbehindertengesetz
SchwBeSchG	Schwerbeschädigtengesetz
st.	ständige(r)
Std.	Stunde
StGB	Strafgesetzbuch
str.	strittig
TOP	Tagesordnungspunkt
TV	Tarifvertrag
TVG	Tarifvertragsgesetz
Tz.	Textziffer
U	Unternehmer
u.	und
u.a.	unter anderem bzw. und andere
üb.	über
Urt.	Urteil
UVVen	Unfallverhütungsvorschriften

UWG	Gesetz gegen den unlauteren Wettbewerb
v.	von
vgl.	vergleiche
VG	Verwaltungsgericht
v.H.	vom Hundert
VO	Verordnung
Vorbem.	Vorbemerkung(en)
Wo.	Woche
z.	zum
z.B.	zum Beispiel
Ziff.	Ziffer
ZPO	Zivilprozeßordnung

I. Abschnitt: Allgemeines

Fall Nr. 1: Der Begriff des Arbeitsrechtes

Auf welche der folgenden Personen trifft Arbeitsrecht zu:

a) Inhaber einer Bauschlosserei,

b) Handelsvertreter,

c) Reisenden,

d) frei praktizierenden Arzt,

e) Telearbeiter,

f) „Selbst-Angestellten,

g) Beamten

h) Strafgefangenen?

Besprechung

Die Beurteilung der vorstehenden Frage setzt die Kenntnis des **Begriffes** sowie die **Aufgabe** (Funktion) des Arbeitsrechtes voraus. Es gibt keine gesetzliche Definition. Eine einheitliche Kodifikation des Arbeitsrechtes zu einem sog. Arbeitsgesetzbuch hat bisher - trotz vorhandener Bestrebungen und gesetzliche Verpflichtung aufgrund des Vertrages über die Herstellung der Einheit Deutschlands - Einigungsvertrag - (Art. 30) - nicht stattgefunden. Arbeitsrecht ergibt sich somit aus einer Vielzahl von Rechtsquellen, die über die gesamte Rechtsordnung verteilt sind (vgl. Fall Nr. 2). Aus der Summe dieser Rechtsregeln haben die Arbeitsgerichtsbarkeit und die Rechtswissenschaft im Wege verallgemeinernder (abstrahierender) Betrachtungsweise einen Begriff des Arbeitsrechts abzuleiten versucht. Dabei haben sich folgende Auffassungen herauskristallisiert:

Nach üblicher Definition ist Arbeitsrecht das **Recht der abhängigen Arbeit** oder das **Sonderrecht der abhängigen** (unselbständigen) **ArbNer** (h.L.). In vorstehender Inhaltsbestimmung ist ein weiterer zu definierender Begriff, nämlich der des ArbN, enthalten. Nach herrschender, wenn auch nicht unbestrittener, Lehre sind **ArbNer** Personen, die aufgrund privatrechtlichen Vertrages oder eines ihm gleichgestellten Rechtsverhältnisses im Dienst eines anderen zur Arbeit körperlicher oder geistiger Art verpflichtet sind.[1]

[1] **Hueck/Nipperdey**, Lehrbuch, § 9 II.

Gegen den Begriff des Arbeitsrechtes und seine Abgrenzung werden folgende **Einwände** erhoben:

1. Der Ausdruck „Arbeitsrecht" sei zu weit, weil z.B. auch der Unternehmer und der frei praktizierende Arzt Arbeit leistenden (**Gamillscheg**[2] u.a.). Richtig ist, daß der Begriff die Vorstellung weckt, Arbeitsrecht umfasse sämtliche Rechtsregeln menschlicher Arbeit. Nach überliefertem Verständnis handelt es sich aber um das Sonderrecht der **abhängigen** Arbeit.

2. In der Charakterisierung des Arbeitsrechtes als eines **Sonderrechtes** sieht **Wiethölter**[3] ein Paradoxon (Widerspruch), weil Arbeit die menschliche Existenz begründe. Mithin lasse sich Arbeitsrecht als Sonderrecht nur in historischen und gesellschaftlichen Zusammenhängen begreifen. Unter den Bedingungen der bürgerlich-privatkapitalistischen Wirtschaftsgesellschaft sei im 19. Jahrhundert aus dem Arbeitsrecht ein Herrschafts-Recht, ein Recht des Klassengegensatzes von „Kapital" und „Arbeit", geworden.

Hierzu ist zu bemerken, daß ohne die prägende Kraft der zu Beginn des 19. Jahrhunderts einsetzenden Industrialisierung sowie der früh-kapitalistischen Produktionsweise Arbeitsrecht in heutiger Form sicherlich nicht entstanden wäre. Das Arbeitsrecht der westlichen Industriestaaten ist ein junges Rechtsgebiet. Das **Römische** Recht, daß das sonstige Recht auf dem Kontinent stark beeinflußt hat, vermochte keinen entscheidenden Beitrag zur Entwicklung des Arbeitsrechtes zu leisten, weil die abhängige Arbeit in Rom zumeist von Sklaven verrichtet wurde. Das **mittelalterliche** Handwerker-, Bauern- und Gesinderecht war zu stark mit der ständischen Ordnung verbunden, um deren Untergang zu überleben. Das heutige Arbeitsrecht entstand daher erst im Gegensatz zum schrankenlosen Liberalismus z.B. in Form von **Arbeiterschutzrechten**. In **England** erging im Jahre 1802 ein Gesetz „Über die Gesundheit und Moral der Lehrlinge und anderer Personen in den Baumwollspinnereien und -fabriken", in dem verboten wurde, Lehrlinge länger als 12 Stunden täglich zu beschäftigen, Männer und Frauen in gleichen Schlafräumen unterzubringen und mehr als zwei Lehrlinge in einem Bett schlafen zu lassen. Das erste Arbeitsschutzgesetz in Deutschland erließ **Preußen** 1839, mit dem die Arbeit von Kindern unter neun Jahren verboten und die der älteren Kinder auf 10 Stunden beschränkt wurde. 1841 folgte **Frankreich** mit einem „Gesetz über die Kinderarbeit". Zunächst von staatlicher Seite bekämpft, setzte sich **gegen Ende des 19. Jahrhunderts die Anerkennung der Koalitionsfreiheit** durch, die den gesellschaftlichen Zusammenschluß der Arbeiter legalisierte und damit die **Entwicklung des Tarifvertragsrechtes** einleitete.

Wie dieser geschichtliche Rückblick zeigt, ist für das Verstehen des Begriffes des Arbeitsrechtes zwar die Berücksichtigung historisch-gesellschaftlicher Zusammenhänge Voraussetzung. Ob dies jedoch, wie nach **Wiethölters**[4] Auffassung, einzig und allein

---

[2] **Gamillscheg**, Bd. I, S. 1.

[3] **Wiethölter**, S. 281 ff.

[4] **Wiethölter**, S. 281 ff.

auf den Gegensatz von „Arbeit“ und „Kapital“ zurückgeführt werden könne, erscheint fraglich. **Wiethölters** Standpunkt enthält die These, daß Arbeitsrecht vorwiegend das Ergebnis des Kampfes zwischen „Arbeiterklasse“ und „Kapitalisten“ sei. Dies trifft zu, soweit Arbeitsrecht ein Produkt der **Selbsthilfe** der Arbeitnehmer ist. Beispiele hierfür sind der Zusammenschluß zu Gewerkschaften (Koalitionen) und der Abschluß von Tarifverträgen. Als erster wäre der 1873 abgeschlossene Buchdruckertarif zu nennen. 1913 bestanden bereits 12.369 Tarifverträge für 193.000 Betriebe mit etwa 1,8 Millionen ArbNern. Andererseits gehört zur Darstellung des Arbeitsrechtes im 19. Jahrhundert die Erwähnung der Tatsache, daß der Staat zur Beseitigung bestehender Mißstände durch den Erlaß von **Arbeitsschutzgesetzen**, also im Wege der Gesetzgebung, ebenfalls gestaltend tätig geworden ist. Neben Jugendschutz und Truckverbot (s. § 115 GewO und Fall Nr. 8) sind hierfür in den achtziger und neunziger Jahren vor allem das Arbeitsschutzgesetz in Form einer Novelle zur GewO von 1891 sowie die Einführung der gesetzlichen Sozialversicherung (als Sozialrecht) zu erwähnen. Diese Tendenz hat sich im 20. Jahrhundert durch den weiteren Ausbau der Arbeitsschutzgesetzgebung in Bezug auf Krankheit, Alter, Urlaub, Arbeitszeit, Jugend, Frauen, Mütter, Schwerbehinderte, Kündigung und Arbeitsplatz sowie die gesetzliche Ausformung des Betriebsverfassungs- und Tarifvertragsrechtes fortgesetzt und noch verstärkt. Die These **Wiethölters** bedarf also insoweit einer Differenzierung, als der Gegensatz zwischen Arbeit und Kapital nicht den einzigen wesentlichen Faktor für die Entstehung des modernen Arbeitsrechtes darstellt. Vielmehr ist als weitere entscheidende Kraft die staatliche Arbeitsschutzgesetzgebung anzusehen. Im Anschluß hieran ist außerdem auf die Rechtsgestaltung durch Rechtsprechung seitens der Arbeitsgerichte hinzuweisen. (Näheres dazu s. Fall Nr. 2).

3. Im Zusammenhang mit der Definition des Begriffes des Arbeitsrechtes bemerkt **Wiethölter** in bezug auf den Ausdruck **abhängiger ArbN**: nicht der ArbN, sondern der ArbG nehme Arbeit im Sinne von Leistung. Daher handele es sich um eine Rollenvertauschung, die auf einen unerledigten Emanzipationsprozeß hindeute. Es ist zuzugeben, daß die Begriffe „ArbN“ und „ArbG“ mehrdeutig sind und sinnvollerweise nur so verstanden werden können, daß der ArbN Arbeits**gelegenheit** vom ArbG nimmt.

Nach Auseinandersetzung mit den Einwänden gegen den herrschenden Begriff des Arbeitsrechtes bleibt zu fragen, worin die **Abhängigkeit** des ArbN besteht. Personen die für andere Arbeit leisten, lassen sich in zwei Gruppen gliedern: in solche, die die Arbeit im Dienst eines anderen leisten und solche, die in Bezug auf die Arbeitsleistung **selbständig** sind. Das letztere ist der Fall, wenn der Betreffende seine Arbeit selbst einteilen kann und in der Arbeitszeit frei ist. Demgemäß bestimmt beispielsweise § 84 Abs. 1 Satz 2 HGB zur Abgrenzung des selbständigen Handelsvertreter vom angestellten (abhängigen) Reisenden, daß **selbständig ist, wer im wesentlichen frei seine Tätigkeit gestalten und seine Arbeitszeit bestimmen kann.** Wo das nicht der Fall ist und einem anderen (ArbG) ein sog. „Weisungs- und Direktionsrecht“ hinsichtlich der Arbeitsleistung zusteht, liegt Abhängigkeit vor. Diese ist also in erster Linie **persönlicher** und nicht wirtschaftlicher Natur. Daher ist der Handelsvertreter selbständiger Kaufmann (§§ 1 Abs. 2 Nr. 7; 84 Abs. 1 HGB), während der Reisende als (kaufmännischer)

„Angestellter" (im Außendienst) gilt (§ 84 Abs. 2 HGB), selbst wenn sein Einkommen das des Handelsvertreters übersteigen sollte.

Die heutige Erscheinungsform der unselbständigen Arbeitsleistung ist vornehmlich eine Folge der Industrialisierung und der damit verbundenen fortschreitenden Arbeitsteilung. Diese macht die Bindung des ArbN an die Weisungen der Betriebsleitung unabweisbar. Daher ist das Phänomen der Abhängigkeit weniger Auswirkung der jeweiligen Wirtschaftsordnung als vielmehr der industriellen Produktionsweise.

Zur Zeit läßt sich allerdings eine - teilweise abrupte - Veränderung der Produktionsweise beobachten. Die Schornstein-Industrien („smokestake-industries") werden abgebaut bzw. aus Kostengründen in „Drittländer" verlagert. Das bedeutet, industrielle Produktionsweise tritt zunehmen hinter der Dienstleistung - als Folge des Eintrittes in das Informationszeitalter - zurück. Der Prozeß der De-Industrialisierung scheint unaufhaltsam. Lean Management, flexible Arbeitszeit sowie Telearbeit als Ausdruck virtueller Organisation der Arbeitsbeziehungen lockern und verändern das bisherige Weisungs- und Direktionsrecht des ArbG. An dessen Stelle tritt zunehmend - jedenfalls tendenziell - Selbstbestimmung und Zeitsouveränität des ArbN. Dies bleibt nicht ohne inhaltliche Auswirkungen auf die Definition des ArbN-Begriffes. Man kann insoweit von einer Erosion bzw. Aushöhlung sowohl des ArbN - als auch des Betriebsbegriffes sprechen.[5] Mit dem Absterben des Industriezeitalters verändert auch das geltende Arbeitsrecht sein Gesicht.

Unter einem **Angestellten** (employé, impiegato, employee) versteht man herkömmlicherweise im Gegensatz zum angeblich überwiegend körperlich tätigen **Arbeiter** (ourvier, lavoratore, workman) den „Kopfarbeiter", der hauptsächlich geistig arbeitet. Während z.B. ein Maschinenschlosser als qualifizierter Facharbeiter zu einem erheblichen Prozentsatz auch geistig tätig ist, arbeitet eine Schreibkraft, die Diktate von Tonbändern abschreibt, vorwiegend körperlich (manuell). Dennoch stuft man den Facharbeiter als Arbeiter und die Schreibkraft als Angestellte ein. Wie dieses Beispiel zeigt, ist die zu Beginn der (europäischen) Industrialisierung zutreffende Differenzierung zumindest teilweise infolge der durch die fortschreitende Technisierung veränderten Tätigkeitsmerkmale und Berufsbilder überholt. Die zu ziehende Konsequenz wäre die Korrektur der überlieferten Einstufung bisheriger Berufsbilder. Das hätte zur Folge, daß z.B. der Facharbeiter den Angestelltenstatus erhielte, während die Schreibkraft als Arbeiterin anzusehen wäre. Dies hätte für letztere gewisse rechtliche und soziale Nachteile. Daher wäre die Alternative ein Verzicht auf die bisherige Unterteilung in Arbeiter und Angestellte sowie die rechtliche und soziale Angleichung. Diesen Weg hat der Gesetzgeber im Bereich des Arbeitsrechtes eingeschlagen, indem er schrittweise die Rechtsstellung des Arbeiters der des Angestellten angenähert hat (vgl. z.B. § 622 Abs. 1 BGB). Daher bestehen im Arbeitsrecht keine erheblichen Unterschiede mehr zwischen der Rechtsstellung des Arbeiters und der des Angestellten. Der Oberbegriff „ArbN"

---

[5] **Linnenkohl**, Mobilitätstechnologie und Mitbestimmung, in Arbeit in der mobilen Kommunikationsgesellschaft, (Herausgeber: Tinnefeld, Köhler, Piazolo), 1996, S. 193-205

(salasié) findet immer häufiger Verwendung - abgesehen von der Gruppe der leitenden Angestellten.

Auch im Recht der gesetzlichen **Sozialversicherung** hat eine weitgehend materiell-rechtliche Angleichung beider ArbNer-Gruppen stattgefunden. Die Differenzierung nach Arbeitern und Angestellten hat vor allem noch formalrechtlich-organisatorische Bedeutung für die Mitgliedschaft bei den einzelnen Trägern des jeweiligen Versicherungszweiges (z.B. BfA oder LVA).

Insgesamt ist ein Absinken des Anteils der „Arbeiter" und eine Zunahme der Angestelltenberufe festzustellen, auch ein Ausdruck des zunehmenden Dienstleistungscharakters der Wirtschaft.

Als Ausdruck und Folge des Informationszeitalters entstehen neue Formen der Arbeit auch - im Vergleich zum bisherigen Normalarbeitsverhältnis - als „atypische Beschäftigung" bezeichnet. So gilt z.B. **Telearbeit** als Prototype der Arbeit in der Informationsgesellschaft. Über dies stellt sie das „Einfallstor" für die Verbreitung der Arbeit des „Selbstangestellten" (self-employed) dar. Diese Personen fallen arbeitsrechtlich unter den Begriff der **„arbeitnehmerähnlichen Personen"**, die zwischen rechtlich und wirtschaftlich Selbständigen einerseits und ArbNern andererseits angesiedelt sind.

Auf die arbeitnehmerähnlichen Personen findet Arbeitsrecht nicht generell, sondern nur ausnahmsweise Anwendung, soweit dies ausdrücklich vorgesehen ist (s. Schaubilder „Arbeitsrecht bzw. Sozialversicherungsrecht und Selbständigkeit"). Eine gesetzliche Definition der arbeitnehmerähnlichen Personen existiert nicht; Ansatzpunkte für eine mögliche Begriffsbestimmung enthält z.B. § 12 a Abs. 1 Nr. 1 TVG sowie § 2 und 3 HAG. Hiernach sind „arbeitnehmerähnliche Personen" **arbeitsrechtlich Selbständige** (weisungsfrei, vgl. § 84 Abs. 1 Satz 2, Abs. 2 HGB), **die aufgrund ihrer wirtschaftlichen Abhängigkeit einem ArbN in ihrer Schutzbedürftigkeit vergleichbar sind.**

Eine weitere Voraussetzung für den ArbN-Begriff ist der Abschluß eines privatrechtlichen Vertrages (Dienst- bzw. Arbeitsvertrags) oder eines gleichgestellten Rechtsverhältnisses (z.B. faktische Eingliederung in den Betrieb). **Strafgefangene** sind somit keine ArbNer, weil sie nicht aufgrund einer vertraglich eingegangenen Verpflichtung, sondern aufgrund verwaltungsrechtlichen Zwanges sogenannte „Zwangsarbeit" leisten (Art. 12 Abs. 3 GG).

Beamte sind ebenfalls keine ArbNer. Zwar sind sie ebenso wie andere ArbNer zur Arbeitsleistung verpflichtet. Sie werden jedoch durch Aushändigung einer Ernennungsurkunde vom jeweiligen „Dienstherrn", einem Träger staatlicher, kommunaler oder sonstiger hoheitlicher Gewalt, in ein **öffentlich-rechtliches Dienst- und Treueverhältnis** berufen (Art. 33 Abs. 4 GG). Unter **öffentlichem Recht** versteht man die Regelung der Rechtsbeziehung des Bürgers zum Staat und zu sonstigen Trägern hoheitlicher Gewalt sowie die Rechtsverhältnisse dieser Einrichtung zueinander. Dabei ist öffentliches Recht mit „Befehlsgewalt" ausgestattet. Die Rechtsgrundlage für die Tätigkeit eines Beamten ist also im Unterschied zur Arbeitsverpflichtung eines ArbN nicht eine vertragliche Vereinbarung. Vielmehr werden Rechte und Pflichten eines Beamten durch öffentliches Recht in Form von Bundes- oder Landesgesetzen unter Berücksichtigung der **herge-**

brachten Grundsätze des Berufsbeamtentums geregelt (Art. 33 Abs. 5 GG). Unter den Grundsätzen des hergebrachten Berufsbeamtentums versteht man u.a. die prinzipielle lebenslange Anstellung, die Alters- und Hinterbliebenenversorgung sowie die besondere **Treuepflicht** gegenüber dem öffentlich-rechtlichen Dienstberechtigten, aus der die h.L. (bestr. s. Fall Nr. 25) ein **Streikverbot** für Beamte herleitet.[6] Nachdem die öffentliche Verwaltung dem Bürger in zunehmendem Maße neben den überlieferten Formen staatlicher Tätigkeit auch Dienstleistungen, wie z.B. auf dem Gebiet der Energieversorgung, der Personenbeförderung und dem Bildungswesen, erbringt, hat sich die Aufgabenstellung erweitert und damit auch die Personalstruktur verändert. Dies zeigt die Tatsache, daß Arbeiter und Angestellte Eingang in den öffentlichen Dienst gefunden haben und zum Teil Funktionen wahrnehmen, die ehedem Beamte ausübten. Dies hat vor allem in letzter Zeit zu gesetzgeberischen Überlegungen geführt, das gesamte Recht des öffentlichen Dienstes zu vereinheitlichen und die beamtenrechtliche Differenzierung aufzugeben. Schon die Verfassung des Landes Hessen aus dem Jahre 1946 sieht die Schaffung eines einheitlichen Arbeitsrechtes für alle Angestellten, Arbeiter und Beamten vor (Art. 29 Abs. 1). Zunächst bleibt es jedoch noch bei der rechtlichen Sonderstellung der Beamten. Dies kommt auch in der Abgrenzungsvorschrift des § 5 Abs. 2 ArbGG zum Ausdruck, wonach Beamte als solche keine ArbNer sind. Demgegenüber findet jedoch auf Arbeitgeber und Angestellte im öffentlichen Dienst **Arbeitsrecht** Anwendung, weil Grundlage der Anstellung nicht ein öffentlich-rechtliches Dienst- und Treueverhältnis ist, sondern ein Arbeitsvertrag.

Abschließend sei darauf hingewiesen, daß dem anglo-amerikanischen Recht die starke Trennung von Beamten und ArbNer des öffentlichen Dienstes fremd ist.

Zur Beurteilung des zugrunde liegenden Falles lassen sich aus den vorstehenden Ausführungen folgende Ergebnisse ableiten:

Zu a): Der **Inhaber einer Bauschlosserei** ist als **selbständiger** Handwerker (§ 1 HandwO) Unternehmer. Sofern er ArbNer beschäftigt, ist er zugleich ArbG und insoweit an die Rechtsregeln des Arbeitsrechtes gebunden. In seiner Eigenschaft als ArbG wird der Unternehmer also auch vom Arbeitsrecht erfaßt. Dagegen gehören die Rechtsnormen, die sich auf die Unternehmertätigkeit beziehen, nicht zum Arbeitsrecht, sondern z.B. zum Handels- oder Wirtschaftsrecht. Demgegenüber unterliegt jedoch die gesamte berufliche Existenz des ArbN der rechtlichen Bewertung durch das Arbeitsrecht. **In seiner Unternehmereigenschaft trifft also auf den Inhaber einer Bauschlosserei Arbeitsrecht nicht zu.**

Zu b): Dies gilt auch für den **Handelsvertreter** als selbständigen Kaufmann (§§ 1 Abs. 2 Nr. 7, 84 Abs. 1 HGB). Für Einfirmenvertreter (§ 92a HGB) als arbeitnehmerähnliche Personen können gesetzliche Mindestarbeitsbedingungen" festgelegt werden; damit finden tarifliche Regelungen keine Anwendung (§ 12a Abs. 4 TVG).

Zu c): Dagegen ist der **Reisende nicht selbständig** (§ 84 Abs. 1 S. 2 HGB): er gilt daher als Angestellter (§ 84 Abs. 2 HGB), mithin als ArbN, dessen rechtliche Stellung

---

[6] **Hanau/Adomeit**, S. 98; **Brox/Rüthers**, Rn. 323

sich nicht aus dem Handelsvertreterrecht der §§ 84 ff. HGB, sondern aus dem Arbeitsrecht herleitet.

Zu d): Auch der **frei praktizierende Arzt ist selbständig**. Jedoch ist er im Gegensatz zu dem Inhaber einer Bauschlosserei oder einem Handelsvertreter kein Unternehmer, weil die Ausübung der Heilkunde nicht als Gewerbe gilt (§ 6 GewO). Als ArbG z.B. durch die Beschäftigung von ärztlichen Mitarbeitern und Arzthelfern hätte er aber Arbeitsrecht anzuwenden.

Zu e): Der **Telearbeiter** als ArbN verrichtet seine Tätigkeit im Rahmen eines Arbeitsverhältnisses. **Telearbeit** stellt ein typisches Beispiel für die Abkoppelung von Betriebsstätte und Arbeitsplatz (Fall der Flexibilisierung des Unternehmens)[7] dar. Entscheidend ist, daß es sich um eine Tätigkeit als **Arbeitnehmer** handelt und nicht z.B. um die eines Heimarbeiters nach dem HAG oder einer arbeitnehmerähnlichen Person[8]. Die begriffliche Abgrenzung kann bei Telearbeit Schwierigkeiten bereiten, wenn die aus § 84 Abs. 1 Satz 2 HGB zu entnehmenden Kriterien für die Definition der selbständigen bzw. unselbständigen Tätigkeit nicht mehr eindeutig feststellbar sind bzw. ganz entfallen. Ist nämlich die Flexibilisierung der Arbeitszeit, wie dies bei der Telearbeit der Fall sein kann, soweit fortgeschritten, daß man von selbst bestimmter, autonomer Arbeitszeitgestaltung (Eigensteuerung) sprechen kann, entstehen berechtigte Zweifel an der Arbeitnehmereigenschaft. In diesem Fall ist als neues, zusätzliches Abgrenzungskriterium die sogenannte **„informationelle Abhängigkeit“**[9] heranzuziehen. Im Allgemeinen dürfte eine Online-Verbindung mit dem Betrieb bzw. ArbG bestehen, die arbeitsrechtliche Qualität besitzt, wenn auch auf virtuelle Weise. Im übrigen ist heute mehr denn je der Ort der Arbeit ohne Belang[10].

Zu f): Bei dem „sogenannten Selbst-Angestellten“[11] ist zwischen dem Fall echter sowie unechter Selbständigkeit, letztere wird auch als sogenannte „Schein-Selbständigkeit“ bezeichnet, zu unterscheiden. Echte Selbständigkeit setzt voraus, daß keine weisungsgebundene bzw. abhängige Dienstleistung im Rahmen eines Arbeitsverhältnisses erbracht wird. Für die Beurteilung dieses Sachverhaltes sind nicht die rechtlichen, sondern die **tatsächlichen** Verhältnisse maßgeblich. Wird daher Selbständigkeit lediglich vertraglich vorgesehen, um damit ein tatsächliches, unselbständiges Arbeitsverhältnis zu kaschieren, liegt **Schein-Selbständigkeit** vor. Dies kann z.B. im Falle eines Franchise-Nehmers[12] der Fall sein, wenn diesem jegliche unternehmerische Betäti-

---

[7] **Wedde,** Telearbeit, 2. Aufl., 1994.

[8] Vgl. § 12 a TVG.

[9] Vgl. **Linnenkohl,** u.a. ArbuR 1991, S. 203-206.

[10] **Neumann/Biebl,** § 2 Rn. 11 u.s.a. die „Any time/Any place-Matrix“ bei **Picot/Reichwald/Wigand,** Die grenzenlose Unternehmung, 1996, S. 358.

[11] **Fischer,** Die Selbständigen von morgen, 1995.

[12] Unter „Franchising“ versteht man ein Rechtsverhältnis durch das eine bestimmte Marke (Warenzeichen) in Verbindung mit Lizenzen und entsprechenden know-how gegen Entgelt immer anderen zur Nutzung überlassen wird, wie dies z.B. bei „Coca Cola“, „McDonalds“ und „Holiday Inn“ der Fall ist.

gungsfreiheit bei gleichzeitiger Überwälzung des unternehmerischen Risikos genommen worden ist. In diesem Falle ist der Franchise-Nehmer nicht nur weisungsgebunden, sondern darüber hinaus auch wirtschaftlich abhängig und daher sozial schutzbedürftig. Nur bei einem „echten" Franchise-Vertrag liegt somit echte Selbständigkeit vor; wo diese Voraussetzung nicht zutrifft, ist daher von einem Arbeitsverhältnis auszugehen. Im Falle von „Jacques Weindepot" hat das **LAG** Düsseldorf ein echtes Franchising verneint, das **BAG** dieses aber bejaht.[13]

Eine unternehmerische Vermeidungsstrategie zur Nichtanwendung von Arbeitsrecht stellt die Entlassung von Mitarbeitern in die Selbständigkeit dar. In einem die „Weight-Watchers"-Organisation betreffenden Falle hatte der 2. Senat des BAG erstmalig Gelegenheit zur Umwandlung von Arbeitsverträgen von Mitarbeitern in sogenannte „W.-Partnerverträge" und damit zur Statusveränderung von Arbeitnehmern zu Selbständigen Stellung zu nehmen. Das **BAG**[14] führte aus, daß sich das für ein Arbeitsverhältnis erforderliche Charakteristikum nicht feststellen lasse, „daß der Vertragspartner sachlich und zeitlich eine fremdgeplante, fremdnützige und von fremder Risikobereitschaft getragene Arbeit nach Weisung des Dienstberechtigten erbringt." Damit handele es sich bei dem „Partnervertrag" nicht um einen „verschleierten" Arbeitsvertrag, sondern - im Zusammenhang mit der betriebsbedingten Kündigung - um eine zulässige unternehmerische Rationalisierungsmaßnahme. Hiernach kann also die Vermeidungsstrategie „Werkvertrag statt Arbeitsvertrag" eine gelungene arbeitsrechtliche „Emigration" mit Präzidenzcharakter darstellen; sie bietet sich als Begleiterscheinung von „Outsourcing"[15] an.

Echte Selbständigkeit setzt auch voraus, daß es sich nicht um „arbeitnehmerähnliche Personen" z.B. im Sinne des § 92 a HGB (Einfirmen-Vertreter), des § 12 a TVG (z.B. freiberuflich Tätige für Rundfunk- und Fernsehanstalten) sowie um Heimarbeiter im Sinne des HAG handelt.

Perspektivisch läßt sich voraussagen, daß die Verselbständigung des rechtlichen Status der Mitarbeiter als Folge des wirtschaftlichen Strukturwandels und der technologischen Entwicklung zu einer allmählichen Abänderung und Auflösung des bisherigen Arbeitnehmerstatus führen wird. Einen typischen Entwicklungssprung in diesem Sinne stellt die alternierende und ausschließliche Telearbeit dar, bei der nicht nur die Arbeitszeit von der Betriebszeit, sondern auch der Arbeitsplatz von der Betriebsstätte abkoppelbar sind (doppelter Abkoppelungseffekt). Wie das Beispiel des „Outsourcing" belegt, wird sich der Trend zur Funktionsherausverlagerung und Virtualisierung der Unternehmen verstärken. Das bedeutet: Die **selbständige Arbeit** nimmt zu; neben den Arbeitsvertrag tritt in soweit der Dienst- bzw. Werkvertrag, eine Analogie zur handwerklichen Existenz. Im übrigen nimmt in einer sich immer weiter vernetzenden und global agie-

---

[13] **BAG,** Urteil vom 21.2.1990 = EzA Nr. 32 zu § 611 BGB (c/o LAG **Düsseldorf** vom 20.10.1987).

[14] BB 1996, 2358-2361, dagegen stellt nach **BAG**, Urteil vom 26.9.1996 (EzA-Schnelldienst Nr. 1/97, S. 6) die betriebsbedingte Kündigung eines Kapitäns zwecks Besetzung der Arbeitsplätze durch eine ausländische Crewing-Gesellschaft eine unwirksame Austauschkündigung dar.

[15] **Balze/Rebel/Schuck,** Outsourcing und Arbeitsrecht, 1997.

renden Ökonomie die gegenseitige wirtschaftliche Abhängigkeit ständig zu, so daß diese als allgemeines Phänomen nur noch von gradueller Bedeutung sein kann. Wo und soweit sie allerdings einen existentiell bedrohlichen Charakter aufweist, besteht rechtlicher bzw. arbeits- und sozialrechtlicher Handlungsbedarf.

Zu g): Der **Beamte gilt nicht als ArbN**, weil seine Rechtsstellung in einem durch Gesetz ausgestalteten öffentlich-rechtlichen Dienst- und Treueverhältnis begründet ist.

Zu h): Der **Strafgefangene ist kein ArbN**, da er nicht aufgrund eines Vertragsverhältnisses, sondern durch verwaltungsrechtliche Bestimmung im Rahmen einer Strafvollzugsordnung zulässige **Zwangsarbeit** (Art. 12 Abs. 3 GG) leisten muß.

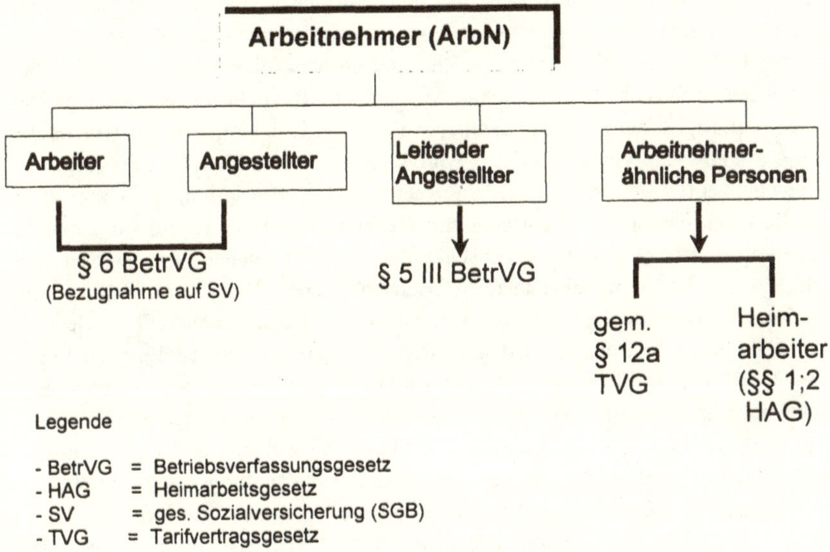

Literaturhinweise:

Grundlegend **Hueck/Nipperdey**, Lehrbuch, §§ 1-27; **Wiethölter**, S. 281 ff. Zum Arbeitnehmerbegriff **Schaub**, § 8; **Linnenkohl** u.a., Der Begriff des Arbeitnehmers und die „informationelle Abhängigkeit", ArbuR 1991, S. 203 ff.; **Fischer**, Die Selbständigen von morgen, 1995; **Wank**, Telearbeit, 1997.

Fall Nr. 2: Die Rechtsquellen

A. arbeitet als kaufmännischer Angestellter in einem Großraumbüro, in dem ständig geraucht wird. Als überzeugter Nichtraucher hält A das zwangsläufige „Mitrauchen“ für gesundheitsschädlich. Er verlangt daher von der Geschäftsleitung den Erlaß eines allgemeinen Rauchverbotes. Zu Recht?

Besprechung

Wenn A von der Geschäftsleitung die Einführung eines allgemeinen Rauchverbotes fordert, so fragt es sich, ob A hierzu berechtigt ist. Die Beantwortung dieser Frage setzt die Suche nach einer **Rechtsnorm** voraus, die dem Verlangen des A entspricht. Unter Rechtsnormen versteht man **typisierte Lebenssachverhalte mit einer Rechtsfolge.** Im vorstehenden Falle könnte die zutreffende Rechtsnorm beispielsweise lauten: „Rauchen in einem Großraumbüro ist verboten“. Man wird jedoch hier nicht davon ausgehen können, daß ein derartiges Verbot auf betrieblicher Ebene, z.B. in Form einer **Betriebsvereinbarung**, besteht. Das Verlangen des A wäre sonst unverständlich. Hieraus folgt, daß die Suche nach einer weiteren möglichen **Rechtsquelle** erforderlich ist. Unter einer Rechtsquelle kann man sich eine **Summe von Rechtsnormen** vorstellen, die die rechtliche Regelung eines bestimmten Lebensbereiches vorsieht. Neben einer Betriebsvereinbarung, die sich auf den Lebensbereich „Betrieb“ bezieht, könnte als Rechtsquelle auch ein **Tarifvertrag** in Betracht kommen, der auf überbetrieblicher Ebene je nach Branchen, d.h. nach Wirtschafts- und Industriezweig, die Arbeitsbedingungen regelt. Unter den Begriff des Tarifvertrages fallen sowohl die bekannten Lohn- und Gehaltstarife als auch die sog. Manteltarifverträge, die die übrigen Arbeitsbedingungen, wie z.B. die Dauer der regelmäßigen Arbeitszeit, die Zahlung von Zulagen und Urlaubsansprüchen, enthalten. Ein betriebliches Rauchverbot könnte als Regelung des Verhaltens der Arbeitnehmer am Arbeitsplatz Gegenstand eines Manteltarifes sein, der insoweit Grundsätze für den Erlaß von Betriebsordnungen aufstellen würde. Bislang haben die Tarifvertragsparteien das Problem eines betrieblichen Rauchverbotes noch nicht aufgegriffen. Sie überlassen es der Regelungsbefugnis der betrieblichen Sozialparteien, dem Arbeitgeber und dem von der Belegschaft gewählten Betriebsrat.

Weiter ist zu prüfen, ob sich der A zur Durchsetzung seines Verlangens auf eine Rechtsnorm im Rahmen einer **gesetzlichen** Rechtsquelle berufen kann. Der Versuch, ein Nichtraucherschutzgesetz einzuführen, ist im Deutschen Bundestag (am 5.2.1998) gescheitert. Im übrigen ist nach Auffassung des **Bundesverfassungsgerichts** eine gesetzliche Verstärkung des Nichtraucherschutzes derzeit nicht geboten, weil der vorhandene gesetzliche Schutz (z.B. gem. § 618 BGB) ausreichend sei (Beschl. vom 9.2.1998 - 1 BvR 2234/97 -). Da A kaufmännischer Angestellter ist, könnte eine derartige Vorschrift in den §§ 59 ff. HGB, der gesetzlichen Regelung des Rechtes der Handlungsgehilfen, enthalten sein. Aus der Zahl dieser Normierungen könnte § 62 Abs. 1 HGB in Betracht kommen. Hiernach ist der „Prinzipal“, d.h. die Geschäftsleitung, verpflichtet, die Geschäftsräume und den Geschäftsbetrieb so einzurichten und zu unterhalten, daß der Handlungsgehilfe gegen eine Gefährdung seiner Gesundheit geschützt ist, soweit die Natur des Betriebes es gestattet. Zwar spricht diese Rechtsnorm das „Rauchen" - ebenso wenig wie andere Schadstoffe (z.B. Holzschutzmittel und Asbest) - als Fall der Gesundheitsgefährdung nicht ausdrücklich an. Jedoch kann jetzt als gesicherte Erkenntnis angesehen werden, daß Rauchen auf die Dauer gesundheitsschädlich ist. Das gleiche dürfte inzwischen für das „passive Mitrauchen" gelten, weil Tabakrauch auch für andere gesundheitsschädigend wirkt. Entscheidende Faktoren hierfür sind die Vergiftung der Luft mit Kohlenmonoxid, Teertröpfchen und Benzpyren, die als krebsfördernde Substanzen erkannt sind. So atmet ein Nichtraucher in stark verräucherten Räumen stündlich den Giftgehalt von etwa vier Zigaretten ein. Ist man am Arbeitsplatz derartigen Bedingungen ständig oder über einen langen Zeitraum ausgesetzt, so handelt es sich um eine Körperschädigung mit Langzeitwirkung, die man als Körperverletzung bezeichnen kann. Insoweit ist also die Auffassung des A zutreffend. Dies ist auch die Rechtsmeinung des **BAG**, das in einem Einzelfall Nichtraucherschutz im Arbeitsverhältnis aufgrund des § 618 Abs. 1 BGBund einen Anspruch auf tabakrauchfreien Arbeitsplatz gewährt hat, wenn dies aus gesundheitlichen Gründen geboten ist (Urteil vom 17.2.1998 - 9 AZR 84/97-)[1]. Im übrigen stellt der Zwang zum passiven Mitrauchen eine „üble Belästigung" dar, die der Nichtraucher nicht zu dulden braucht.[2]

Unter Berücksichtigung dieser Tatsache ist im zugrunde liegenden Falle die Geschäftsleitung verpflichtet, den A im Rahmen des § 62 HGB zu schützen. Dies könnte z.B. durch die Anbringung wirksamer Entlüftungsanlagen oder durch die Einrichtung getrennter Arbeitsplätze für Nichtraucher und Raucher bzw. durch Umgestaltung des Großraumbüros geschehen. Sollten diese Maßnahmen undurchführbar oder nicht wirksam sein, so wäre als letztes Mittel (ultima ratio) ein Rauchverbot für das Großraumbüro auszusprechen.

Die bisherige Prüfung hat ergeben, daß A zwar nicht von vornherein den Erlaß eines allgemeinen Rauchverbotes, wohl aber Schutz vor „passivem Mitrauchen" am Arbeitsplatz beanspruchen kann, was letztlich auch das Untersagen des Rauchens bedeuten kann. Diese Rechtsfolge ergibt sich aus § 62 HGB (der der Norm des § 618 BGB entspricht), also aus einer **gesetzlichen** Rechtsnorm. Diese stellt eine **konkretisierte Form der Fürsorgepflicht des Arbeitgebers** dar, die aufgrund des **Arbeitsvertrages** besteht. (Näheres s. Fall Nr. 10).

Fraglich ist, ob sich diese Rechtslage nicht noch aus einer weiteren, übergeordneten Quelle, dem **GG**, herleiten läßt. Nach Art. 2 Abs. 1 GG hat jedermann das Recht auf freie Entfaltung seiner Persönlichkeit, soweit er nicht die Rechte anderer verletzt. Zur Persönlichkeitsentfaltung gehört auch das Nichtrauchen. In diesem Falle beansprucht der Nichtraucher die Teilnahme am Gemeingebrauch der Atemluft. Ob und in welchem

---

[1] BB 98, 2113f.

[2] **OLG** Stuttgart, Beschl. vom 26.6.1974 = NJW 74, 2014 f.; **VG** Schleswig, Urt. vom 20.9.1974 = NJW 75, S. 275. Weitere Nachweise von Rspr. und Lit. s. **Gamillscheg**, Bd. I., Nr. 129 b, S. 278.

Umfange sich auch der Raucher auf Art. 2 Abs. 1 GG berufen kann, ist streitig.[3] Es wird z.B. die Auffassung vertreten, daß das Rauchen nicht nur ein Gemein- sondern ein Spezialgebrauch des Rechtes auf freie Persönlichkeitsentfaltung sei und daher nur soweit gestattet werden dürfe, als es den Gemeingebrauch des Nichtrauchers an der reinen Luft nicht beeinträchtige.[4] Ohne auf diese Frage an dieser Stelle weiter einzugehen, kann jedoch festgehalten werden, daß für das Verlangen des A auch das GG als Rechtsquelle in Betracht kommt.[5]

Im übrigen vertritt das **BAG** (z.B. Urteil vom 8.5.1996 - 5 AZR 315/96 -) die Auffassung, daß der ArbG im Regelfall nicht verpflichtet ist, die Luft am Arbeitsplatz des ArbN sauberer zu halten, als sie es außerhalb des Arbeitsplatzes ist (allgemeines Lebensrisiko jedes Menschen).

Bei der Behandlung des zugrundeliegenden Falles sind als **Rechtsquellen** der **Arbeitsvertrag**, die **Betriebsvereinbarung**, der **Tarifvertrag**, das **Gesetz** sowie das **Grundgesetz** angesprochen worden. Dabei ist zu ergänzen, daß sich arbeitsrechtliche Normen auch aus **überstaatlichem Recht**, wie z.B. der Europäischen Sozialcharta, EG-Recht sowie **Gewohnheits-** und **Richterrecht** ergeben können. Die einzelnen Rechtsquellen stehen in einem bestimmten Rangverhältnis zueinander. Dabei geht die ranghöhere der rangniederen Rechtsquelle grundsätzlich vor. Demgemäß bestimmt Art. 31 GG, daß Bundesrecht Landesrecht bricht. Abmachungen des Einzel-Arbeitsvertrages dürfen, z.B. grundsätzlich nicht Regelungen einer Betriebsvereinbarung - oder bei Tarifgebundenheit (s. Fall Nr. 24) - Tarifvertragsnormen widersprechen. Diese müssen sich wiederum im Rahmen der Gesetze bewegen, die ihrerseits nicht verfassungswidrig sein dürfen.

Literaturhinweise:

Brox/Rüthers, Rn. 37 ff.; **Dütz**, Rn. 43 ff., **Hanau/Adomeit**, S. 27 ff.; **Otto**, Rn. 111 ff.; **Pünnel**, Rn. 18 ff.

---

[3] Vgl. **Scholz**, Verfassungsfragen zum Schutz des Nichtrauchers, DB 79, Beilage 10; **Schneider/Wülfes**, Nichtraucherschutz durch staatlichen Eingriff oder individuelle Konfliktlösung? 1998.

[4] **AG** Mannheim vom 30.6.1977 = DB 77, 2238, 2239; vgl. auch **VG** Schleswig vom 20.9.1974 = NJW 75, 275.

[5] Vgl. **Scholz**, a.a.O., m.w.N.

Rechtsquellen im Arbeitsrecht

Rechtsquellenlehre statt "Arbeitsgesetzbuch"

↕

Überstaatliches Recht (Völkerrecht, EU-Recht)

↕

Grundgesetz (GG), Verfassungsrecht

↕

Arbeitsschutzgesetze (Art. 20 GG, Sozialstaatsklausel), Richterrecht, Gewohnheitsrecht

↕

Kollektives Arbeitsrecht:

Tarifverträge (Art. 9 III GG, Koalitionsfreiheit) Tarifautonomie

↕

Betriebsvereinbarungen (§ 77 II Betr. VG)

↕

Einzelarbeitsvertrag Vertragsfreiheit (Art. 2 I GG, Privatautonomie

<u>Erläuterung:</u>

Die einzelnen Rechtsquellen stehen in einem "hierarchischen Über- u. Unterordnungsverhältnis zueinander, die jeweils höherrangige hat Vorrang für die Setzung (Festlegung) von ***Mindestarbeitsbedingungen:*** *Im übrigen gilt das* ***Günstigkeitsprinzip.***

Fall Nr. 3: Das einzelne Arbeitsverhältnis

Firma B und Arbeitnehmer A schließen am 15.3.19.. einen Arbeitsvertrag ab, wonach A am 1.4.19.. die Arbeit bei B aufnehmen soll. Inzwischen erkrankt A arbeitsunfähig und kann die Arbeit bei B erst am 15.4.19.. antreten.

1. Ab welchem Zeitpunkt besteht zwischen A und B ein Arbeitsverhältnis?
2. Hat A ab 1.4.19.. einen Lohnanspruch?
3. Wie wäre die Rechtslage, wenn A bei Vertragsabschluß noch minderjährig war, und keine Zustimmung des gesetzlichen Vertreters vorlag?

Besprechung

Der vorstehende Sachverhalt enthält zwei arbeitsrechtlich bedeutsame Begriffe: das **Arbeitsverhältnis** und den **Arbeitsvertrag. Ziel** der nachfolgenden Ausführungen ist die Auseinandersetzung mit Begriff und Funktion des **Arbeitsverhältnisses** sowie dessen Abgrenzung vom Arbeitsvertrag. Allgemein liegt einem Arbeitsverhältnis ein Arbeitsvertrag zugrunde. Ausnahmsweise entsteht ein Arbeitsverhältnis auch ohne Arbeitsvertrag. Die Begründung für diese Feststellung ergibt sich im Zusammenhang mit der Behandlung des Sachverhaltes.

Zu 1. Die Beantwortung der Frage, ab wann zwischen A und B ein Arbeitsverhältnis besteht, setzt u.a. die Klärung dieses Begriffes voraus. Unter Arbeitsverhältnis kann man das aufgrund eines **rechtswirksamen Arbeitsvertrages entstehende Rechtsverhältnis zwischen ArbG und ArbN** verstehen, das im wesentlichen auf den Austausch von Arbeitsleistung und Vergütung gerichtet ist. Nach dieser Definition wird das Arbeitsverhältnis als Rechtsverhältnis durch den **Abschluß des Arbeitsvertrages** begründet. Diese Begriffsbestimmung fußt auf der sog. **Vertragstheorie**[1]. Demgegenüber verlangt die heute kaum noch vertretene **Eingliederungstheorie**[2] die **tatsächliche** Einstellung des ArbN in den Betrieb oder Haushalt des ArbG. Wegen der geschichtlichen und rechtstheoretischen Bedeutung dieses Theorienstreites wird auf **Schaub**[3] verwiesen.

Für das Entstehen eines Arbeitsverhältnisses sind im vorliegenden Falle drei Zeitpunkte zu überprüfen, der 15.3., 1.4. und 15.4.19... Auf den 15.3. fällt der Vertragsabschluß. Am 1.4. ist B arbeitsvertraglich zur Arbeitsaufnahme bei A verpflichtet. Am 15.4. tritt B die Arbeit bei A tatsächlich an. Der Termin 15.3. ist der entscheidende Zeitpunkt für den rechtswirksamen Abschluß des Arbeitsvertrages. Daraus folgt aber nicht das sofortige Entstehen eines Arbeitsverhältnisses. Die rechtliche Verpflichtung zum Arbeitsantritt ist vertraglich auf den 1.4. festgelegt. Ab diesem Zeitpunkt wird also

[1] **Hueck/Nipperdey**, Lehrbuch, Bd. 2, § 21ff.

[2] **Nikisch**, § 19 II ff.

[3] **Schaub**, § 29.

ein Rechtsverhältnis zwischen ArbG A und ArbN B begründet. Somit liegt am **1.4.** ein **Arbeitsverhältnis** vor. **Allgemein** läßt sich formulieren, daß ein **Arbeitsverhältnis** von dem Zeitpunkt an gegeben ist, in dem eine **rechtliche Verpflichtung zum vollständigen oder teilweisen Vollzug des Arbeitsvertrages** besteht. Danach hat in der Zeit vom 15.3 bis 1.4.19.. zwar ein rechtswirksamer Arbeitsvertrag aber kein Arbeitsverhältnis bestanden.

Zu 2. Ob A bereits ab 1.4.19.. ein Lohnanspruch zusteht, ist fraglich. Zwar sollen zu diesem Zeitpunkt nach dem Arbeitsvertrag die gegenseitigen Rechte und Pflichten, die Arbeitspflicht und die Lohnzahlungspflicht, wirksam werden. Jedoch ist zu berücksichtigen, daß A am 1.4. arbeitsunfähig erkrankt und an der Arbeitsaufnahme verhindert ist. Nach dem Grundsatz „ohne Arbeit kein Lohn" würde kein Lohnanspruch entstehen. Hierfür würde auch die schuldrechtliche Regelung des § 323 Abs. 1 BGB sprechen. Danach verliert der Gläubiger den Anspruch auf die Gegenleistung, wenn die ihm obliegende Leistung infolge eines Umstandes **unmöglich** wird, den weder der Gläubiger noch der Schuldner zu vertreten hat. Bei Arbeitsunfähigkeit infolge unverschuldeter Krankheit würde somit kein Lohnanspruch gegeben sein. Dieses Ergebnis würde jedoch eine soziale Unsicherheit des ArbN im Krankheitsfalle auslösen. Damit erweist sich die schuldrechtliche Regelung des § 323 Abs. 1 BGB als unzulänglich für das Arbeitsrecht, zu dessen Aufgaben auch der **Schutz des ArbN** vor den Risiken des Berufslebens gehört. Daher hat der Gesetzgeber für das Arbeitsrecht im Rahmen des Arbeitnehmerschutzrechtes eine eigenständige Regelung geschaffen. Hinsichtlich der Alternative einer Kostenübernahme durch die gesetzliche Krankenversicherung und der Lohn- und Gehaltsfortzahlung durch den ArbG hat man sich für die letztere, die sog. **arbeitsrechtliche Lösung**, entschieden.

Dies gilt jedoch nur mit gewissen Einschränkungen, nachdem der Gesetzgeber die §§ 9 bis 10 des Lohnfortzahlungsgesetzes aufgehoben und sie durch Regelungen des Entgeltfortzahlungsgesetzes vom 26. Mai 1994 ersetzt hat. Nach § 1 I gilt dieses Gesetz u.a. für die Fortzahlung des Arbeitsentgeltes im Krankheitsfall an ArbNer. Die Dauer beträgt nach wie vor sechs Wochen (§ 3 Abs. 1); die Höhe der Entgeltfortzahlung beträgt jedoch im Unterschied zum Lohnfortzahlungsgesetz nur noch 80 vom Hundert des dem ArbN bei der für ihn maßgeblichen regelmäßigen Arbeitszeit zustehenden Arbeitsentgelts (modifiziertes Lohnausfallprinzip). § 4a Abs. 1 Satz 1 sieht die Möglichkeit vor, daß sich der ArbN den ersten von fünf Tagen der krankheitsbedingten Arbeitsunfähigkeit auf den Erholungsurlaub anrechnen läßt. In diesem Falle hat der ArbN einen Anspruch auf Urlaubsentgelt (§ 11 BUrlG) und gegebenenfalls auf Urlaubsgeld, für die übrigen vier Krankheitstage steht dann dem ArbN ein Anspruch auf Entgeltfortzahlung in voller Höhe (100%) zu. Die Bemessungsgrundlage der Entgeltfortzahlung ist tarifdispositiv (§ 4 Abs. 4 Satz 1); tarifvertraglich darf daher z.B. der Durchschnittsverdienst der letzten drei Monate (sogenannte Referenzprinzip) zugrunde gelegt werden. Die Vereinbarung über eine krankheitsbedingte Kürzung von Sondervergütungen (wie z.B. Urlaubs- und Weihnachtsgeld) ist zulässig (§ 4b). Kritisch hierzu **Kittner**, a.a.O.

Die Modifikation des Entgeltfortzahlungsanspruches betrifft nicht nur Höhe und Bemessungsgrundlage, sondern auch die Anspruchsvoraussetzungen. So entsteht der Anspruch erst nach **vierwöchiger** „ununterbrochener“ Dauer des Arbeitsverhältnisses. Ist also der ArbN am Beginn des Arbeitsverhältnisses - wie A - arbeitsunfähig erkrankt, steht ihm kein Anspruch auf Entgeltfortzahlung gegen den ArbG - hier die Firma B - zu. Statt dessen ist er während der vierwöchigen Wartezeit berechtigt, Krankengeld zu beanspruchen (§§ 44, 46 SGB V), das jedoch nur 70 vom Hundert des erzielten unregelmäßigen Arbeitsentgeltes beträgt, soweit es als Regelentgelt der Beitragsberechnung unterliegt (§ 47 Abs. 1 Satz 1 SGB V).

Fraglich ist, was unter einer „ununterbrochenen“ Dauer zu verstehen ist. In § 1 Abs. 1 KSchG ist vergleichsweise eine Wartezeit von länger als sechs Monaten „ohne Unterbrechung“ vorgesehen. Einigkeit besteht, daß **tatsächliche** Unterbrechungen, wie z.B. durch Krankheit, Kur, Urlaub und Arbeitskampf, ohne Einfluß auf den rechtlichen Bestand des Arbeitsverhältnisses sind, zumal hier wie beim Arbeitskampf allenfalls ein Ruhen der Arbeitsbeziehungen in Betracht kommen kann. Erheblich können daher nur **rechtliche** Unterbrechungen sein, wie sie die **Beendigung** des Arbeitsverhältnisses darstellt. Aber auch hierzu hat das **BAG** einschränkend entschieden, daß die Wartezeit dann nicht unterbrochen ist, wenn zwischen dem beendeten und dem neuen (zweiten) Arbeitsverhältnis mit dem bisherigen ArbG ein **enger sachlicher** Zusammenhang besteht.[4] Analog hierzu ist bei der Auslegung der „ununterbrochenen“ vierwöchigen Wartezeit i.S.d. § 3 Abs. 3 EntgeltfortzG zu verfahren. Das bedeutet, Krankheit unterbricht nicht die Wartezeit. Hat der ArbN allerdings während der Wartezeit infolge Krankheit keinerlei Arbeit geleistet, so kann die Berufung auf den Ablauf der Wartezeit, d.h. die Geltendmachung eines Entgeltfortzahlungsanspruchs, rechtsmißbräuchlich sein[5].

Hiernach ist festzuhalten, daß ArbN A in zugrunde liegenden Fall erst nach Ablauf der vierwöchigen Wartezeit ein modifizierter Entgeltfortzahlungsanspruch in Höhe von 80 vom Hundert seines Arbeitsentgeltes zusteht. Dagegen ist ein Lohnanspruch bereist ab 1.4.19.. nicht gegeben.

Nach anderer Auffassung soll bereits das Ruhen des Arbeitsverhältnisses, also die tatsächliche Unterbrechung, die Wartezeit unterbrechen. Im Gegensatz zu § 1 Abs. 1 KSchG beziehe sich die Unterbrechung im Falle des § 3 Abs. 3 EntgeltfortzG nicht auf den „Bestand“ sondern auf die „Dauer“ des Arbeitsverhältnisses[6]. Diese Interpretation ist als zu weitgehend abzulehnen, weil sie im Ergebnis zur Folge hätte, daß unbezahlter Urlaub, Wehrdienst, Arbeitskampf und gesetzliche Mutterschutzfristen die Wartezeit unterbrechen würden. Dies stünde im Gegensatz zum ArbN-Schutzgedanken.

Zu 3. Der Abschluß eines Arbeitsvertrages setzt seitens des Minderjährigen eine rechtsgeschäftliche Willenserklärung voraus. Durch die Willensäußerung, des Vertragsangebot oder dessen Annahme, würde A rechtliche Verpflichtungen (z.B. Arbeitspflicht) eingehen und somit durch die Abgabe der Willenserklärung nicht **lediglich** einen **rechtlichen** Vorteil erlangen. In diesem Falle ist für die Wirksamkeit der Willens-

---

[4] KR-**Becker**, 3. Aufl., § 1 KSchG Rn. 56 bis 62.

[5] **Derselbe,** (Fußn. 23); A:A:O., Rn. 62.

[6] So **Heise/Lessemich/Merten,** § 3 Abs. 3 EFZG, Rn. 204-208, S. 106f.

erklärung nach **§ 107 BGB**, der auch im Arbeits**vertragsrecht** Anwendung findet, die **Einwilligung**, d.h. die vorherige Zustimmung, **des gesetzlichen Vertreters** erforderlich. Nach dem Sachverhalt der Frage 3 lag im Zeitpunkt des Vertragsabschlusses keine Einwilligung vor, so daß die Wirksamkeit der Willenserklärung des A und damit des Arbeitsvertrages gem. **§ 108 Abs. 1 BGB** von der **Genehmigung**, d.h. der nachträglichen Zustimmung, des gesetzlichen Vertreters abhängen würde. Bis dahin bliebe die Wirksamkeit des Arbeitsvertrages in der Schwebe, d.h. „schwebend" unwirksam.

Eine Wirksamkeit der Willenserklärung nach § 113 Abs. 1 BGB scheidet aus, weil der Sachverhalt für eine Ermächtigung des A durch den gesetzlichen Vertreter keine Anhaltspunkte ausweist.

Am 15.3.19.. ist daher kein wirksamer Arbeitsvertrag zustande gekommen. Daraus folgt, daß am 1.4.19.. kein Arbeitsverhältnis vorliegt. Es besteht somit für A keine Arbeitspflicht. Die Arbeitsaufnahme am 15.4.19.. begründet daher nur ein sog. **faktisches Arbeitsverhältnis.** Ein Arbeitsverhältnis, von dem sich herausstellt, daß es auf einem von vornherein rechtsunwirksamen bzw. nichtigen Arbeitsvertrag beruht, wird für die **Vergangenheit** als faktisches (tatsächliches) Arbeitsverhältnis betrachtet. Es wird - für die Vergangenheit - **wie ein wirksames** fehlerfrei zustandegekommenes **Arbeitsverhältnis behandelt.** Der ArbN hat Anspruch auf den vereinbarten Lohn. Für die **Zukunft** besteht jedoch **keine Bindung** mehr, sobald sich der Arbeitsvertrag als rechtsunwirksam bzw. nichtig erwiesen hat. Der ArbN kann sofort die Arbeit niederlegen (Wirkung der Nichtigkeit des Arbeitsvertrages für die Zukunft). Das faktische Arbeitsverhältnis schützt nur den **tatsächlichen Vollzug** des Arbeitsverhältnisses. Dagegen heilt es nicht die Rechtsunwirksamkeit oder Nichtigkeit des Arbeitsvertrages vor Arbeitsantritt. Daher liegt im vorstehenden Falle in der Zeit vom 1.4.19.. bis 15.4.19.. noch kein faktisches Arbeitsverhältnis, sondern nur ein schwebend unwirksamer Arbeitsvertrag vor.

Die Lehre vom faktischen Arbeitsverhältnis[7] verhindert die Rückabwicklung des Arbeitsverhältnisses nach den Vorschriften über die Herausgabe einer ungerechtfertigten Bereicherung (§§ 812 ff. BGB). Nach dieser Regelung wäre z.B. der ArbN verpflichtet, den empfangenen Lohn zurückzugewähren. Dies könnte jedoch angesichts der damit für den ArbN verbundenen Existenzfrage zu einem sozial nicht vertretbaren Ergebnis führen. Dem kommt die Konstruktion des faktischen Arbeitsverhältnisses zuvor. Sie dient dem Schutz der ArbNer und ist damit - ebenso wie das oben behandelte Entgeltfortzahlungsgesetz - Bestandteil des Arbeitnehmerschutzrechtes. Die Dogmatik, d.h. das Lehrsatzgebäude des Arbeitsrechtes, weicht also hier bewußt von der Regelung des BGB ab, um seiner Funktion, der Verwirklichung des Arbeitnehmerschutzgedankens, gerecht zu werden.

[7] **Söllner**, S. 247, **Däubler**, Bd. 2, S. 77.

Eine Parallele zum faktischen Arbeitsverhältnis stellt die Konstruktion der **faktischen Gesellschaft**[8] für die Fälle der fehlerhaften Gründung oder des fehlerhaften Beitritts zu einer Personengesellschaft dar.

Im Zusammenhang mit dem faktischen Arbeitsverhältnis ist das sog. **Beschäftigungsverhältnis** zu erwähnen. Teils wird dieser Begriff gleichbedeutend (synonym) mit dem faktischen Arbeitsverhältnis verwandt, teils zur Kennzeichnung des Sachverhaltes herangezogen, daß tatsächlich Arbeit geleistet wird und der ArbG den ArbN tatsächlich beschäftigt. Der eigentliche Unterschied zum faktischen Arbeitsverhältnis besteht darin, daß bei diesem im Bewußtsein fehlender Rechtspflicht Arbeit geleistet und Lohn gezahlt wird. Der Begriff des Beschäftigungsverhältnisses ist vor allem für die Anwendung des Rechtes der gesetzlichen Sozialversicherung von Bedeutung. So bestimmt § 7 Abs. 1 SGB IV, daß „Beschäftigung" die nichtselbständige Arbeit ist, insbesondere in einem Arbeitsverhältnis.

Zusammenfassend ist festzustellen, daß ab 1.4.19.. ein Arbeitsverhältnis zwischen A und B besteht.

A steht kein Lohnanspruch gegen B ab 1.4.19.. zu. Für die Dauer der arbeitsunfähigen Erkrankung während der vierwöchigen Wartezeit kann A Krankengeld von der Krankenkasse beanspruchen.

Für den Fall der Minderjährigkeit des A liegt nach Arbeitsaufnahme ein faktisches Arbeitsverhältnis vor.

Literaturhinweise:

Heußner, Das abhängige Beschäftigungsverhältnis - Bindeglied zwischen Arbeits- und Sozialversicherungsrecht, AuR 75, S. 307 ff.; **Kittner/Krasney**, Sozialgesetzbuch, 4. Aufl., 1996; **Hueck/Nipperdey**, Grundriß, S. 43ff.; **Schaub**, § 29; **Söllner**, S. 241; **Zöllner/Loritz**, S. 145 ff., **Kittner**, Arbeits- und Sozialordnung, 23. Aufl., S. 731 ff.; **Dütz**, Arbeitsrecht, 3. Aufl., Rn. 224 ff.; **Otto**, Einführung in das Arbeitsrecht, 2. Aufl., Rn. 350 ff.

[8] **Hueck**, Gesellschaftsrechts, S. 97; **Söllner**, S. 247.

Fall Nr. 4: Das Gruppen-Arbeitsverhältnis

Aus arbeitsorganisatorischen Gründen hat der Betrieb B im Bereich der Fertigung und unter Beteiligung des Betriebsrates aus mehreren Arbeitnehmern bestehende Arbeitsgruppen gebildet. Die Entlohnung erfolgt nach tarifvertraglich festgelegtem Gruppenakkordsatz. B zahlt die Arbeitsvergütung an den jeweiligen Gruppenführer aus. Können die einzelnen Gruppenmitglieder verlangen, daß der Lohn direkt an sie ausgezahlt wird?

Besprechung

Das Begehren der einzelnen Gruppenmitglieder kann begründet sein, wenn jene eine Lohnanspruch direkt gegenüber dem ArbG zusteht. Dies hängt von den Rechtsbeziehungen der Beteiligten zueinander ab.

Im vorstehenden Falle sind mehrere ArbNer in einer Gruppe zusammengefaßt. Es liegt damit ein Gruppenarbeitsverhältnis vor.

Drei Grundtypen[1] sind zu unterscheiden:

1. Mehrere ArbNer sind unabhängig voneinander Arbeitsverhältnisse eingegangen. Erst der ArbG faßt sie von sich aus zusammen. Dies kann in der Weise geschehen, daß das Entgelt nach dem Ergebnis der gemeinsamen Arbeit berechnet wird (Gruppenakkord). In solchen Fällen spricht man von einer **Betriebsgruppe**.
2. Schließen sich mehrere ArbNer vor Arbeitsantritt zwecks gemeinsamer Arbeitsleistung zu einer Gruppe zusammen, so handelt es sich um eine sog. **Eigengruppe. Beispiele** hier für sind Musikkapellen, „Gänge“ (Gruppen von Hafenarbeitern und Holzfällergruppen.
3. Beschäftigt ein ArbN mit Wissen eines ArbG einen anderen ArbN, dessen Arbeitsergebnis unmittelbar dem ArbG zugute kommt, so liegt ein **mittelbares Arbeitsverhältnis** vor. **Beispiel:** Beschäftigung einer Musikkapelle in einem Lokal durch den Kapellmeister.

Während in der Betriebsgruppe voneinander unabhängig Arbeitsverhältnisse zwischen den einzelnen ArbG und den ArbNern bestehen, kann die Eigengruppe geschlossen als Vertragspartei gegenüber dem ArbG auftreten. Dies kann z.B. der Fall bei größeren Orchestern sein, insbesondere wenn es sich dabei um juristische Personen handelt. Die Rechtsbeziehungen können dann werkvertraglicher Art sein; sie liegen damit außerhalb des eigentlichen Arbeitsrechts. Beim mittelbaren Arbeitsverhältnis haftet der ArbG, dem die geleistete Arbeit unmittelbar zufällt, sowohl arbeitsvertraglich als auch sozialversicherungsrechtlich.

[1] **Söllner**, S. 316; **Zöllner**, S. 332.

Im vorstehenden Falle hat der ArbG kraft seines **Weisungs- und Direktionsrechtes** unter Beteiligung des BR (§§ 87 Abs. 1 Nr. 10 und 11; 90 BetrVG) eine Arbeitsgruppe gebildet. Das erfüllt den Tatbestand der **Betriebsgruppe.** Hinsichtlich der Frage, ob die einzelnen Gruppenmitglieder direkte Lohnzahlung verlangen können, ist folgendes zu berücksichtigen: Die Besonderheit des Gruppenakkords gegenüber dem normalen Akkord (Entlohnung nach der vom ArbN zu beeinflussenden Leistung) liegt darin, daß die Gruppenangehörigen eine Vereinbarung darüber treffen, in welcher Weise der Akkordverdienst unter sie verteilt wird. Hiernach besteht zwar im Rahmen des einzelnen Arbeitsverhältnisses ein Lohnanspruch. Die Höhe dieses Anspruchs im Einzelfall legt jedoch die Gruppe selber fest. Die gruppenakkordmäßig berechnete Gesamtsumme kann der ArbG an den Gruppenführer auszahlen, wenn dieser empfangsberechtigt ist. Im Falle fehlender Bevollmächtigung müßte der ArbG den gesamten Betrag der Gruppe insgesamt zur Verfügung stellen. Der Lohn würde zunächst - bis zu Unterverteilung - **Gesamthandseigentum** (§§ 718, 719 BGB).[2]

Ungeachtet dieser Regelung kann die Betriebsgruppe und der ArbG festlegen, daß die Lohnberechnung auch vom ArbG vorgenommen werden soll. Nur in diesem Falle können die einzelnen Gruppenmitglieder verlangen, daß der ArbG den Lohn direkt an sie auszahlt.[3]

Außer dem Gruppenarbeitsverhältnis gibt es noch andere Arten von Arbeitsverhältnissen wie z.B. das Berufsausbildungs- (s. Fälle Nr. 18-20), das Probe-, das Aushilfs-, das Teilzeit- und das Leiharbeitsverhältnis.

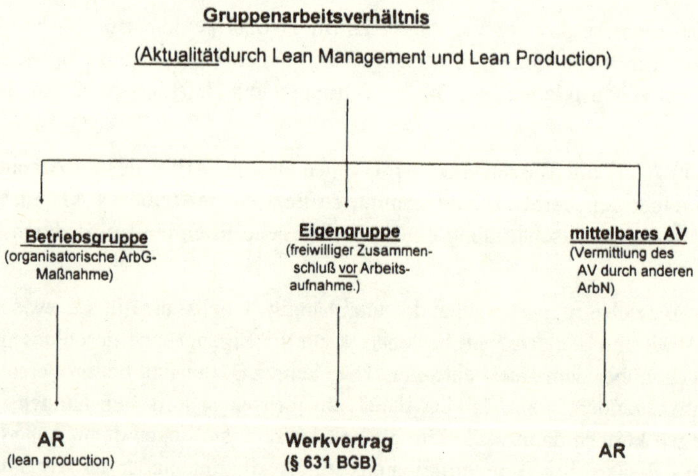

[2] **Hueck**, Gesellschaftsrecht, S. 20f.

[3] Mittelbares und Leih-Arbeitsverhältnis vgl. **Zöllner**, S. 333.

Literaturhinweise:

Hueck/Nipperdey, Grundriß, S. 142ff; **Söllner**, S. 316 f.; **Wannagat**, S. 321 f., **Zöllner/Loritz**, S. 332f.; **Schack**, Gruppenarbeit, Mitarbeiterverhältnis und die Arbeitsrechtsordnung, 1997.

Fall Nr. 5: Der einzelne Arbeitsvertrag

1. ArbG A weigert sich, den schwerbehinderten B als ArbN einzustellen. A will stattdessen eine Ausgleichsabgabe zahlen.

a) Zu Recht?

b) Wie wäre die Rechtslage, wenn B Ausländer wäre?

2. A und B schließen einen mündlichen Arbeitsvertrag ab. In dem Tarifvertrag, an den A und B gebunden sind, heißt es: „Dem ArbN ist eine Ausfertigung des Arbeitsvertrages auszuhändigen." Ist zwischen A und B ein Arbeitsvertrag zustande gekommen?

3. A schließt mit dem Auszubildenden B mündlich einen Ausbildungsvertrag ab. Für den Fall erfolgreicher Beendigung der Ausbildung vereinbaren A und B den Übergang des Ausbildungsverhältnisses in ein ordentliches Arbeitsverhältnis.

Wie ist die Rechtslage?

Besprechung

In dem vorstehenden Fall geht es um die Behandlung grundlegender Fragen des Arbeitsvertragsrechtes. Wie bereits erwähnt (vgl. Fall Nr. 3), ist zur Begründung eines Arbeitsverhältnisses in der Regel ein **Arbeitsvertrag** erforderlich. Die Rechtsfigur des Vertrages stellt ein **mehrseitiges** Rechtsgeschäft dar. Mehrere Parteien, mindestens zwei, geben inhaltlich verschiedene, aber **einander entsprechende Willenserklärungen** ab, die auf einen **einheitlichen Rechtserfolg** gerichtet sind.[1] Mit dem Rechtsinstitut des Vertrages gibt man dem Einzelnen die Möglichkeit, selbst Recht zwischen sich und einem anderen zu schaffen (Privatautonomie). Dahinter steht die Überzeugung, daß jeder selbst am besten seine privaten Vermögensdinge regelt. Diese **Privatautonomie** ist **Bestandteil** des in Art. 2 Abs. 1 GG garantierten Rechtes der **persönlichen Entfaltungsfreiheit**. Rechtliche Ausgestaltung erfährt die Privatautonomie durch den Grundsatz der **Vertragsfreiheit.** Dieser gilt zwar auch im Arbeitsrecht. So bestimmt z.B. § 105 GewO, daß die Festsetzung der Verhältnisse zwischen den selbständigen Gewerbe-

[1] **Schaub**, § 32 m.w.N.

treibenden und den gewerblichen Arbeitern, vorbehaltlich gesetzlicher Beschränkungen, Gegenstand **freier Übereinkunft** ist. Die Privatautonomie im Arbeitsrecht unterliegt jedoch erheblichen **Einschränkungen**, die sich aus dem Erfordernis des **Arbeitnehmerschutzes** (vgl. Fall Nr. 1) ergeben. Daher sind die Parteien, ArbG und ArbN, bei der vertraglichen Begründung, inhaltlichen Ausgestaltung und Beendigung des Arbeitsverhältnisses weitgehend durch zwingendes Arbeitnehmerschutzrecht, wie z.B. das ArbZG, das BUrlG, das SchwbG, das JArbSchG, das MuSchG und das KSchG, gebunden. Eine weitere Einschränkung der Vertragsfreiheit stellt die **Tarifautonomie** der Tarifvertragsparteien gem. Art. 9 Abs. 3 GG (vgl. Fall Nr. 6) dar.

Diese Limitierungen sind zwar Schranken der persönlichen Entfaltungsfreiheit i.S.d. Art. 2 Abs. 1 GG, aber deshalb gerechtfertigt, weil sie die Folge des Arbeitnehmerschutzes sind, mit dem die vertragliche Disparität zwischen ArbG und ArbN zu dessen Gunsten kompensiert werden soll. Daher legen Gesetze und Tarifverträge **Mindest**bedingungen für Arbeitsverhältnisse fest. Abweichungen **zugunsten** des ArbN unterliegen dagegen der Vertragsfreiheit, wie z.B. die Gewährung von **übertariflichen** Zulagen. Auf der Ebene der Arbeitsvertragsparteien hat somit die reduzierte Privatautonomie noch Raum, i.S. des **Günstigkeitsprinzipes** (vgl. § 4 Abs. 3 TVG) gestaltend zu wirken.

Die Vertragsfreiheit allgemein beinhaltet **drei Erscheinungsformen**, die **Abschluß-, Form-** und die **Gestaltungs**freiheit. Der vorstehende Sachverhalt gibt Gelegenheit, sich mit den Erscheinungsformen der Vertragsfreiheit im Arbeitsrecht auseinanderzusetzen.

Zu 1. Im Falle des schwerbehinderten ArbN geht es um die Eingliederung erheblich erwerbsgeminderter Personen in das Berufs- und Erwerbsleben. Im Zusammenhang damit steht das Problem, ob und inwieweit ArbGer zur Beschäftigung derartiger Personen verpflichtet sind. Ausgehend von der **Abschlußfreiheit** wäre eine Einstellungspflicht zu verneinen. Unter **Abschlußfreiheit** versteht man die **Freiheit in der Wahl seines Vertragspartners.** Das Gegenteil wäre der **Kontrahierungs-** oder **Abschlußzwang**, sowie die Abschluß**verbote** (z.B. § 25 JASchG, § 19 AFG), die jedoch eine Ausnahme darstellen. Für den **ArbN** ist die **Abschlußfreiheit** auch die Folge des Grundrechtes der **freien Wahl des Arbeitsplatzes,** d.h. des Betriebes (Art. 12 Abs. 1 GG).[2] Das Gegenteil wäre die **Zwangsverpflichtung** an einen bestimmten Betrieb. Dies ist jedoch gemäß Art. 12 Abs. 2 GG nur **ausnahmsweise** zulässig im Rahmen einer herkömmlichen allgemeinen, für alle gleichen öffentlichen Dienstleistungspflicht. So sieht § 2 des Arbeitssicherstellungsgesetzes von 1968 Zwangsarbeitsverhältnisse für den Verteidigungsfall vor. Die grundsätzliche Einstellungs- (Abschluß-)freiheit stellt auch § 611 a BGB nicht infrage, der durch das Gleichberechtigungsgesetz vom 13.8.1980 in das BGB eingefügt worden ist. „§ 611a ... ist ein Schwert ohne Heft und Klinge“[3]. Die Rechtsfolge der Diskriminierung sieht keinen Anspruch auf Einstellung, sondern eine angemessene Entschädigung in Geld in Höhe von höchstens Dreimonatsverdiensten vor (§ 611 a Abs. 2 BGB). Hierzu hat der **EuGH** die Auffassung vertreten, die Haftungshöchstgrenzen seien

[2] **Herschel**, S. 86f.; **Gamillscheg**, Bd. 1, Fall 54.

[3] **Gamillscheg,** Bd. 1, Fall 20a.

nicht europarechtskonform (Urteil vom 22.4.1997, DB 97, S. 983 ff.). Das **BVerfG** sieht bereits in diskriminierenden Verfahrenshandlungen, wie z.B. einer nicht geschlechtsneutralen Ausschreibung, schon einen Verstoß gegen das Benachteiligungsverbot des § 611 a Abs. 1 BGB (Urteil vom 16.11.1993, BVerfGE 89, S. 276 ff.). **Otto** (a.a.O. Rn. 217) kritisiert zu Recht, daß dem ArbG hierdurch der Nachweis der Chancenlosigkeit des Bewerbers abgeschnitten werde; dies hat zwei unerwünschte Folgen: einmal wird aus dem Schadensersatzanspruch eine „Zivilstrafe für diskriminierendes Verhalten und zum anderen kann sich hieraus für männliche Bewerber eine Chance auf Vermögensvermehrung ergeben, wie die von der **Arbeitsgerichtsbarkeit** entschiedenen Fälle belegen (**AG Hannover,** Urteil vom 15.11.1990, EzA § 611 a BGB Nr. 6; desgleichen **AG Köln**, Urteil vom 13.6.1996 - 14 Ca 7934/95, EzA SD 10/97, S. 12 ff.).

Als Schwerbehinderter fällt B unter das Gesetz zur Sicherung der Eingliederung Schwerbehinderter in Arbeit, Beruf und Gesellschaft (**Schwerbehindertengesetz** - SchwbG) i.d.F. vom 26.8.1986 (BGBl. I S. 1421, 1550), geändert durch Gesetz vom 16.12.1997 (BGB Bl. I S. 2998). Gemäß §§ 1, 3 Abs. 1 SchwbG sind Personen **schwerbehindert**, wenn sie infolge körperlicher, geistiger oder seelischer Behinderung eine nicht nur vorübergehende MdE von wenigstens 50% aufweisen. Damit stellt das SchwbG im Gegensatz zu dem früher geltenden **Schwerbeschädigtengesetz** (§§ 1, 2) nicht mehr auf die **Ursache**, sondern nur noch auf die **Tatsache der Behinderung** und das daraus resultierende **Schutzbedürfnis** ab. Demgemäß haben private und öffentliche ArbGer, die über mindestens 16 Arbeitsplätze verfügen, auf wenigstens 6 vom Hundert der Arbeitsplätze Schwerbehinderte zu beschäftigen (§ 5 Abs. 1 SchwbG). Bei Nichtbeschäftigung der vorgeschriebenen Zahl haben ArbGer für jeden nicht besetzten Pflichtplatz monatliche eine **Ausgleichsabgabe** in Höhe von DM 200,00 zu entrichten (§ 11 Abs. 1 und 2 SchwbG). Die Zahlung der Ausgleichsabgabe entbindet jedoch nicht von der Pflicht zur Beschäftigung Schwerbehinderter (§ 11 Abs. 1 Satz 2 SchwbG). Die **Nichtbeschäftigung** stellt eine **Ordnungswidrigkeit** dar, die mit einer Geldbuße bis zu fünftausend Deutsche Mark geahndet werden kann (§ 68 Abs. 1 Nr. 1, Abs. 2 SchwbG).

Angesichts dieser Rechtslage fragt es sich, ob A den B einstellen muß. Die Beschäftigung Schwerbehinderter ist zwar eine öffentlich-rechtliche Pflicht, zu deren Erfüllung der ArbG durch Zwangsmittel (Ausgleichsabgabe und Geldbuße) angehalten werden kann. Dabei bleibt aber die Abschlußfreiheit grundsätzlich unangetastet, weil der ArbG in der **Auswahl der Person** des Schwerbehinderten frei ist. Daran ändert auch die Regelung des § 14 Abs. 1 SchwbG nichts, die sich nur auf die innerbetriebliche Personalplanung und die Beteiligung des Vertrauensmannes der Schwerbehinderten bezieht.

Zu a) Zusammenfassend ist festzustellen:

A ist zwar nicht verpflichtet, den B einzustellen, kann aber die öffentlich-rechtliche Beschäftigungspflicht nicht durch Zahlung einer Ausgleichsabgabe ablösen. A hat insoweit kein Wahlrecht (§ 11 Abs. 1 Satz 2 SchwbG).

Zu b) Auch als Ausländer würde B unter das SchwbG fallen. Das SchwbG stellt **nicht** auf die **Staatsangehörigkeit**, sondern nur darauf ab, wo der Schwerbehinderte rechtmäßig im Geltungsbereich des Gesetzes wohnt, sich gewöhnlich aufhält oder eine Beschäftigung als ArbN ausübt (§ 1 SchwbG).

Zu 2. Das Gesetz schreibt - ebensowenig wie für andere Vertragstypen - eine bestimmte Form für das rechtswirksame Zustandekommen eines Arbeitsvertrages vor. Es herrscht grundsätzlich **Formfreiheit.**[4] Insofern bestehen keine rechtlichen Bedenken gegen den mündlichen Abschluß eines Arbeitsvertrages. Im **vorstehenden** Falle sieht jedoch ein Tarifvertrag (vgl. Fall Nr. 6) die Schriftform vor. Daraus ergeben sich **zwei Fragen**: Konnten A und B den Tarifvertrag unberücksichtigt lassen, und welche rechtliche Bedeutung kommt dem Passus „dem ArbN ist eine Ausfertigung des Arbeitsvertrages auszuhändigen" für die Wirksamkeit des Arbeitsvertrages zu?

Aus dem Sachverhalt geht hervor, daß A und B an den Tarifvertrag **gebunden** sind. Diese Bindung kann entweder die Folge **beider**seitiger Tarifbindung durch Mitgliedschaft von A und B bei den tarifschließenden Organisationen sein (§§ 3 Abs. 1; 4 Abs. 1 Satz 1 TVG) oder sich - bei Nichtvorliegen dieser Voraussetzungen - aus einer vertraglichen Übereinkunft über die Anwendung des jeweils zuständigen Tarifvertrages auf das Arbeitsverhältnis ergeben. Daher müssen A und B den Tarifvertrag als gestaltende Rechtsquelle ihrer arbeitsvertraglichen Beziehungen beachten. Im übrigen ergibt sich für den ArbG aus dem Gesetz über den Nachweis der für ein Arbeitsverhältnis geltenden wesentlichen Bedingungen (**Nachweisgesetz** - NachwG) vom 20.7.1995 (BGBl. I S. 946) die Verpflichtung, nach Maßgabe des § 2 NachwG die wesentlichen Vertragsbedingungen schriftlich niederzulegen. Diese Verpflichtung entfällt, wenn dem ArbN ein schriftlicher Arbeitsvertrag ausgehändigt worden ist, der die vom Nachweisgesetz geforderten Angaben enthält (§ 2 Abs. 4 NachwG).

Erfüllt also A die tarifvertragliche Verpflichtung zur Aushändigung eines schriftlichen Arbeitsvertrages an B, hat er seiner gesetzlichen Verpflichtung genügt, zumal dann B im Besitze des gesamten Inhaltes und nicht nur der wesentlichen Vertragsbedingungen des Arbeitsvertrages (vgl. § 2 Abs. 1 NachwG) wäre. Für die Vollständigkeit und Richtigkeit der Niederschrift - auch aufgrund des NachwG - spricht zugunsten des Arbeitnehmervortrages der **erste Anschein.** Bei Fehlen der Niederschrift müßte der ArbG das durch Indizien gestützte Vorbringen des ArbN widerlegen.

Von der Form-Verpflichtung zu unterscheiden ist die Frage, welche Bedeutung die Schriftform für das wirksame Zustandekommen des Arbeitsvertrags haben kann.

Der tarifvertragliche Passus über die Schriftform ist unter Anwendung des **§ 133 BGB** auszulegen, wonach bei einer Willenserklärung der wirkliche Wille zu erforschen ist. Allgemein kann man davon ausgehen, daß nach dem Willen der Tarifvertragsparteien die Schriftform keine Wirksamkeitsvoraussetzung für Arbeitsverträge sein soll. Das dürfte nur **ausnahmsweise** der Fall sein, wenn die Schriftform den ArbN z.B. auf die Bedeutung der vertraglichen Vereinbarung aufmerksam machen und ihn vor einem übereilten Vertragsabschluß schützen soll (**Warnzweck**). Dann ist die Schriftform **rechtsbegründend (konstitutiv)**. Dies kommt in Formulierungen, wie z.B. „der Ar-

[4] **Herschel**, S. 87f.

beitsvertrag ist nur **wirksam**, wenn er schriftlich abgeschlossen wird" oder „Arbeitsverträge **müssen** schriftlich abgeschlossen werden", zum Ausdruck. Das **konstitutive** Formerfordernis kann auf **Gesetz** (gesetzliche Schriftform, § 126 BGB) oder auf **Rechtsgeschäft** (gewillkürte Schriftform, § 127 BGB) beruhen. Die **Nichtbeachtung** der gesetzlichen oder gewillkürten (rechtsbegründeten) Schriftform führt gemäß § 125 BGB zur **Nichtigkeit** des Rechtsgeschäftes, d.h. der Willenserklärung und damit z.B. des Vertrages.

Das Schriftformerfordernis des für A und B geltenden Tarifvertrages ist für den Fall, daß die §§ 3 Abs. 1; 4 Abs. 1 Satz 1 TVG Anwendung finden, ein gesetzliches und bei bloßer vertraglicher Bezugnahme auf den Tarifvertrag ein gewillkürtes. Ob dagegen die mündliche Absprache zwischen A und B nichtig ist, hängt davon ab, ob das Schriftformerfordernis des Tarifvertrages rechtsbegründend (konstitutiv) wirken soll oder nicht. Schriftform als Wirksamkeitsvoraussetzung stellt allerdings die Ausnahme dar.

Von der Interessenlage her sind ArbG und ArbN am Zustandekommen des Arbeitsvertrages interessiert, so daß nach dem Willen der Tarifvertragsparteien die Schriftform für Arbeitsverträge im allgemeinen nur **rechtsbestätigende** (deklaratorische) Bedeutung i.S. von Abschlußklarheit, Inhaltsklarheit und Beweissicherung hat. Daher kann man von der deklaratorischen Wirkung der Schriftform ausgehen, wenn die Schriftlichkeitsklausel aufgrund ihrer Formulierung eine Interpretation i.S. der rechtsbestätigenden Schriftform zuläßt. Das ist der Fall bei Klauseln, wie z.B.: „Einstellungen **sollen** - (nicht müssen!) - in schriftlicher Form erfolgen" oder „dem ArbN ist eine Ausfertigung des Arbeitsvertrages auszuhändigen".

Im vorstehenden Falle handelt es sich also um eine deklaratorische Wirkung der Schriftform, auf die § 125 BGB keine Anwendung findet. Das bedeutet, der Arbeitsvertrag kann auch mündlich ohne Beachtung der Schriftform wirksam begründet werden. Jede Vertragspartei kann jedoch die schriftliche Niederlegung des Vertragsinhaltes verlangen. A und B haben somit - trotz Mündlichkeit - einen rechtswirksamen Arbeitsvertrag geschlossen.

Zu 3. Entgegen verbreiteter Ansicht kann ein **Berufsausbildungsvertrag** (BAV) auch **mündlich rechtswirksam** abgeschlossen werden. Dies folgt aus § 4 Abs. 1 BBiG, wonach erst **nach** Abschluß des BAV, spätestens jedoch vor Beginn der Berufsausbildung, der **wesentliche** Inhalt des Vertrages schriftlich niederzulegen ist. Es handelt sich also um eine **deklaratorische Wirkung der Schriftform**, so daß A und B durch mündliche Absprache einen rechtswirksamen BAV begründet haben.

Demgegenüber ist die Vereinbarung zwischen A und B, daß der BAV gegebenenfalls automatisch in ein ordentliches Arbeitsverhältnis übergehen soll, gemäß § 5 Abs. 1 Satz 1 BBiG **nichtig.** Eine wirksame Verpflichtung zur Fortsetzung des Arbeitsverhältnisses könnte B erst innerhalb der letzten sechs Monate des Berufsausbildungsverhältnisses eingehen (§ 5 Abs. 1 Satz 2 BBiG).

Die **freie inhaltliche Ausgestaltung (Gestaltungsfreiheit)** des BAV, der nach § 3 Abs. 2 BBiG eine besondere Art (sui generis) von Arbeitsvertrag darstellt, **schränkt also das BBiG** zum Schutze des Auszubildenden und im Interesse einer ordnungsgemäßen Berufsausbildung **ein.** Die inhaltlichen Schranken der Gestaltungsfreiheit ergeben sich aus den §§ 134, 138, 242 BGB. Grundsätzlich sind die Vertragsparteien in der Bestimmung ihrer Rechtsbeziehungen frei, soweit sie damit nicht gegen ein Gesetz, die guten Sitten, oder den Grundsatz von Treu und Glauben verstoßen. Wie oben unter Nr. 1 bereits erwähnt, sind die **gesetzlichen** Einschränkungen im Arbeitsrecht wegen der Schutzbedürftigkeit des ArbN besonders zahlreich. Die Vorschriften über den BAV (§§ 3-19 BBiG) sind hierfür ein Beispiel.

Zusammenfassend ist festzuhalten, daß die Rechtsfigur des Vertrages auch im Arbeitsrecht in Gestalt des **Arbeitsvertrages** eine wichtige Rolle für die rechtswirksame Begründung des Arbeitsverhältnisses spielt. Dabei erfährt die **Vertragsfreiheit** in Form der Abschluß-, Form- und Gestaltungsfreiheit erhebliche Einschränkungen durch Arbeitsschutzgesetze und Tarifvertragsnormen.

Literaturhinweise:

Dieterich, Grundgesetz und Privatautonomie im Arbeitsrecht, RdA 95, S. 134 ff.; **Otto**, a.a.O., Rn. 190 und Rn. 217; **Neumann/Pahlen,** SchwbG; **Wohlgemuth,** BBiG, 2. Aufl., 1995.

Fall Nr. 6: Der Kollektiv-Arbeitsvertrag

1. ArbG A und der BR wollen für die Belegschaft des Betriebes B gleitende Arbeitszeit (GAZ) einführen. Genügt hierfür eine mündliche Übereinkunft zwischen A und dem BR?
2. Sind mündliche Vereinbarungen zwischen einem ArbG-Verband und einer Gewerkschaft (Tarifvertragsparteien) als Tarifvertrag (TV) anzusehen?
3. Steht es im Belieben der Tarifvertragsparteien, ob sie TVe abschließen oder nicht?
4. Können die Tarifvertragsparteien Arbeitszeitdauer und Lohnhöhe festsetzen?
5. Wenn ja, können sich nichtorganisierte ArbGer oder ArbNer ohne weiteres auf den TV berufen?

Besprechung

Die Rechtsfigur des Vertrages ist im Arbeitsrecht nicht auf die Gestaltung der Rechtsbeziehungen zwischen ArbG und ArbN beschränkt. Sie dient vielmehr auch im Rahmen der Sozialautonomie der Regelung kollektivrechtlicher Interessen; auf **betrieblicher** Ebene in Form der **BV** (Betriebsautonomie) und **überbetrieblich** als **TV**

(Tarifautonomie). BVen und TVe bezeichnet man als **Kollektiv-Arbeitsverträge,** d.h. kollektive Erscheinungsformen vertraglich geregelter ArbGer- und ArbNerInteressen. (Vgl. Fall Nr. 24).

Zu 1. Im vorstehenden Falle wollen ArbG A und BR die GAZ einführen. Unter **GAZ** versteht man die Regelung der AZ dergestalt, daß der einzelne ArbN Beginn und Ende der täglichen AZ innerhalb bestimmter festgelegter Zeitspannen, der sogenannten **Gleitzeit**, selbst bestimmen kann. Dabei ist er u.a. an eine **Kernzeit** gebunden, in der er im Betrieb anwesend sein muß. Gleitzeit wäre z.B. der Arbeitsbeginn von 7 bis 9 Uhr und Arbeitsende von 16 bis 18 Uhr. Die Kernzeit läge dann zwischen 9 und 16 Uhr. Die **einfache GAZ** sieht nur eine **variable Lage,** die **qualifizierte GAZ auch eine variable Dauer** der AZ mit der Übertragungsmöglichkeit auf andere Wochen- oder Monatsarbeitstage vor. Die Einführung der GAZ ist eine soziale Angelegenheit i.S.d. § 87 Abs. 1 Nr. 2 BetrVG. Daraus ergibt sich, daß der BR ein Mitbestimmungsrecht hat. Die vorgesehene Maßnahme setzt also eine Einigung zwischen ArbG und BR voraus. Im Streitfalle müßte die Einigungsstelle entscheiden (§ 87 Abs. 2 BetrVG).

Läge nur eine mündliche Einigung zwischen A und BR vor, so würde die Einführung der GAZ durch A der (rechtswidrige) Versuch der Ausübung seines Weisungs- und Direktionsrechtes als ArbG (vgl. Fall Nr. 1) sein. Die faktische Maßnahme hätte aber keine kollektivrechtliche Wirkung. Hierzu wäre der Abschluß einer BV zwischen A und BR erforderlich, weil nur diese die Arbeitsverhältnisse sämtlicher betriebsangehörigen ArbNer (§§ 5 Abs. 1, 6 BetrVG) unmittelbar und zwingend, also normativ, erfaßt (§§ 77 Abs. 4 BetrVG). Unter einer **BV** ist ein **Kollektiv-Arbeitsvertrag** zu verstehen, **der für den Betrieb zwischen dem ArbG und dem BR im Rahmen des Aufgabenbereiches des BR für die von diesem repräsentierte Belegschaft abgeschlossen wird** (Betriebsautonomie). BVen bedürfen jedoch zu ihrer Wirksamkeit der **Schriftform,** d.h. sie müssen schriftlich niedergelegt und von ArbG und BR unterzeichnet sein (§ 77 Abs. 2 Satz 1 BetrVG). Für BVen besteht somit **keine Formfreiheit**. Eine mündliche BV wäre daher gemäß § 125 BGB nichtig. Sie hätte nur die rechtliche Bedeutung einer **formlosen betrieblichen Einigung** ohne kollektivvertragliche Normenwirkung.

Zu 2. Nach § 1 Abs. 2 TVG bedürfen TVe der Schriftform (§ 126 BGB). **Mündliche Vereinbarungen** zwischen den Tarifvertragsparteien begründen daher **keinen Tarifvertrag** (§ 1 Abs. 2 TVG, § 125 BGB). Allerdings bedürfen nach Meinung des **BAG** weder der **Vorvertrag**[1] zum Abschluß eines TV, noch der den TV beendende **Aufhebungsvertrag**[2] der Tarifvertragsparteien der Schriftform des § 1 Abs. 2 TVG i.V.m. § 126 BGB.

Da sowohl BVen als auch TVe schriftlich abgefaßt werden müssen, besteht damit für **Kollektiv-Arbeitsverträge keine Formfreiheit.** Insoweit ist der Grundsatz der Vertragsfreiheit eingeschränkt.

---

[1] **BAG** vom 19.10.1976, BB 7, 94.

[2] **BAG** vom 8.9.1976, BB 77, 94.

Das rechtsbegründende (konstitutive) Formerfordernis verfolgt jedoch keinen Warnzweck. Vielmehr kommen der Abschluß- und Inhaltsklarheit aufgrund des normativen Charakters der Kollektiv-Arbeitsverträge eine besondere soziale, wirtschaftliche und rechtliche Bedeutung zu. Die Erfüllung dieser Funktion verlangt in formaler Hinsicht die Beachtung der Schriftform.

Zu 3. Es gehört zu den satzungsmäßigen und grundgesetzlich abgesicherten Aufgaben der Tarifvertragsparteien (§ 2 TVG), die Arbeits- und Wirtschaftsbedingungen ihrer Mitglieder zu wahren und zu fördern (Art. 9 Abs. 3 GG). Das rechtliche Instrument zur Wahrnehmung dieser Aufgaben ist der TV (§ 1 TVG). Würden sich ArbG-Verbände oder Gewerkschaften grundsätzlich weigern, TVe abzuschließen, so würden sie damit die kollektivvertragliche Gestaltung der Arbeits- und Wirtschaftsbedingungen verhindern und damit ihre Existenzberechtigung verwirken. Insoweit haben die Tarifvertragsparteien als Koalitionen von ArbGern und ArbNern Aufgaben von „großer Bedeutung für die Sozial- und Wirtschaftsordnung des Gemeinwesens“[3] wahrzunehmen, an deren Erfüllung die Öffentlichkeit (öffentliche Aufgaben) mithin interessiert ist. Die Tarifvertragsparteien sind daher gezwungen, tätig zu werden. Das bedeutet faktisch **Abschlußzwang**[4]. Die Erfüllung dieser Funktion wird auch vom Mitgliederwillen und der Bereitschaft getragen, äußerstenfalls kollektiven Druck auf die jeweils andere Seite in Form eines Arbeitskampfmittels (z.B. Streik oder Aussperrung) zum Abschluß eines bestimmten TV auszuüben. Der **Abschluß** von Tarifverträgen steht also nicht im Belieben der Tarifvertragsparteien.

Da die Sozialparteien nicht nur auf betrieblicher, sondern auch auf überbetrieblicher Ebene feststehen, besteht auch keine Freiheit in der Wahl der anderen Vertragspartei. Im **Tarifvertragswesen** gibt es daher **keine Abschlußfreiheit.**

Zu 4. Arbeitszeitdauer und **Lohnhöhe** sind **Arbeitsbedingungen,** die gemäß § 1 Abs. 1 TVG als **Inhaltsnormen** Gegenstand des TV sind. Die kollektivrechtliche Gestaltung der Arbeitsbedingungen unterliegt in erster Linie der Regelungsbefugnis der Tarifvertragsparteien. Insoweit besteht eine **Vorrangigkeit des TV** gegenüber der **BV** (§ 77 Abs. 3 TVG), die überwiegend die Festlegung von sogenannten „**formellen**“ Arbeitsbedingungen (vgl. § 87 Abs. 1 BetrVG) zum Gegenstand hat (vgl. Fall Nr. 24).

Beim Aushandeln und Festsetzen der Arbeitsbedingungen sind die Tarifvertragsparteien frei, soweit nicht gesetzliche Beschränkungen durch z.B. Arbeitsschutzgesetze zu beachten sind, die ihrerseits bereits Mindestarbeitsbedingungen vorschreiben, die nur zugunsten der ArbNer erweitert werden können. In diesem Rahmen besteht also für die Tarifvertragsparteien **Gestaltungsfreiheit,** die man als **Tarifautonomie** bezeichnet. Sie ist kollektivrechtliche Vertragsfreiheit.

Während beim Einzel-Arbeitsvertrag die Vertragsfreiheit vor allem noch in der Abschluß- und Formfreiheit existiert; die Gestaltungsfreiheit jedoch weitgehend (bis auf die Gestaltung des Günstigkeitsprinzips) aufgehoben ist, verhält es sich auf der tarifver-

[3] **BVerfGE** 28, 295, 306.

[4] Vgl. **Wiedemann/Stumpf**, § 1 Anm. 80.

traglichen Ebene genau umgekehrt. Hier besteht Abschluß- und Formzwang, hinsichtlich der Gestaltung der materiellen Arbeitsbedingungen aber grundsätzlich Gestaltungsfreiheit. Die einzelvertragliche Privatautonomie ist damit im Arbeitsrecht durch die Tarifautonomie im Interesse kollektiver Mindestarbeitsbedingungen ersetzt worden. Der Freiheitsspielraum besteht darin, daß die Rechtsetzungsbefugnis primär bei den Repräsentanten der Arbeitgeber- und Arbeitnehmerseite und nur subsidiär beim Staat liegt (vgl. Gesetz über die Festsetzung von Mindestarbeitsbedingungen).

Zu 5. Ob sich nichtorganisierte ArbGer oder ArbNer auf einen TV berufen können, ist eine Frage der Rechtsanwendung des TV. Der zuständige TV gestaltet automatisch die Arbeitsbedingungen der beiderseits Tarifgebundenen (§ 4 Abs. 1 Satz 1 TVG). Tarifbindung entsteht grundsätzlich durch Mitgliedschaft bei den tarifschließenden Organisationen (§ 3 Abs. 1 TVG). Nichtmitglieder nehmen an diesem tariflichen Automatismus nur ausnahmsweise durch AVE gemäß § 5 TVG teil. ArbGer und ArbNer ohne Tarifbindung können sich also nicht ohne weiteres auf tarifliche Regelungen berufen. Außerhalb der durch Mitgliedschaft und AVE begründeten Tarifbindung finden TVe nur bei einzelvertraglicher Bezugnahme - allerdings ohne gesetzliche Tarifbindung - Anwendung. Die Gestaltung der Arbeitsbedingungen durch die Tarifautonomie bleibt also grundsätzlich auf den Kreis der tarifgebundenen Mitglieder beschränkt, weil die Nicht- oder Andersorganisierten insoweit ohne sozialautonome Repräsentanz sind (vgl. Fall Nr. 23).

Zusammenfassend kann man feststellen, daß der Vertrag als solcher sowohl im Rahmen der Privat- als auch der Sozialautonomie ein Mittel zur Gestaltung von Arbeitsbedingungen ist. Je nach dem spricht man von Einzel-Arbeitsvertrag (individuelles Vertragsrecht) bzw. von Kollektiv-Arbeitsvertrag in Form der BV oder des TV. Das Besondere von Kollektivabmachungen gegenüber einfachen Arbeitsverträgen besteht darin, daß sich deren unmittelbare rechtliche Wirkung auf an dem Vertragsabschluß nicht unmittelbar Beteiligte, z.B. die ArbNer eines Betriebes oder einer bestimmten Branche, erstrecken. Dies ist eine Folge der kollektiven Interessenvertretung im Rahmen der Sozialautonomie. Demgemäß ist die individuelle Privatautonomie weitgehend durch die **Gestaltungsfreiheit der kollektiven Tarifautonomie** ersetzt worden.

Literaturhinweise:

Gamillscheg, Bd. 2, S. 66ff.; **Hanau/Adomeit,** S. 68 und S. 115 ff.; **Hueck/Nipperdey,** Grundriß, a.a.O., S. 336ff.

II. Abschnitt: Individuelles Arbeitsvertragsrecht

Teil I: Rechte und Pflichten der Arbeitsvertragsparteien

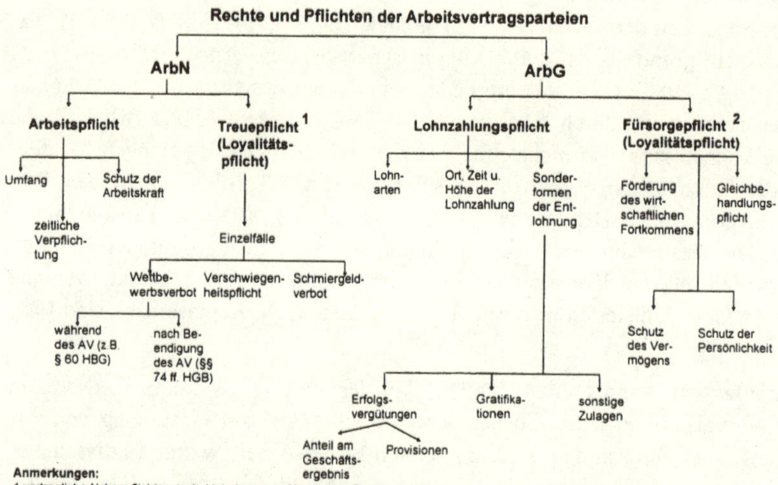

Anmerkungen:
1 vertragliche Nebenpflichten, insb. Unterlassung-, Handlungspflichten
2 vertragliche Nebenpflichten (1) sowie **Schutzpflichten**
3 Gratifikationen sind Sonderzuwendungen aus besonderen Anlässen, wie z.B. Weihnachtsgratifikation, Treueprämie für längere Betriebszugehörigkeit

Fall Nr. 7: Die Arbeitspflicht des Arbeitnehmers

Hauswart H, in ungekündigtem Arbeitsverhältnis bei dem Betrieb A, will sich verändern und bewirbt sich um eine andere Stelle bei dem Betrieb B. Im Zuge der Vorvertragsverhandlungen bittet ihn B, sich vorzustellen. Der Beschäftigungsbetrieb A lehnt das Ersuchen des H um Freistellung von der Arbeit ab. Dennoch stellt sich H während der Arbeitszeit bei B vor.

A behält sich alle Rechte gegen H vor und meint, H habe keinen Freistellungsanspruch. Zumindest habe er zuvor kündigen müssen.

H vertritt die gegenteilige Auffassung. Im übrigen habe ihn während seiner Abwesenheit seine Ehefrau vertreten. Wie ist die Rechtslage?

Besprechung

Im Mittelpunkt des **individuellen** Arbeitsvertragsrechtes steht der Arbeitsvertrag zwischen dem **einzelnen** ArbG und ArbN. Er begründet die **Rechte** und **Pflichten** der Arbeitsvertragsparteien, deren Erfüllung im Rahmen des Arbeitsverhältnisses erfolgt. Zwischen Rechten und Pflichten besteht eine Wechselwirkung. Die Rechte der einen sind die Pflichten der anderen Seite und umgekehrt. So löst der Lohnzahlungs**anspruch** des ArbN eine Lohnzahlungs**pflicht** des ArbG aus. Diese wechselseitige Bezogenheit bezeichnet man als Gegenseitigkeitsverhältnis **(„Synallagma")**. Es ist dem kybernetischen Regelkreis vergleichbar.

Die im Vordergrund des Arbeitsverhältnisses stehenden Pflichten sind die **Arbeits-** (Fall Nr. 7) und **Entlohnungspflicht** (Fall Nr. 8), an zweiter Stelle die sogenannte **Treuepflicht** des ArbN (Fall Nr. 9) und die sogenannte **Fürsorgepflicht** des ArbG (Fall Nr. 10). (S. Schaubild S.42)

Der vorstehende Sachverhalt handelt von der **Arbeitspflicht** des ArbN. Nach § 611 Abs. 1 BGB ist H zur Leistung der versprochenen Dienste als Hauswart verpflichtet. Der **Arbeitsvertrag** als Unterfall des Dienstvertrages (Dienstvertrag i.e.S.) **begründet** also die **Arbeitspflicht**. Art und Umfang der Arbeitspflicht werden in der Regel nur rahmenmäßig durch Erwähnung der Tätigkeitsmerkmale (Hauswart) festgelegt. Die Konkretisierung erfolgt durch Weisungen des ArbG (vgl. z.B. § 121 GewO).

Dem **Weisungsrecht** (Direktionsrecht) des ArbG entspricht die **Weisungsgebundenheit** des ArbN, die seine Abhängigkeit ausmacht (vgl. Fall Nr. 1). Die daraus resultierende Schutzbedürftigkeit des ArbN bedingt die **Begrenzung** des **Weisungsrechtes** durch das Arbeitsschutzrecht (z.B. ArbZG, MuSchG, JArbSchG), durch TV und BV sowie durch den Arbeitsvertrag selbst. So braucht z.B. ein kaufmännischer Angestellter (§ 59 HGB) aufgrund seines Arbeitsvertrages nicht die Dienste eines Laufboten oder Hofkehrers zu leisten. Da der **Einzelarbeitsvertrag** jedoch der Auslegung und Ergänzung nach **Treu und Glauben** und der Verkehrssitte (§§ 157, 242 BGB) unterliegt, kann sich die **Arbeitspflicht** in **Notfällen ausnahmsweise** und vorübergehend **verändern.** Bei einem Betriebsbrand muß auch der kaufmännische Angestellte körperlich tätig werden und z.B. zum Feuerlöscher greifen. Von der **Verkehrssitte** her ist ebenso die Frage zu beurteilen, ob und inwieweit Nebendienste zu verrichten sind, ob z.B. dem Kraftfahrer auch die Pflege und Wartung des KFZ obliegt.

Als ArbN hat H aufgrund seiner Arbeitspflicht grundsätzlich keinen Freistellungsanspruch gegenüber B. Dies ist nur ausnahmsweise der Fall. So hat nach der **Kündigung** der Dienstberechtigte (ArbG) dem Verpflichteten (ArbN) auf Verlangen angemessene Zeit zum Aufsuchen eines anderen Dienstverhältnisses zu gewähren (§ 629 BGB).

Zudem gibt es tarifvertragliche Regelungen, die insoweit über den § 629 BGB zugunsten des ArbN hinausgehen, als bei einer **Kündigung durch den ArbG** eine angemessene und **bezahlte** Freizeitgewährung zwecks Bewerbung um einen neuen Arbeitsplatz vorsehen. Auf derartige gesetzliche oder tarifvertragliche Regelungen kann sich aber H im vorliegenden Falle nicht berufen, weil das Arbeitsverhältnis ungekündigt ist.

Im Rahmen eines **ungekündigten** Arbeitsverhältnissen gibt es in Anlehnung an § 616 BGB bzw. zur Konkretisierung dieser Vorschrift **tarifvertragliche Freistellungen** für persönliche Angelegenheiten, wie z.B. Eheschließung, Niederkunft bei der Ehefrau und Arbeitsjubiläen, zu denen jedoch nicht die Bewerbung um einen neuen Arbeitsplatz zählt.

Wenn sich daher H trotz der abgelehnten Freistellung während der Arbeitszeit bei B vorstellt, so hat er dadurch seine Arbeitspflicht verletzt, es sei denn, seine Ehefrau könnte als Erfüllungsgehilfe für ihn angesehen werden. Angesichts der Regelung des § 613 Satz 1 BGB erscheint dies jedoch fraglich. Nach dieser Vorschrift hat der zur Dienstleistung Verpflichtete die Dienste im Zweifel, d.h. regelmäßig, in Person zu leisten, so daß der ArbG insoweit einen Ersatzmann ablehnen kann. Abgesehen davon ist es zweifelhaft, ob die Ehefrau den H vollwertig vertreten konnte. Mann kann in diesem Zusammenhang **persönlichkeitsgebundene** und entpersönlichte (z.B. Fließbandarbeit) Arbeitsleistungen unterscheiden.[1] Im Falle der nicht personenbezogenen (entpersönlichten) Arbeit wollen die genannten Autoren eine Ersatzvornahme zulassen, vorausgesetzt, daß damit keine anderen Pflichtverletzungen verbunden sind. Sieht man von etwaigen rechtlichen Bedenken gegen diese extensive Interpretation des § 613 Satz 1 BGB[2] ab, so würde es sich im Falle des Hauswartes H infolge der herausgehobenen Tätigkeit, die fachliches Können und Zuverlässigkeit verlangt, um eine sogenannte persönlichkeitsgebundene Arbeitsleistung handeln, die einer entpersönlichten Fließbandarbeit nicht vergleichbar wäre.

Somit konnte sich H während seiner Abwesenheit nicht durch seine Ehefrau vertreten lassen. Richtigerweise hätte H um Urlaub nachsuchen müssen. Das wäre außerdem vorteilhafter gewesen, weil der derzeitige ArbG nichts von der Stellensuche erfahren hätte.

Der persönlichen Arbeitspflicht entspricht die **Unübertragbarkeit des Anspruchs auf Arbeitsleistung** (§ 613 Satz 2 BGB). Diese Einschränkung der Dispositionsbefugnis kann allerdings vertraglich abgeändert werden, wie z.B. bei dem **Leiharbeitsverhältnis**, der **gewerbs**mäßigen **Arbeitnehmerüberlassung** nach dem AÜG und der **rechtsgeschäftlichen** Übertragung eines Betriebes oder Betriebsteiles auf einen anderen Inhaber und des damit verbundenen Eintrittes des Erwerbers in die bestehenden Arbeitsverhältnisse gem. § 613a BGB. (Trotz des nicht eindeutigen Wortlautes ist die Zustimmung der ArbNer zum Übergang ihres Arbeitsverhältnisses erforderlich.[3])

Es fragt sich, welche Rechte dem Betrieb A infolge der Arbeitspflichtverletzung des H zustehen.

Der Anspruch des A auf Arbeitsleistung des H ist zwar einklagbar, aber nicht zu vollstrecken (§ 888 Abs. 2 ZPO). Verurteilung zu einer **nicht erzwingbaren** Arbeitslei-

---

[1] **Großmann/Schneider**, S. 65; ablehnend **Palandt/Putzo**, § 613 Anm. 1a.

[2] Vgl. **Erman/Hanau**, § 613 Anm. 3; **Hueck/Nipperdey**, Grundriß, S. 61ff.

[3] **BAG** vom 6.2.1980 = NJW 80, 2149; BAG NZA 1993, 796; mißverständlich **Palandt/Putzo**, § 613a Anm. 3; **BAG**, DB 1984, S. 1403; **BAG** AP Nr. 55 zu § 613a BGB = DB 1987, S. 942 ff.

stung hätte daher nur als **Beweismittel** für einen künftigen Schadensersatzprozeß Bedeutung.

Versäumt der ArbN, hier der H, schuldhaft (§ 276 BGB) Arbeitszeit, so liegt darin wegen des absoluten **Fixschuldcharakters** der Arbeitspflicht (vgl. § 361 BGB) eine von ihm zu vertretende teilweise Unmöglichkeit der Leistung. Der ArbN (H) verliert den Lohnanspruch für die versäumte Zeit (§§ 611 Abs. 1; 320 Abs. 1; 614; 616 Abs. 1 Satz 1 BGB) und ist außerdem schadensersatzpflichtig (§§ 325 Abs. 1, 249 BGB). Ein etwaiger Schaden könnte z.B. in den zusätzlichen Kosten des ArbG für eine vollwertige vorübergehende Ersatzkraft bestehen.

Außerdem könnte das rechtswidrige Fernbleiben des H vom Arbeitsplatz als **„beharrliche" Arbeitsverweigerung** einen **wichtigen Grund** zur fristlosen Kündigung gem. § 626 BGB darstellen. Eine eingehende Erörterung dieser schwierigen Rechtsfrage ist u.a. Gegenstand der Besprechung des **Falles Nr. 14**: Die außerordentliche Kündigung.

Zusammenfassend ist folgendes festzustellen:

1. H hat keinen Freistellungsanspruch, weder aus Gesetz noch Tarifvertrag. Dazu würde es einer Kündigung bedurft haben (§ 629 BGB).
2. H ist zu der Tätigkeit als Hauswart persönlich verpflichtet, ohne die rechtliche Möglichkeit einer Vertretung durch seine Ehefrau.

Literaturhinweise:

Brox, S. 55ff.; **Großmann/Schneider**, S. 65ff.; **Hanau/Adomeit**, S. 262ff.; **Hueck/Nipperdey**, Grundriß, S. 61ff.; **Kommentare** zu §§ 613, 613a BGB.

Fall Nr. 8: Die Lohnzahlungspflicht des Arbeitgebers

Die Produktionsanlagen des Betriebes A sind durch einen Brand infolge eines Blitzschlages teilweise zerstört worden. In dem für A geltenden TV heißt es u.a.: „Im Bedarfsfalle kann die Betriebsleitung mit Zustimmung des BR vorübergehend Kurzarbeit anordnen."

Kann hiernach die Leitung des Betriebes A aufgrund des teilweisen Ausfalles der Produktionsanlagen Kurzarbeit einführen oder muß sie den Lohn in voller Höhe fortzahlen?

Besprechung

Der Grundsatz „ohne Arbeit kein Lohn" gilt auch in der Umkehrung: Ohne Lohn keine Arbeit! Diese Gegenseitigkeit (Synallagma) von Arbeits- und Lohnzahlungspflicht geht aus § 611 Abs. 1 BGB hervor, wonach der Dienstberechtigte zur Gewährung der vereinbarten Vergütung verpflichtet ist. Die **Rechtsgrundlage** für den Vergütungsanspruch des ArbN bzw. die Lohnfortzahlungspflicht des ArbG ist also der **Arbeitsvertrag.**

Für die **Höhe** der **Vergütung** sind vielfach **Tarifvertragsbestimmungen** (Entgelttarifverträge mit Entgeltgruppen) maßgeblich, die auf das Arbeitsverhältnis - entweder kraft beiderseitiger Tarifbindung (§§ 3 Abs. 1; 4 Abs. 1 Satz 1 TVG) oder einzelvertraglicher Bezugnahme (vgl. Fall Nr. 6) - einwirken. Ist die Höhe des Lohnes aus vertraglichen und tariflichen Regelungen ausnahmsweise nicht zu entnehmen, so findet § 612 Abs. 1 BGB Anwendung.

Hinsichtlich der Eingruppierungen stehen dem Betriebsrat Beteiligungsrechte zu (§ 99 BetrVG); gleiches gilt für den Personalrat im öffentlichen Dienst (§ 75 Abs. 1 Nr. 2 BetrVG). Bei der Eingruppierung ist der Grundsatz der Gleichbehandlung zu beachten (§ 75 Abs. 1 BetrVG; § 612 Abs. 3 BGB). Dies schließt eine Differenzierung nach **sachlichen Gründen**, z.B. Stichtageregelungen für soziale Leistungen, nicht aus (Willkürverbot).

Von arbeitsrechtlicher Bedeutung im Zusammenhang mit der Lohnzahlungspflicht ist zudem die EWG-Richtlinie Nr. 75/117 vom 10.2.1975 zum Grundsatz des gleichen Entgelts für Männer und Frauen.[1] Zur Umsetzung dieser Richtlinie dient § 612 Abs. 3 BGB. Als Benachteiligungsverbot gebietet § 612 Abs. 3 BGB dem ArbG bei der Vereinbarung des Lohns die Einhaltung der geschlechtsbezogenen Lohngleichheit. § 612 Abs. 3 BGB gibt dem ArbN bei einem geschlechtsbezogenen geringeren Lohn einen Erfüllungsanspruch auf Bezahlung des gleichen Lohns.[2]

Die Art der Vergütung ist heutzutage grundsätzlich Geld. Der Geldlohn berechnet sich nach der Dauer der Arbeit (Zeitlohn) oder nach dem Arbeitsergebnis (Akkordlohn) und wird in bestimmten Zeitabschnitten (§ 614 BGB, § 64 HGB) ausgezahlt. Daneben gibt es **besondere Formen** der Geldvergütung, wie z.B. das Prämiensystem, die Provision, die Gratifikation und die Gewinnbeteiligung.

Bereits die **GewO von 1869** erklärte die Gewerbetreibenden für verpflichtet, die Löhne ihrer Arbeiter **in Reichswährung zu berechnen** und bar auszuzahlen (§§ 115 Abs. 1; 117 Abs. 1 GewO).

Hiermit sollte das teilweise geübte **Trucksystem** (engl. „truck" = u.a. Lohnzahlung in Waren) verboten werden, wonach sich der ArbG von seiner Lohnzahlungspflicht befreien konnte, in dem er dem ArbN in Anrechnung auf den Lohn Waren, oft aus eigener

[1] Die europäischen Richtlinien gelten auch für die Tarifvertragsparteien bzw. für tarifvertragliche Lohnsysteme, vgl. **EuGH**, DB 1995, 1615.

[2] **Palandt/Putzo**, § 612 Anm. 14.

Erzeugung, aufdrängte, für die der ArbN möglicherweise keine Verwendung hatte und deren Wert zu hoch angesetzt war. Allerdings wird man den Sinn des Truck-Verbotes nicht darin sehen können, den bargeldlosen Zahlungsverkehr im Arbeitsverhältnis zu untersagen. Somit dürften keine Bedenken gegen die Überweisung der Vergütungsbeträge auf Lohn- und Gehaltskonten der ArbNer bestehen. Die **Geldschuld**[3] ist zwar eine **Schickschuld**, die Regelung des **§ 270 BGB** jedoch **nachgiebiges Recht**. Daher können - abgesehen von einzelvertraglichen Abmachungen - auch BVen die Überweisung der Arbeitsvergütung auf einzurichtende Bankkonten mit unmittelbarer Wirkung gegenüber der jeweiligen Belegschaft vorsehen (§§ 87 Abs. 1 Nr. 4; 77 Abs. 4 Satz 1 BetrVG).

Nach diesen allgemeinen Ausführungen bleibt bezüglich des vorstehenden Sachverhaltes zunächst festzustellen, daß den ArbNern des Betriebes A grundsätzlich ein Lohnanspruch gemäß § 611 Abs. 1 BGB zusteht. Zu prüfen bleibt jedoch, ob sich die Rechtslage nicht durch den teilweisen Ausfall der Produktionsanlage verändert hat. Sollte A zur Einführung von Kurzarbeit berechtigt sein, hätte das eine Lohnminderung für die Belegschaft zur Folge.

Es fragt sich, wie die Tatsache arbeitsrechtlich zu würdigen ist, daß die Belegschaft die Arbeitsleistung anbietet, A dieses Angebot aber nur teilweise annehmen kann. Geht man davon aus, daß die ArbNer die volle Arbeitsleistung nicht erbringen **können**, solange ein Teil der Produktionsanlagen, d.h. der Arbeitsplätze, zerstört und nicht wiederhergestellt ist, kann man hierin eine teilweise **Unmöglichkeit** der Leistung sehen, die weder von der Betriebsleitung A noch der Belegschaft zu vertreten ist (§§ 323 Abs. 1; 276 Abs. 1 BGB). Die Anwendung des § 323 Abs. 1 BGB hätte bei teilweiser Unmöglichkeit der Arbeitsleistung eine Lohnminderung zur Folge. Dieser Ergebnis würde zwar formal mit dem Grundsatz „ohne Arbeit kein Lohn“ übereinstimmen, jedoch zugleich eine existentielle Bedrohung des einzelnen ArbN darstellen können. Damit bliebe aber eine wichtige Funktion des Arbeitsrechts, nämlich den ArbN zu schützen, unberücksichtigt. Insofern steht die rein bürgerlich-rechtliche Lösung des § 323 Abs. 1 BGB in Widerspruch zu einem arbeitsrechtlich vertretbaren Ergebnis.

Ein anderer Blickpunkt zur Bewertung des anstehenden Problems ergibt sich aus der Regelung des § 615 BGB. Hiernach bleibt der Lohnanspruch erhalten, wenn der ArbG mit der Annahme der angebotenen Arbeitsleistung in **Verzug** kommt. Gemäß § 293 BGB gelangt der Gläubiger, hier A, in Verzug, wenn er die ihm angebotene Leistung nicht annimmt.

Gegenüber § 323 Abs. 1 BGB erweitert § 615 BGB die Rechtsstellung des ArbN. § 615 BGB schützt somit den Vergütungsanspruch des zur Arbeitsleistung Verpflichteten gegenüber etwaigen willkürlichem Verhalten des ArbG, wenn dieser z.B. bei Arbeitsbeginn die Dienste ablehnen, die Arbeitszuweisungen unterlassen oder unberechtigt fristlos kündigen sollte. Obwohl der **Gläubigerverzug** i.S.d. § 615 BGB **kein Verschulden** voraussetzt, wäre dies in den aufgeführten Fällen zu bejahen. Der ArbG wäre **tatsäch-**

[3] **Palandt/Heinrichs**, § 270 Anm. 1a.

lich in der Lage gewesen, den **Beschäftigungsanspruch** des ArbN[4] zu erfüllen. In diesen Fällen würde § 615 BGB Anwendung finden. Dies erscheint jedoch dann problematisch, wenn Arbeitsplätze z.B. infolge „höherer Gewalt" ganz oder teilweise vernichtet worden sind und ein Einsatz der Arbeitskraft insoweit praktisch unmöglich ist. Auf diesen Fall würde zwar § 615 BGB ebenso wie § 323 Abs. 1 BGB seinem bloßen Wortlaut, aber nicht seinem Sinn und Zweck nach Anwendung finden können.

Nach all dem sollte die Alternative nicht lauten, entweder § 323 Abs. 1 BGB (Wegfall oder Minderung des Lohnanspruches) oder § 615 BGB (mit umgekehrtem Ergebnis) anzuwenden. Vielmehr sollte insoweit an die Stelle der BGB-Dogmatik eine eigenständige arbeitsrechtliche Lösung treten. Das BAG folgt der sogenannten **Sphärentheorie,** zu deren Durchsetzung eine **Grundsatzentscheidung des RG**[5] beigetragen hatte. Dabei ging es um Lohnansprüche des arbeitswilligen Fahrpersonals der Kieler Straßenbahn, die ihren Betrieb infolge eines Streiks im Kraftwerk einstellten mußte. Das **RG** lehnte die Lohnansprüche ab, weil die Störung aus dem **Bereich der Arbeitnehmerschaft gekommen** sei. Nach der **Sphärentheorie soll derjenige den Schaden tragen, in dessen Sphäre er seinen Ursprung hat.** So fallen **Betriebsstörungen** z.B. infolge Ausfalles der Energieversorgung oder des Stockens von Zulieferungen in die **Rechtssphäre des ArbG**. Dieses sogenannte **Betriebsrisiko** wird dem ArbG als Unternehmer zugerechnet, weil er über die Produktionsmittel und den Gewinn verfügt. Ebensowenig entbinden wirtschaftliche Schwierigkeiten (z.B. vorübergehender Absatzmangel) den ArbG von der Lohnzahlungspflicht (sog. **Wirtschaftsrisiko**).

Abgesehen davon verlieren nach der Sphärentheorie die ArbNer in jedem Falle ihren Lohnzahlungsanspruch, wenn die Unmöglichkeit der Beschäftigung auf z.B. einen **Teilstreik** im eigenen oder in einem fremden Betrieb zurückzuführen ist. Derartige Fälle resultieren aus dem **Verhalten der ArbNer** und werden daher ihrer Sphäre zugerechnet.

Das Betriebsrisiko soll jedoch dann nicht vom ArbG allein getragen werden, wenn die Erfüllung des Lohnanspruchs die **Existenz des Betriebes gefährden würde.** Unter dieser Voraussetzung soll die Kürzung und notfalls der völlige Fortfall des Lohnes gerechtfertigt sein, um den Betrieb und damit die Arbeitsplätze zu erhalten. Zur Sicherung des Lebensunterhaltes würde dann Kurzarbeitergeld bzw. Arbeitslosengeld oder Arbeitslosenhilfe zu gewähren sein.

Eine gewisse Absicherung des Lohnanspruchs bei **Konkurs des ArbG** ist durch das **Konkursausfallgeld**[6] gewährleistet (§§ 141 a ff. AFG).[7] Zudem sind die Lohnansprüche des ArbN im Konkurs des ArbG vorrangig gemäß § 59 Abs. 1 Nr. 3a KO (Masseschulden) für die letzten sechs Monate vor Konkurseröffnung bzw. für die letzten 12 Monate nach Maßgabe des § 61 Abs. 1 Nr. 1 a KO zu befriedigen, soweit sie nicht

[4] **Hueck/Nipperdey,** Grundriß, S. 98f.

[5] **RGZE** 106, 272.

[6] **Gagel,** Vorbem. § 141a.

[7] Ab 1.1.1999 gelten die entsprechenden Regelungen des SGB III (§§ 183 ff. SGB II: Insolvenzgeld) - Arbeitsförderung - (Art. 1 des Arbeitsförderungsreformgesetzes vom 24.3.1997, BGBl. I S. 594). Diese sind hier noch nicht berücksichtigt.

schon als Masseschulden nach § 59 KO gelten. Lohnforderungen, für Dienste, die nach der Konkurseröffnung erbracht wurden, sind gemäß § 59 Abs. 1 Nr. 2 KO Masseschulden.

Die arbeitsrechtliche Lehre von der Sphärentheorie stellt den Versuch einer Interessenabwägung zwischen ArbG und ArbN auf kollektivrechtlicher Ebene dar.

Die Anwendung dieser Rechtsfigur auf den vorstehenden Sachverhalt bedeutet, daß der durch Blitzeinschlag und Brand verursachte teilweise Ausfall der Produktionsanlagen als Betriebsrisiko in die Sphäre des A fällt. A wäre somit grundsätzlich zur Lohnfortzahlung verpflichtet. Jedoch könnte die Einführung von Kurzarbeit unter zwei Gesichtspunkten rechtlich in Betracht kommen: einmal, wie oben angeführt, bei Existenzgefährdung des Betriebes, zum anderen durch vertragliche Absprache. Die Rechtsprechung des **BAG**[8] hat die Grundsätze über das Betriebsrisiko für abdingbar erklärt. Daher könnte durch BV, TV oder Einzelarbeitsverträge eine Modifizierung der Riskoverteilung vorgesehen werden.

Im vorliegenden Falle würde die Klausel des TV, wonach im Bedarfsfalle Kurzarbeit mit Zustimmung des BR angeordnet werden kann, hierfür Raum geben. Ohne derartige Vereinbarung müßte A den Lohn fortzahlen oder eine Existenzgefährdnung des Betriebes nachweisen, um den Lohnanspruch zu reduzieren. Aber auch in diesem Falle wäre für die Einführung von Kurzarbeit die Zustimmung des BR erforderlich (§ 87 Abs. 1 Nr. 3 BetrVG).

Zusammenfassend ist festzustellen, daß der ArbN im Falle des vom ArbG als Unternehmer zu tragenden Betriebsrisikos trotz **Nichtleistung** seinen Lohnanspruch behält. Dies ist eine Folge der im Arbeitsrecht praktizierten **Sphärentheorie.** Sie ist ein arbeitsrechtlicher Beitrag zur Dogmatik der schuldrechtlichen **Leistungsstörungen**, von denen **Verzug** und **Unmöglichkeit** gesetzlich geregelt und die **positive Vertrags- oder Forderungsverletzung** gewohnheitsrechtlich anerkannt sind.

Lohnzahlung trotz Nichtleistung findet außer bei Betriebsrisiko auch in anderen Fällen statt, z.B. bei der Teilnahme an Betriebsversammlungen während der Arbeitszeit (§ 44 Abs. 1 BetrVG), bei gesetzlichen Feiertagen (§ 2 EntgeltfortzahlungsG), bei Krankheit (vgl. Fall Nr. 3) sowie bei persönlicher Verhinderung (§ 616 BGB). Der Grundsatz „ohne Arbeit kein Lohn“ erfährt dadurch erhebliche Einschränkungen.

Lohn- und Gehaltsansprüche unterliegen der zweijährigen Verjährungsfrist (§ 196 Abs. 1 Nr. 8 und 9 BGB); eine einzel- oder tarifvertragliche Abkürzung der Verjährungsfrist ist zulässig (§ 225 BGB).

---

[8] **BAG** AP Nr. 5, 14, 15, 16, 29, 31, 32 zu § 615 BGB (Betriebsrisiko); **BAG** NZA 1995, 468, ebenso **Schaub**, § 101 II 3.

Literaturhinweise:

Brox/Rüthers, S. 115, **Gagel**, Vorbem. S. 141 a. § 141a ff.; **Großmann/Schneider**, S. 143; **Hueck/Nipperdey**, Grundriß, S. 69ff., **Linnenkohl/Rauschenberg**, Arbeitskampfbedingte Betriebsstörungen, ArbuR 1990, S. 137-148; **Otto**, Rn. 161 ff.; **Schaub**, § 101.

Fall Nr. 9: Die Treuepflicht des Arbeitnehmers

A ist Assistent der Geschäftsleitung der Firma B. A gründet eine Handelsgesellschaft in der Rechtsform der GmbH. Der Geschäftsgegenstand ist ein anderer als der der B. Als der Geschäftsführer der B von der Firmengründung des A erfährt, kündigt er A fristlos.

Wie ist die Rechtslage?

Besprechung

Der Fürsorgepflicht des ArbG (Fall Nr. 10) entspricht die **Treuepflicht** des ArbN. Beide Pflichten stehen - ebenso wie die Arbeits- (Fall Nr. 7) und die Lohnzahlungspflicht (Fall Nr. 8) in einer Wechselbeziehung zueinander.

Nach **Hueck/Nipperdey** ist der Gesichtspunkt der Treue Inhalt und Umfang der Arbeitspflicht: „Der Arbeitnehmer ist verpflichtet, die Interessen des Arbeitgebers und seines Betriebes nach besten Kräften wahrzunehmen und alles zu unterlassen, was diese Interessen schädigt. Es handelt sich in erster Linie um eine **Unterlassungspflicht**“[1]. Alfred **Söllner** formuliert kürzer: „Die Treuepflicht gebietet dem Arbeitnehmer, zum Erfolg der vom Arbeitgeber verfolgten Ziele beizutragen. Aus dieser umfassenden Verpflichtung folgen einzelne Unterlassungspflichten, aber auch Pflichten zu positivem Tun“[2].

Wie aus den vorstehenden Definitionen hervorgeht, handelt es sich bei der Treuepflicht nicht um eine persönliche „Treue“ zum ArbG, sondern - ebenso wie bei der Fürsorgepflicht (Fall Nr. 10) - um vertragliche Nebenpflichten, die von dem Grundsatz von Treu und Glauben (§ 242 BGB) abgeleitet sind.

Zum Teil ist der Inhalt der Treuepflicht ausdrücklich gesetzlich geregelt. Dies gilt insbesondere für die **Unterlassungspflichten**, z.B.: Wettbewerbsverbot (§ 60 HGB), Verschwiegenheitspflicht im Hinblick auf Betriebs- und Geschäftsgeheimnisse (§ 17 UWG, § 9 Nr. 6 BBiG) und Schmiergeldverbot (§ 12 UWG).

In den **Handlungspflichten** (positives Tun) im Rahmen der Treuepflicht sind vor allem Mitteilungs- und Anzeigepflichten zu verstehen. So ist der ArbN z.B. verpflichtet, drohende Schäden unaufgefordert zu melden oder persönliche Daten zu offenbaren, soweit der ArbG an deren Kenntnis ein berechtigtes Informationsinteresse hat.

Bei **Verletzung der Treuepflicht** durch den ArbN kann für den ArbG u.a.

- ein Anspruch auf Erfüllung;
- ein Recht zur Verweigerung der Lohnzahlung (§ 320 BGB);

---

[1] **Hueck/Nipperdey**, Grundriß, S. 67.

[2] **Söllner**, S. 257.

- ein Anspruch auf Schadensersatz aus Vertrag wegen positiver Vertragsverletzung(§ 276 BGB) oder aus unerlaubter Handlung (§§ 823ff. BGB) gegeben sein. Schließlich kann bei schwerer schuldhafter Treuepflichtverletzung für den ArbG ein
- Recht zur fristlosen Kündigung (§ 626 BGB) bestehen. Gleiches gilt für den umgekehrten Fall der Fürsorgepflichtverletzung (Fall Nr.10).

Im vorliegenden Falle stützt der Geschäftsführer der B die fristlose Kündigung des A offenbar auf eine Treuepflichtverletzung aufgrund verbotenen Wettbewerbes. Da ein derartiges vertragswidriges Verhalten einen wichtigen Grund i.S.d. § 626 Abs. 1 BGB (Fall Nr. 14) darstellen kann, ist zu prüfen, ob die fristlose Kündigung des A durch die B begründet ist.

Als Assistent der Geschäftsleitung ist A kaufmännischer Angestellter (Handlungsgehilfe). Sein Arbeitsverhältnis mit der Firma B fällt somit unter die §§ 59ff. HGB. Nach § 60 Abs. 1 HGB darf der „Handlungsgehilfe" ohne Einwilligung des „Prinzipals" weder ein Handelsgewerbe betreiben noch in dem Handelszweige des Prinzipals für eigene oder fremde Rechnung Geschäfte machen. Im vorliegenden Falle hat A während des Bestehens des Arbeitsverhältnisses mit der Firma B eine GmbH zum Betrieb eines Handelsgewerbes (§§ 1 Abs. 2; Abs. 1 HGB; 13 Abs. 3 GmbHG) gegründet.

Damit hat A zwar gegen den Wortlaut des § 60 Abs. 1, erste Alternative HGB verstoßen. Das **BAG**[3] hat jedoch zur Auslegung obiger Vorschrift ausgeführt, die Anwendung des bloßen Wortlautes laufe auf eine Bevormundung des Angestellten in seiner Freizeit hinaus; dies entspreche einer früheren, noch durch Vorstellungen aus der Zeit des Zunftwesens beeinflußten patriarchalischen Einstellung. Damit verstoße § 60 Abs. 1 HGB insoweit gegen Art. 12 Abs. 1 Satz 1 GG. Verfassungskonform sei diese Norm dahingehend auszulegen, daß der gleichzeitige Betrieb eines Handelsgewerbes nur dann verwehrt sei, wenn dies den ArbG schädigen könne. Das sei der Fall, wenn das Handelsgewerbe wettbewerbsmäßig eine Gefahr bedeute. Es treffe zu auf ein **Handelsgewerbe im Handelszweig des ArbG**. Daher liege eine verbotene Konkurrenz i.S.d. § 60 Abs. 1 HGB nur dann vor, wenn der Angestellte im Handelszweig des ArbG tätig werde[4].

Im vorliegenden Falle hat die von A gegründete GmbH einen anderen Geschäftsgegenstand als die Firma B. Hierunter kann man den Betrieb eines Handelsgewerbes in einem anderen Handelszweig verstehen. Somit betreibt A gegenüber der Firma B keinen verbotenen Wettbewerb i.S.d. § 60 Abs. 1 HGB. A darf also durch die GmbH unternehmerisch tätig werden, ohne dadurch eine Treuepflichtverletzung zu begehen, die für B einen wichtigen Grund zur fristlosen Kündigung darstellen könnte.

Die fristlose Kündigung des B ist daher unbegründet. Das **BAG** hat in einem gleichgelagerten Falle ebenso entschieden[5].

---

[3] **BAG** vom 25.5.1970, **BAGE** 22, 344ff. = AP Nr. 4 zu § 60 HGB = BB 70, 1134.

[4] **BAG** vom 25.5.1970, **BAGE** 22, 344ff. = AP Nr. 4 zu § 60 HGB = BB 70, 1134 f., **BAG** vom 7.9.1972 = BB 73, 144f.

[5] **BAG** vom 7.9.1972 a.a.O.

Während § 60 HGB ein **gesetzliches** Wettbewerbsverbot für die **Dauer** des Arbeitsverhältnisses aufstellt, sehen die §§ 74ff. HGB die Möglichkeit vor, ein Wettbewerbsverbot für eine bestimmte (höchstzulässige) **Zeit nach Beendigung** des Arbeitsverhältnisses vertraglich zu vereinbaren. Die Vorschriften der §§ 74ff. HGB sind auch für Wettbewerbsverbote mit anderen ArbNern als Handlungsgehilfen maßgeblich.[6]

Abschließend sei darauf hingewiesen, daß es dem ArbN grundsätzlich gestattet ist, in seiner Freizeit eine Nebentätigkeit ohne Zustimmung des ArbG auszuüben[7].

Zusammenfassend ist festzustellen, daß es sich bei der **Treuepflicht** um eine aus dem das gesamte Vertragsrecht beherrschenden Grundsatz von Treu und Glauben (§ 242 BGB) abgeleitete **Nebenpflicht** i.S.d. Vertragserfüllung handelt. Dies kommt in Handlungs- und Unterlassungspflichten zum Ausdruck. Ein gesetzlich geregelter Fall von Unterlassungspflicht ist § 60 Abs. 1 HGB.

Im vorliegenden Falle hat A jedoch nicht gegen die aus dem Wettbewerbsverbot des § 60 Abs. 1 HGB folgende Unterlassungspflicht verstoßen.

Literaturhinweise:

Ensthaler, §§ 60 HGB ff.; **Bobrowski/Gaul**, Bd. 1, S. 568ff. m.w.N.; **Hueck/Nipperdey,** Grundriß, S.66ff.; **Söllner,** S. 255ff.

---

[6] **BAG** vom 13.9.1969, RdA 70, 25ff.; vgl. **BAG** AP Nr. 24, 26 zu § 611 BGB „Konkurrenzschutzklausel", wonach die Regelungen der §§ 75 ff. HGB auf die vom Wortlaut nicht erfaßten ArbN entsprechend anzuwenden sind.

[7] **Gamillscheg,** Bd. 1, Fälle 80, 81.

Fall Nr. 10: Die Fürsorgepflicht des Arbeitgebers

ArbG A hat für die ArbNer seines Betriebes sowie für Besucher einen Parkplatz mit mehreren hundert Plätzen eingerichtet. Einhundert Plätze sind hiervon abgetrennt und mit einem Dach versehen. Diese Plätze hat A Arbeitnehmern seines Betriebes gegen eine monatliche Gebühr von DM 10,00 überlassen und mit dem jeweiligen Kennzeichen des Kraftfahrzeugs versehen.

Dem parkberechtigten Arbeitnehmer B ist sein dort abgestellter Pkw von einem anderen Fahrzeug(-führer) eingebeult worden.

Kann B von A Ersatz des durch die Beschädigung seines Pkw entstandenen Schadens verlangen?

Besprechung

Hueck/Nipperdey[1] versteht unter der Fürsorgepflicht des Arbeitgebers, daß der Arbeitgeber sich im Rahmen des Arbeitsverhältnisses für den Arbeitnehmer einsetzt, ihm Schutz und Fürsorge zuteil werden läßt und alles unterläßt, was die Interessen des Arbeitnehmers zu schädigen geeignet ist. Da der Arbeitnehmer beim Vollzug des Arbeitsverhältnisses eine Reihe von Rechtsgütern (Leben, Gesundheit, Eigentum) in einen fremden Lebensbereich, den Betrieb, einbringen muß, trifft den ArbG die Pflicht, diese Rechtsgüter zu schützen. Die Fürsorgepflicht ist somit ein Schutz zum Ausgleich der persönlichen Eingliederung des ArbN in den Betrieb. Dies ist u.a. in § 618 BGB gesetzlich geregelt; von dieser Vorschrift hat die Entwicklung der Fürsorgepflicht ihren Ausgang genommen. In den vergangenen Jahrzehnten diente der Begriff der Fürsorgepflicht der Rechtsprechung als Anknüpfungspunkt für eine soziale Ausgestaltung der Arbeitsverhältnisse. Nach **Söllner**[2] ist es fraglich, „ob auch heute noch der Begriff der 'Fürsorge' diese dem Arbeitgeber auferlegten Rechtspflichten zutreffend kennzeichnet". **Söllner** zufolge läßt sich der Fürsorgepflicht auf vertragliche **Nebenpflichten** (§ 242 BGB), z.B. Verpflichtung zur richtigen Lohnberechnung und Obhutspflichten zur Erhaltung von Rechtsgütern, die anläßlich der Arbeitsleistung in den Einflußbereich des ArbG geraten sind (sogenannte **Schutzpflichten**) zurückführen. Die Gewährung von Gratifikationen, Prämien und Ruhegeldern stellt keine Fürsorgemaßnahme, sondern Arbeitsentgelt i.w.S. dar[3].

Die unter die Fürsorgepflicht des ArbG fallenden Sachverhalte lassen sich zu folgenden Fallgruppen zusammenfassen:

---

[1] **Hueck/Nipperdey**, Grundriß, S. 90.

[2] **Söllner**, S. 265.

[3] So auch **Schaub**, § 78, I 6.

- Fürsorge für Leben und Gesundheit (§§ 617 bis 619 BGB, § 62 HGB, § 120 b ff. GewO)
- Schutzpflichten für Eigentum und Vermögen des ArbN. Diese verpflichten den ArbG u.a. zur Beachtung sozialversicherungsrechtlicher Vorschriften, insbesondere richtige und rechtzeitige Anmeldung der ArbNer zur Sozialversicherung, zur Entrichtung der Beiträge sowie zur Erstattung von Unfallanzeigen.
- Pflicht zum Schutz der Persönlichkeit des ArbN (wie z.B. Sicherung personenbezogener Daten gegen Mißbrauch[4], Einsichtsrecht in Personalakte § 83 BetrVG).

In diesem Zusammenhang verdienen noch zwei Sonderfälle Beachtung. Es handelt sich um die **Haftungserleichterung** bei betrieblich veranlaßter Tätigkeit und die Bedeutung und Einordnung des **Gleichbehandlungsgrundsatzes.**

Nach der aktuellen Rspr. des BAG[5] stellt die sogenannte gefahr- bzw. schadensgeneigte Tätigkeit[6] keine Voraussetzung mehr für die Beschränkung der Haftung des ArbN dar. Demgemäß ist nunmehr lediglich erforderlich, daß es sich um eine betrieblich veranlaßte Tätigkeit des ArbN handelt. Insoweit haftet der ArbN für Schäden, als Folge betrieblich veranlaßter Tätigkeit, abhängig vom Grad seines Verschuldens:

- unbeschränkte Haftung bei Vorsatz
- grundsätzlich unbeschränkte Haftung bei grober Fahrlässigkeit (nach der Rspr. des BAG[7] kann sich eine Haftungsbegrenzung aber dann ergeben, wenn das Entgelt des ArbN im offensichtlichen Mißverhältnis zum Schadensrisiko der Tätigkeit steht.)
- Schadensteilung bei mittlerer Fahrlässigkeit (für den Umfang der Arbeitnehmerhaftung sind die Umstände des Einzelfalls zu berücksichtigen, wie z.B. Verhalten in der Vergangenheit, Versicherbarkeit[8] des Schadensrisikos).
- i.d.R. keine Haftung bei leichtester Fahrlässigkeit.

Die **Gleichbehandlungspflicht** (Gleichbehandlungsgrundsatz) wird teilweise ebenfalls als Bestandteil der Fürsorgepflicht betrachtet. Richtigerweise dürfte es sich dabei um die Ausübung von Gestaltungsmacht i.S.d. § 315 Abs. 1 BGB[9] oder i.S.d. Art. 3 GG[10] handeln. Folgerichtig muß die Gleichbehandlungspflicht da entfallen, wo der ArbG nicht „behandelt", sondern mit dem ArbN einzelvertragliche Vereinbarungen „aushandelt" (**Vertragsfreiheit**)[11].

---

[4] vgl. **BAG**, JZ 1991, S. 49.

[5] vgl. **BAG** GS DB 1993, S. 939 und **BAG** NZA 1994, S. 1083 ff.

[6] vgl. **BAG** NZA 1988, S. 579 ff.

[7] vgl. **BAG** NZA 1990, S. 97 ff.

[8] vgl. **BAG** NZA 1995, S. 565.

[9] **Söllner,** S. 267.

[10] **Gamillscheg,** Bd. 1, S. 41.

[11] **Söllner,** S. 267.

Bei **Verletzung der Fürsorgepflicht** durch den ArbG kann für den ArbN u.a.

- ein Anspruch auf Erfüllung sowie ggf. auf Unterlassung;
- ein Recht zur Verweigerung der Arbeitsleistung (§ 320 BGB);
- ein Schadensersatzanspruch aus Vertrag wegen positiver Vertragsverletzung (§§ 276, 278 oder § 618 BGB) oder aus unerlaubter Handlung (§ 823ff. BGB) bestehen[12]

Im vorliegenden Fall ist zu prüfen, ob ArbN B gegen ArbG A einen Schadensersatzanspruch wegen der Beschädigung des Pkw zusteht. Das **BAG**[13] hatte einen gleichgelagerten Sachverhalt zu entscheiden. Es hat ausgeführt, der Kläger (ArbN) könne keinen Schadensersatz beanspruchen, weil der Beklagte (ArbG) weder seine Verkehrssicherungspflicht noch die ihm dem Kläger gegenüber obliegende Fürsorgepflicht verletzt habe. Auch aus der Überlassung des Parkplatzes zugrundeliegenden besonderen Rechtsverhältnis könne der Kläger keinen Schadensersatzanspruch herleiten.

Der ArbG sei zwar verpflichtet, die den ArbNern zur Verfügung gestellten Unterstellplätze in einem verkehrssicheren und gefahrlosen Zustand zu halten. „Es hieße aber die Fürsorgepflicht überspannen, wollte man den ArbG verpflichten, die auf seinem Parkplatz abgestellten Fahrzeuge der Arbeitnehmer schlechthin auch vor solchen Schäden zu bewahren, vor denen der Eigentümer eines Wagens sich auch sonst im Straßenverkehr kaum wirksam schützen kann“[14].

Das **BAG** sieht es als entscheidend an, daß die Ursache für den Schaden nicht durch den Parkplatz, sondern durch Einwirkung eines Dritten entstanden ist. Es handelt sich insoweit um eine nicht vom ArbG beherrschbare Gefahrenquelle. Dem ist zuzustimmen.

Zusammenfassend läßt sich feststellen, daß die „Fürsorgepflicht“ des ArbG vertragliche Nebenpflichten (§ 242 BGB) sowie Schutzpflichten beinhaltet. Abgesehen von seiner historischen Bedeutung könnte man daher auf den Begriff der Fürsorgepflicht verzichten, zumal die gesetzliche Regelung von Arbeitnehmervorschriften ständig zugenommen hat.

Literaturhinweise:

Gamillscheg, Bd. 1, S. 41ff.; **Hueck/Nipperdey**, Grundriß, S. 90ff.; **Söllner**, S. 255ff.

---

[12] Näheres s. **Hueck/Nipperdey**, Grundriß, S. 92f.

[13] **BAG** vom 25.6.1975 = BB 75, 1343f.

[14] **BAG**, a.a.O., S. 1343.

Haftung des Arbeitnehmers

Die Grundsätze der gefahrgeneigten Arbeit gelten für alle Arbeiten, die durch den Betrieb veranlaßt sind und aufgrund eines Arbeitsverhältnisses geleistet werden.

Rechtsfolgen: Sind die obigen Voraussetzungen erfüllt, tritt folgende Haftung des Arbeitnehmers ein:

Leichteste Fahrlässigkeit	**Mittlere Fahrlässigkeit**	**Grobe Fahrlässigkeit und Vorsatz**
Vollständige Haftungsbefreiung für den Arbeitnehmer. Der Arbeitgeber muß den Schaden allein tragen.	Entsprechend der Umstände des Einzelfalles wird der Schaden auf Arbeitgeber und Arbeitnehmer aufgeteilt (analog § 254 BGB)	Der Arbeitnehmer haftet grundsätzlich für den gesamten Schaden.

Teil II: Die Beendigung des Arbeitsverhältnisses

Fall Nr. 11: Die Endigungsgründe

ArbN B ist als Kraftfahrer bei der Firma X beschäftigt, die allein von dem Einzelkaufmann A betrieben wird. Auf einer Geschäftsreise wird der von B gefahrene PKW, in dem sich auch A befindet, in einen schweren Verkehrsunfall verwickelt. Dabei wird A getötet. B, der schuldlos an dem Unfall ist, erleidet eine Querschnittslähmung. Besteht angesichts des Todes des A und des körperlichen Zustandes des B das Arbeitsverhältnis des B mit der Firma X fort?

Besprechung

Der vorstehende Sachverhalt wirft die Frage auf, ob der Tod des Firmeninhabers A und die Berufsunfähigkeit (vgl. § 43 Abs. 2 SGB VI) des B Auflösungstatbestände für das

Arbeitsverhältnis darstellen. Damit ist die grundsätzliche Frage nach den **Endigungsgründen** gestellt, die zur Beendigung von Arbeitsverhältnissen führen:

- **Zeitablauf** bei zulässiger Befristung (§ 620 Abs. 1 BGB);
- **Zweckerreichung** (vgl. § 620 Abs. 2 BGB);
- **Kündigung** (§§ 622, 626 BGB);
- **Aufhebungsvertrag**, d.h. Absprache über die Beendigung (§ 305 BGB);
- **Tod** des **ArbN** (§ 613 BGB).

Beim Tod einer Arbeitsvertragspartei handelt es sich um „höhere Gewalt". Während der **Tod des ArbN** stets zur **Auflösung** des Arbeitsverhältnisses führt (§ 613 Satz 1 BGB), ist das beim Tod des ArbG nur ausnahmsweise der Fall, wenn die Erfüllung des Arbeitsvertrages, wie z.B. bei einer Pflegerin, von der Person des ArbG abhängt. Bei **Kündigung** durch ArbG oder ArbN wird das Arbeitsverhältnis durch **einseitige** Ausübung eines **Gestaltungsrechtes** beendet.[1] Hierzu gehört auch die **Anfechtung** des Arbeitsverhältnisses gem. §§ 119ff.; 123ff., (142) BGB.

Unter **vertraglicher Beendigung** des Arbeitsverhältnisses wird man in erster Linie den **Aufhebungsvertrag** zu verstehen haben. Hierzu wird man aber auch die **Befristung** und die **Zweckerreichung** (z.B. Abschluß eines Projektes) zählen können, wenngleich diese Endigungsgründe - im Gegensatz zur vertraglichen Aufhebung - schon von vornherein vereinbart werden. Bei der vertraglichen Beendigung des Arbeitsverhältnisses können Probleme im Zusammenhang mit der sogenannten **Ausgleichsquittung**[2] auftreten.

Hiernach lassen sich die Endigungsgründe in **drei** Gruppen zusammenfassen. Diese sind:

- **höhere Gewalt** (Tod des ArbN, ausnahmsweise auch der des ArbG);
- **einseitiger** Gestaltungsakt (Kündigung, Anfechtung, einseitige Lossagung vom faktischen Arbeitsverhältnis);
- **beiderseitige** Vereinbarung (Aufhebungsvertrag, Befristung, Zweckerreichung).

Im vorliegenden Falle ist zu prüfen, ob der Tod des Firmeninhabers und ArbG A ein Auflösungstatbestand für das Arbeitsverhältnis mit dem Kraftfahrer B darstellt. Nach den vorangegangenen Ausführungen ist zu vermuten, daß dies nicht der Fall ist. Nach § 1922 Abs. 1 BGB geht kraft **Gesetzes** mit dem Tode einer Person, hier des A, (Erbfall) deren Vermögen, das „private" und das „Firmenvermögen", als Ganzes auf die gesetzlichen oder testamentarischen Erben über (Gesamtrechtsnachfolge). Wird die Firma X des A (§§ 17, 18 HGB) nach dem Erbgange fortgeführt, so tritt der Erbe nach handelsrechtlichen Grundsätzen in die Rechte und Pflichten des Erblassers ein (§§ 22, 27 HGB). Das läßt den Schluß zu, daß der Tod des ArbG das Arbeitsverhältnis mit dem B nicht auf-

[1] **Zöllner/Loritz,** S. 267.

[2] **Schaub,** § 72 II 2 m.w.N.; **Brox/Rüthers,** S. 155.

gelöst hat. Es besteht fort mit dem an die Stelle des verstorbenen A getretenen erbrechtlichen Firmennachfolger (ein Erbe oder mehrere Erben). Dies Ergebnis entspricht der im Arbeitsrecht herrschenden Auffassung, wonach ein gewöhnliches Arbeitsverhältnis - wie hier mit dem Kraftfahrer B - nicht durch den Tod des Firmeninhabers beendet wird. Es stimmt auch mit dem Rechtsgedanken des § 613a BGB überein, obgleich diese Vorschrift nicht den gesetzlichen sondern den **rechtsgeschäftlichen** Betriebsübergang regelt.

Nach der Feststellung, daß der Tod des A kein Endigungsgrund ist, bleibt zu untersuchen, ob der körperliche Zustand des B ein Auflösungstatbestand ist. Infolge der bei dem unverschuldeten Verkehrsunfall erlittenen Querschnittslähmung kann B seinen Beruf als Kraftfahrer nicht mehr ausüben. Es handelt sich bei B um eine sogenannte **Berufsunfähigkeit**[3]. Diese führt jedoch nicht automatisch zum Verlust des Arbeitsplatzes. Vielmehr besteht das Arbeitsverhältnis solange fort, wie es nicht durch Kündigung oder einvernehmlich aufgelöst wird. Der ArbG könnte sich zur sozialen Rechtfertigung einer Kündigung des B auf einen in dessen Person liegenden Grund, nämlich die Unmöglichkeit der Erfüllung der Arbeitspflicht als Kraftfahrer berufen; wenn keine anderweitige Beschäftigungsmöglichkeit gegeben sein sollte, § 1 Abs. 2 KSchG (Fall Nr. 13).

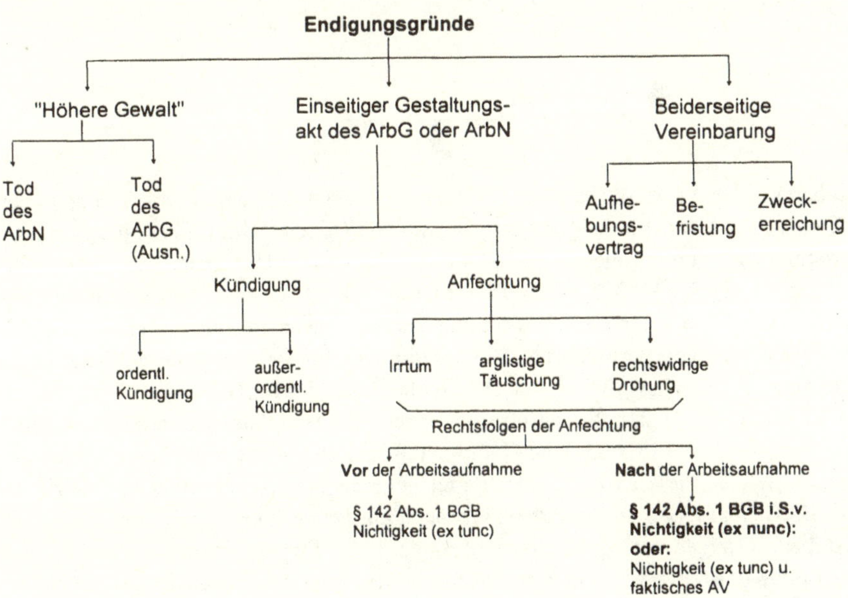

Bei fehlender anderweitiger Beschäftigungsmöglichkeit dürfte es in Anbetracht der besonderen Umstände empfehlenswert sein, anstelle einer Kündigung den Abschluß eines Aufhebungsvertrages mit dem B anzustreben.

[3] **Gitter**, Sozialrecht, S. 246ff.

Literaturhinweise:

Brox/Rüthers, S. 125ff.; **Großmann/Schneider**, S. 242ff.; **Hueck/von Hoyningen-Huene**, Kom. z. KSchG; **Hueck/Nipperdey**, Grundriß, S. 117f.

Fall Nr. 12: Die Befristung des Arbeitsverhältnisses

Das Unternehmen A stellt wegen eines vorübergehend starken Arbeitsanfalls zusätzlich eine Schreibkraft S ein. A und S befristen den Arbeitsvertrag für die Zeit vom 1.10.1997 bis 31.3.1998.

Am 10.1.1998 teilt S dem A mit, sie befinde sich in anderen Umständen.

1. Ist die Befristung des Arbeitsverhältnisses zulässig?
2. Hat S aufgrund der Schwangerschaft einen Anspruch auf Weiterbeschäftigung über den 31.3.1998 hinaus?

Besprechung

Wie bereits oben erwähnt (Fall Nr. 11) stellt die **Befristung** (§ 620 Abs. 1 BGB) einen Endigungsgrund dar. Sie schließt eine ordentliche (fristgerechte) Kündigung aus. Die Befristung wird von vornherein vereinbart und ist insoweit eine Folge der Vertragsfreiheit (Art. 2 GG; §§ 242, 305 BGB). Dieser Grundsatz erfährt jedoch im Arbeitsvertragsrecht, insbesondere unter Berücksichtigung des Arbeitnehmerschutzgedankens, erhebliche Einschränkungen (vgl. Fall Nr. 5). Dies gilt auch für die rechtliche Zulässigkeit der Befristung von Arbeitsverhältnissen. Der **Große Senat** des **BAG**[1] hat mit Beschluß vom 12.10.1960 entschieden, daß die Befristung eines Arbeitsverhältnisses nur dann gerechtfertigt sei, wenn hierfür **sachliche Gründe** aufgrund der wirtschaftlichen oder sozialen Verhältnisse der Parteien oder einer Partei gegeben seien. Eine zulässige Befristung i.S.d. **BAG** liegt z.B. vor, bei Arbeitsverträgen auf Probe (m.E. eine Ausnahme), Aushilfsarbeitsverträgen, Saisonarbeitsverträgen (z.B. im Fremdenverkehrsgewerbe), Verträgen mit Künstlern sowie bei befristeten Arbeitsverträgen auf Wunsch des ArbN (z.B. „Semesterferienjob") ergänzend sei auf die gesetzlich geregelte Befristung des Ausbildungsverhältnisses (§ 14 Abs. 1 BBiG) hingewiesen.

Davon abweichend ist die Zulässigkeit der Befristung von Arbeitsverträgen für die Zeit vom 1.5.1985 bis zum 31.12.2000 aufgrund des Gesetzes über arbeitsrechtliche Vorschriften zur Beschäftigungsförderung vom 26.4.1985 - Beschäftigungsförderungs-

[1] **BAG**, AP Nr. 16, 62, 124 zu § 620 BGB (Befristeter AV).

gesetz - (BGBl. I S. 710) geändert durch Gesetz vom 25.9.1996 (BGBl. I S. 1476) geregelt. Nach § 1 Abs. 1 BeschFG ist die Befristung eines Arbeitsvertrages bis zur Höchstdauer von zwei Jahren zulässig. Innerhalb der Befristungsdauer ist eine dreimalige Verlängerung der Befristung möglich. Die in § 1 Abs. 1 BeschFG genannten Einschränkungen für die Befristung des Arbeitsverhältnisses gelten nach § 1 Abs. 2 BeschFG nicht für ArbN, die das 60. Lebensjahr vollendet haben. Der Gesetzgeber geht hierbei davon aus, daß für ältere ArbNer besondere Beschäftigungsanreize erforderlich sind.[2] Eine wirksame Befristung nach Abs. 1 und Abs. 2 ist nicht möglich, wenn ein enger sachlicher Zusammenhang zu einem vorhergehenden unbefristeten oder nach § 1 Abs. 1 BeschFG befristeten Arbeitsvertrag mit demselben Arbeitgeber besteht. § 1 Abs. 3 S. 2 BeschFG nennt als Beispiel für einen engen zeitlichen Zusammenhang eine zeitliche Differenz von weniger als vier Monaten zwischen den Arbeitsverträgen. Nach der Begründung zum Gesetzesentwurf[3] ist jedoch ein enger sachlicher Zusammenhang unerheblich, wenn der vorhergehende befristete Vertrag mit einem sachlichen Grund abgeschlossen wurde. Während der Geltungsdauer dieser gesetzlichen Regelung ist bis zum 31.12.2000 die Rechtsprechung des **BAG** insoweit teilweise suspendiert, als - unter den genannten Voraussetzungen - eine Befristung des Arbeitsverhältnisses auch ohne Begründung wirksam ist. Die Erleichterung der befristeten Einstellung soll einen Beitrag zur Bekämpfung der Arbeitslosigkeit darstellen. Die bereits nach der alten Fassung des BeschFG geltende Befristung bis Ende 2000 wurde in § 1 Abs. 6 BeschFG n.F. aufgenommen bzw. beibehalten.

Zu 1. Im vorliegenden Fall handelt es sich bei der Vereinbarung von A und S um ein **Aushilfsarbeitsvertrag**, weil der starke Arbeitsanfall vorübergehender Natur ist. Wenn es sich dagegen um ein z.B. infolge der Erweiterung des Geschäftsvolumens andauernden Arbeitsanfall gehandelt hätte, wäre die Befristung sachlich nicht gerechtfertigt gewesen.

Abgesehen von den zulässigen Befristungsmöglichkeiten des § 1 Abs. 1 BeschFG tritt in derartigen Fällen nach der oben angeführten Entscheidung des **Großen Senat** des **BAG** an die Stelle des befristeten Arbeitsverhältnisses ein Arbeitsverhältnis auf unbestimmte Zeit, auf das das KSchG und die anderen den Arbeitsplatz schützenden Gesetze (z.B. MuSchG, SchwbG) Anwendung finden. Damit dient die zur Befristung des Arbeitsverhältnisses ergangene Rechtsprechung des **BAG** dem Arbeitsplatzschutz und der Existenzsicherung der ArbNer[4].

Die sachliche Rechtfertigung der Befristung ist immer dann erforderlich und auch zulässig (vgl. § 1 Abs. 4 BeschFG), wenn die Befristungsmöglichkeiten des § 1 Abs. 1 BeschFG ausgeschöpft sind.

---

[2] vgl. Begründung zum Gesetzesentwurf, BT-Drucksache 13/4612, S. 13.

[3] vgl. Begründung zum Gesetzesentwurf, BT-Drucksache 13/4612, S. 17.

[4] Vgl. **Schaub**, § 39 m.w.N.

Zu 2. Die S hätte gegen A ohne weiteres einen Anspruch auf **Weiterbeschäftigung**, wenn die Befristung sachlich nicht gerechtfertigt gewesen wäre. Ein Aushilfsarbeitsverhältnis darf jedoch - wie oben dargestellt - befristet werden.

Ob die während der Vertragsdauer von S angezeigte Schwangerschaft (§ 5 MuSchG) eine andere Beurteilung der Befristung verlangt, bleibt zu prüfen.

Es handelt sich dabei um das Problem der Verlängerung von befristeten Arbeitsverhältnissen unter Berücksichtigung des Mutterschutzgedankens, wie er insbesondere im Kündigungsverbot (§ 9 MuSchG) zum Ausdruck kommt.

Gesetzlich geregelte Fälle der Verlängerung eines befristeten Arbeitsverhältnisses sind in § 625 BGB, § 17 BBiG und § 78a BetrVG enthalten.

Ferner gilt für den Hochschulbereich, daß aufgrund des § 57 b Abs. 3 HRG, eingefügt durch Gesetz über befristete Arbeitsverträge mit wissenschaftlichem Personal an Hochschulen und Forschungseinrichtungen vom 14.7.1985 (BGBl. I S. 1065), ein sachlicher Grund für eine Befristung vorliegt, wenn die Beschäftigung einer fremdsprachlichen Lehrkraft überwiegend für die Ausbildung in Fremdsprachen erfolgt (Lektor). Mehrere derartige befristete Arbeitsverträge dürfen die Höchstgrenze von insgesamt fünf Jahren nicht überschreiten (§ 57 c Abs. 2 HRG). Die Befristung des vorstehenden Lektorenvertrages wäre hiernach nunmehr gesetzlich zulässig. Alle diese Tatbestände treffen auf die S nicht zu.

Der **Große Senat** des **BAG**[5] hatte sich mit dem Problem der Weiterbeschäftigung aus Anlaß einer während eines befristeten Probearbeitsverhältnisses eingetretenen Schwangerschaft zu befassen. Das **BAG**[6] hat u.a. ausgeführt, eine Weiterbeschäftigungsverpflichtung verstoße gegen den gesetzlich anerkannten Grundsatz der Vertragsfreiheit (Art. 2 Abs. 1 GG, § 105 GewO). Nur in besonderen Fällen, wie bei Vorliegen des **§ 226 BGB** (Schikane) oder bei einem Verstoß gegen die guten Sitten i.S.d. **§ 826 BGB** könne eine Berufung auf die Befristung des Arbeitsverhältnisses unzulässig sein. Hiernach findet das Kündigungsverbot bei § 9 MuSchG und der daraus resultierende Arbeitsplatzschutz im vorliegenden Falle keine Anwendung, obwohl für die ArbNin die tatsächlichen und sozialen Folgen der Befristung die gleichen wie bei einer Kündigung sein können. Auch die neuere Rspr.[7] aus dem Jahr 1996 hält daran fest, daß eine dem ArbG im Zeitpunkt des Vertragsabschlusses bekannte Schwangerschaft einer ArbNin nicht die Befristung des Arbeitsvertrages hindere.

Die Rechtsauffassung des **BAG** ist vom Grundsatz her nicht unproblematisch. Sie läßt die besondere Schutzbedürftigkeit der schwangeren ArbNin und des werdenden Lebens unberücksichtigt (Art. 20 Abs. 1; 28 Abs. 1 GG; §§ 1; 9 MuSchG); desgleichen die Möglichkeit, daß der zunächst vorübergehend vermutete Arbeitsanfall wider Erwarten

---

[5] **BAGE** 10, 65 ff.

[6] **BAG** a.a.O.

[7] **BAG** AP Nr. 188 zu § 620 BGB (Befristeter Arbeitsvertrag).

über den Zeitpunkt der Befristung hinaus andauern sollte. Bei Anwendung der **BAG**-Rechtsprechung hätte die S gegen den A also keinen Anspruch auf Weiterbeschäftigung.

Zusammenfassend läßt sich feststellen, daß eine rechtlich zulässige Befristung des Arbeitsverhältnisses entweder unter § 1 Abs. 1 BeschFG fallen oder sachlich begründet sein muß; andernfalls tritt an die Stelle der Befristung ein Arbeitsverhältnis auf unbestimmte Zeit. Bei rechtlich zulässiger Befristung des Arbeitsverhältnisses ist ein Anspruch auf Weiterbeschäftigung grundsätzlich ausgeschlossen.

Literaturhinweise:

Lieb, S. 126f.; **Schaub**, § 39; **Lorenz**, a.a.O.; **Nagel**, a.a.O.; **Zöllner/Loritz**, S. 267 ff.

Fall Nr. 13: Die ordentliche Kündigung

Der Personalleiter der X-AG beabsichtigt, das Arbeitsverhältnis mit dem kaufmännischen Angestellten B wegen langanhaltender Krankheit fristgerecht zu kündigen. B ist an langwieriger Lungentuberkulose erkrankt. Nach ärztlicher Auskunft ist B mindestens für die Dauer von 6 Monaten arbeitsunfähig.

1. Unter welchen rechtlichen Voraussetzungen wäre die ordentliche Kündigung des B durch die X-AG rechtswirksam?
2. Was hätte B rechtlich zu beachten, wenn er den Arbeitsvertrag von sich aus fristgerecht kündigen wollte?

Besprechung

Zu 1. Im vorliegenden Falle geht es um die fristgerechte **Kündigung** als Endigungsgrund. Die Hauptformen der Kündigung sind die **ordentliche (fristgerechte)** und die **außerordentliche (fristlose)** Kündigung (Fall Nr. 14).

Die Kündigung ist eine **einseitige empfangsbedürftige** Willenserklärung; ihre Rechtsnatur ein **Gestaltungsrecht,** das unmittelbar auf den Bestand des Arbeitsverhältnisses einwirkt (Endigungsgrund). Daher ist eine **Teilkündigung**, die nur einzelne Teile des Arbeitsvertrages aufkündigen würde, grundsätzlich unzulässig; hierzu würde es einer Änderungskündigung bedürfen[1]. Die Kündigung ist von gesetzeswegen **formfrei** und grundsätzlich - aus Gründen der Rechtssicherheit - **bedingungsfeindlich**, soweit nicht der Bedingungseintritt - wie bei der **Änderungskündigung**, § 2 KSchG, vom Willen des Kündigungsempfängers abhängt[2].

[1] **BAG** vom 4.2.1958, AP Nr. 1, 5 zu § 620 BGB (Teilkündigung); **Zöllner**, S. 275 f.; **Herschel/Löwisch**, § 2 Rn. 3 ff.

[2] **Schaub**, § 123 III 4 m.w.N.

Im Hinblick auf die Erörterung der Frage zu 1. ist zu prüfen, welche rechtlichen Voraussetzungen für eine rechtswirksame ordentliche Kündigung des Arbeitsverhältnisses durch den ArbG vorliegen müssen.

Zunächst ist darauf zu achten, daß Auslaufzeit (Kündigungsfrist von z.B. sechs Wochen) und Endigungszeitpunkt (z.B. Schluß eines Kalendermonats oder Kalendervierteljahres) stimmen, d.h., die Kündigung muß **fristgerecht** erfolgen. Die Kündigungsfrist kann sich aus Gesetz, Arbeits- oder Tarifvertrag ergeben. Die gesetzlichen Kündigungsfristen sind für alle Arbeitsverhältnisse und damit auch für solche mit Angestellten (B) grundsätzlich einheitlich in § 622 BGB geregelt. Mit Inkrafttreten des § 622 BGB n.F. zum 15.10.1993 wurden entsprechend einem Gesetzgebungsauftrag des BVerfG[3] für Arbeiter und Angestellte gleiche gesetzliche Kündigungsfristen geschaffen. Einzel- und Kollektivverträge können die Länge der Kündigungsfristen nur insoweit abändern, als es das Gesetz gestattet (z.B. § 622 Abs. 4, Abs. 5 BGB).

Als kaufmännischer Angestellter (§ 59 HGB; Handlungsgehilfe) fällt B unter § 622 Abs. 1 BGB. Bei entsprechender Dauer der **Betriebszugehörigkeit** verlängert sich die Kündigungsfrist kraft Gesetzes.

Die Kündigungsfristen nach § 622 BGB sind gesetzlich zwingende Mindestfristen. Die verlängerten Kündigungsfristen nach § 622 Abs. 2 BGB gelten nur für die Kündigung des Arbeitsverhältnisses durch den ArbG. Im umgekehrten Falle verbleibt es bei den Normalfristen (§ 622 Abs. 1 BGB) mit der Möglichkeit vertraglicher Verlängerung (§ 622 Abs. 5 Satz 2 BGB). Im übrigen besteht eine Tarifvertragspraxis i.S.e. Verlängerung der Kündigungsfristen, insbesondere für ältere ArbNer.

Im vorliegenden Falle ist mangels anderweitiger Angaben von der normalen Kündigungsfrist nach § 622 Abs. 1 BGB auszugehen.

Die ordentliche Kündigung des Arbeitsverhältnisses durch den ArbG muß nicht nur fristgerecht sein. Sie darf - wenn das KSchG Anwendung findet[4] - außerdem **nicht sozial ungerechtfertigt** (sozialwidrig) sein. Für die Beurteilung der Frage der sozialen Rechtfertigung einer Kündigung ist das **KSchG** maßgebend. Für seine Anwendung müssen die Voraussetzungen der §§ 1 Abs. 1; 14; 23 Abs. 1 Satz 2 KSchG erfüllt sein. Das KSchG schränkt die Kündigungsfreiheit für vom ArbG ausgehende Kündigungen ein, um den besonderen **Bestandsschutz des Arbeitsverhältnisses** zu gewährleisten. Die Formulierung des § 1 Abs. 2 KSchG, die auf weitgehend unbestimmten und daher ausfüllungsbedürftigen Rechtsbegriffen beruht (vgl. Fall Nr. 14) ist zu entnehmen, daß das Gesetz die Kündigung des Arbeitsverhältnisses durch den ArbG grundsätzlich als unerwünscht ansieht und auf Ausnahmefälle beschränkt wissen will („Recht am Ar-

---

[3] **BVerfGE** 1990, 2246.

[4] Durch das Arbeitsrechtliche Beschäftigungsförderungsgesetz 1996 (BGBl. I S. 1476) wurde auch der Geltungsbereich des KSchG geändert. So wurde der Schwellenwert für die Anwendung des KSchG nach § 23 Abs. 1 Satz 1 auf Betriebe mit regelmäßig mehr als 10 Arbeitnehmern erhöht. Ebenso sind nach § 23 Abs. 1 Satz 3 KSchG teilzeitbeschäftigte Arbeitnehmer bei der Berechnung des Schwellenwertes anteilig zu berücksichtigen.

beitsplatz"). Das **BAG**[5] verlangt zur Prüfung der Frage, ob die Kündigung billigenswert erscheint, in jedem Einzelfalle eine verständige Berücksichtigung der Umstände, die die Interessen der Parteien berühren[6].

Die soziale Rechtfertigung setzt voraus, daß die Kündigung auf Gründen beruht, die **betrieblich** oder **persönlich** bedingt sind. (§ 1 Abs. 2 Satz 1 KSchG).

Betriebliche Gründe rechtfertigen die Kündigung nur, wenn sie durch dringende betriebliche Erfordernisse aus außer- oder innerbetrieblichen Gründen, wie z.B. durch dauernden Auftragsrückgang und Rationalisierungsmaßnahmen, bedingt ist, die einer Weiterbeschäftigung des ArbN in diesem Betrieb entgegenstehen (sogenannte betriebsbedingte Kündigung). Es muß also eine **unternehmerische Entscheidung** vorliegen, durch deren Umsetzung das Beschäftigungsbedürfnis für einzelne ArbNer entfällt. Die Kündigung muß somit im Interesse des Betriebes notwendig und durch andere zumutbare Mittel nicht zu vermeiden sein (ultima ratio-Prinzip)[7]. Ansonsten wäre die Kündigung **unverhältnismäßig** und damit sozialwidrig. Dies ist z.B. der Fall bei (unwirksamen) „Austauschkündigungen"[8] ohne Wegfall der Weiterbeschäftigungsmöglichkeit. Deshalb hat das **BAG** die Klage eines Kapitäns gegen die betriebsbedingte Kündigung zur Besetzung seines Arbeitsplatzes durch eine ausländische Crewing-Gesellschaft stattgegeben und u.a. ausgeführt, daß die „Flucht" aus dem deutschen Arbeits- und Sozialrecht zur Lohnkostensenkung durch Verringerung der Heuern als freie Unternehmerentscheidung die Arbeitsgerichte nicht binde.[9]

Da die Durchführung von Rationalisierungsmaßnahmen (z.B. Automation) meist zur Freisetzung einer Mehrzahl von ArbNern führt, müssen die Vorschriften über anzeigepflichtige **Massenentlassungen** gemäß §§ 17 ff. KSchG beachtet werden. Soweit es sich außerdem zugleich um eine **Betriebsänderung** i.S.d. § 111 BetrVG handeln sollte, wäre ein Interessenausgleich anzustreben und ein Sozialplan (§ 111, 112 BetrVG) zu vereinbaren (vgl. Fall Nr. 29).

Im Falle der betriebsbedingten Kündigung muß zur sozialen Rechtfertigung (§ 1 Abs. 2 KSchG) hinzukommen, daß der ArbG bei der Auswahl des ArbN die Dauer der Betriebszugehörigkeit, das Lebensalter und die Unterhaltspflichten des ArbN ausreichend berücksichtigt hat (§ 1 Abs. 3 Satz 1 KSchG). In die soziale Auswahl nicht einzubeziehen sind ArbNer mit besonderer Qualifikation oder deren Weiterbeschäftigung zur Sicherung einer ausgewogenen Personalstruktur im betrieblichen Interesse liegt (§ 1 Abs. 3 Satz 2 KSchG).

---

[5] **BAG** vom 12.3.1968, NJW 68, 1693.

[6] **Gross**, S. 162 f.; **Hueck/von Hoyingen-Huene**, § 1 Rn. 135ff.; „Kündigung wegen Kurzerkrankungen" s. **BAG**: Urt. vom 6.9.1989, NZA 1990, S. 434 ff.; Urt. vom 6.9.1989, NZA 1990, S. 305ff.; Urt. vom 29.8.1991 (grundsätzliche Fortsetzung der ständigen Rechtsprechung); Kündigung wegen unzumutbar hoher Lohnfortzahlungskosten: **BAG**, Urt. vom 16.2.1989, NZA 1989, S. 923ff.

[7] **Hueck/von Hoyingen-Huene**, § 1 Rn. 365, 431ff.

[8] **BAG** EzA § 1 KSchG Betriebsbedingte Kündigung Nr. 36.

[9] **BAG**, Urteil vom 26.9.1996, 2 AZR 200/96, EzA § 1 KSchG Betriebsbedingte Kündigung Nr. 86.

Persönlich (ArbN) bedingte Gründe müssen im **Verhalten** oder in der **Person** des ArbN liegen. Als Gründe, die sich aus dem **Verhalten** des ArbN ergeben, kommen **Vertragsverletzungen** der verschiedensten Art in Betracht, sofern sie schuldhaft (§ 276 BGB) sind und eine gewisse Schwere aufweisen (sog. **verhaltensbedingte** Kündigung). Beispiele dafür sind: häufiges und abgemahntes (beanstandetes) Zuspätkommen, mangelhafte und mehrfach beanstandete Arbeitsleistung, ständiger Streit mit Betriebskollegen[10].

Als Gründe in der Person (sog. **personenbedingte** Kündigung) kommen z.B. mangelnde körperliche oder geistige Eignung sowie **lang andauernde Krankheit** in Betracht. Dieser Kündigungsgrund kommt in der betrieblichen Praxis häufig vor. Mit ihm hatte sich auch das **BAG** in seiner Entscheidung vom 12.3.1968[11] zu befassen. Es empfiehlt sich hierauf näher einzugehen, weil im vorliegenden Falle bei der Kündigung des Arbeitsverhältnisses mit dem ArbN B ebenfalls eine personenbedingte Kündigung wegen Krankheit infrage kommt.

Das **BAG** hat ausgeführt, eine Kündigung sei nicht schon allein deswegen sozialwidrig, weil sie wegen der Krankheit des ArbN erfolge. Vielmehr könne die Krankheit des ArbN einen Grund zur Kündigung darstellen. Allerdings seien wegen des besonderen Bestandsschutzes des Arbeitsverhältnisses scharfe Anforderungen an die soziale Rechtfertigung zu stellen. Gerade im Krankheitsfalle sei der ArbN auf die Erhaltung des Arbeitsplatzes angewiesen. Deshalb könne zwar wegen **lang anhaltender Krankheit** gekündigt werden. Diese Voraussetzung sei jedoch nur erfüllt, wenn im Zeitpunkt der Kündigung objektiv (nach ärztlicher Auskunft) noch **nicht abzusehen** sei, ob der ArbN seine Arbeit **alsbald** wieder aufnehmen könne.

Im vorliegenden Falle ist B nach ärztlicher Meinung mindestens für die Dauer von sechs Monaten arbeitsunfähig erkrankt. Hierbei dürfte es sich um eine i.S.d. **BAG**-Rspr. lang anhaltende Krankheit handeln ohne Aussicht auf alsbaldige Genesung. Hierfür spricht auch die Erwägung, daß die Krankheit die Entgeltfortzahlungsfrist von sechs Wochen (§ 3 EFZG) voraussichtlich erheblich überschreiten wird. Daher könnte der Personalleiter der X-AG das Kündigungsvorhaben mit der Krankheit des B rechtfertigen, wenn es aus betrieblichen Gründen nicht zumutbar sein sollte, den Arbeitsplatz des B unbesetzt zu lassen, eine Aushilfskraft einzustellen oder den B auf einem neuen Arbeitsplatz zu beschäftigen[12].

Zu ihrer Wirksamkeit bedarf die beabsichtigte Kündigung ferner der **Anhörung** des **Betriebsrates.** Diesem hat der ArbG die Gründe (**Person** des ArbN, Art der Kündigung, Kündigungs**termin**, Kündigungs**grund**) - hier die lang anhaltende Krankheit des B - mitzuteilen (§ 102 Abs. 1 Satz 1 und 2 BetrVG). Die Kündigung ist gemäß § 102 Abs. 1 Satz 3 BetrVG **unwirksam**, wenn sie ohne Anhörung des Betriebsrates ausgesprochen

---

[10] **Hueck/von Hoyingen-Huene**, § 1 Rn. 280.

[11] **BAG** vom 12.3.1968 = NJW 68, 1693 f.; sowie st. Rspr. des **BAG** (**BAG** DB 1992, 2196; **BAG** BB 1994, 719).

[12] **BAG**, a.a.O., S. 1694; **BAG** NZA 1990, 727 f.

wird[13]. Eine nachträglich eingeholte Stellungnahme des Betriebsrates kann die Unwirksamkeit der ohne vorherige Anhörung erklärten Kündigung nicht verhindern bzw. heilen[14].

Für die Kündigung leitender Angestellter besteht **keine** Anhörungspflicht. In diesem Fall genügt die Unterrichtung über das Kündigungsvorhaben gemäß § 105 BetrVG, wobei die Verletzung dieser Pflicht die Wirksamkeit der Kündigung nicht berührt[15]. Allerdings ist der Sprecherausschuß (§ 1 SprAuG) vor jeder Kündigung eines leitenden Angestellten zu hören; die Nichtanhörung führt zur **Unwirksamkeit** der Kündigung (§ 31 Abs. 2 Satz 1 und 3 SprAuG). Diese Regelung ist § 102 Abs. 1 BetrVG vergleichbar.

Während sich die Entscheidung des **BAG** vom 28.2.1974 vor allem mit den Rechten (z.B. Unterrichtung und Anhörung) des Betriebsrates bei Kündigungsvorhaben befaßt, betreffen die Urteile des **BAG** vom 28.3.1974[16] und vom 4.8.1975[17] vorwiegend die Grundsätze des Anhörungs**verfahrens**. Danach vollzieht sich das Anhörungsverfahren in **zwei** aufeinanderfolgenden Verfahrensabschnitten, die in ihrem Zuständigkeits- und Verantwortungsbereich voneinander abzugrenzen sind. Zunächst hat der ArbG gemäß § 102 Abs. 1 BetrVG das **Anhörungsverfahren einzuleiten.** Sodann ist es **Aufgabe des Betriebsrates**, sich mit der beabsichtigten **Kündigung** zu **befassen** und darüber zu entscheiden, ob und in welchem Sinne er Stellung nehmen will (§ 102 Abs. 2 BetrVG). (S. Schaubild S. 69).

Hiernach müßte Personalleiter X dem Betriebsrat das Kündigungsvorhaben im Falle des ArbN B unter Angabe der erforderlichen Personaldaten und des Kündigungsgrundes zur Stellungnahme zuleiten.

Hinsichtlich der Entscheidungsmöglichkeiten des Betriebsrates gibt es grundsätzlich zwei Fälle: die **Zustimmung** (gleichgelagert ist der Fall des § 102 Abs. 2 Satz 2 BetrVG) und die Erhebung des **Widerspruches** (§ 102 Abs. 3 Nr. 1 bis 5 BetrVG).

Im vorliegenden Falle könnte der Betriebsrat, wenn er nicht zustimmen sollte, die Ausübung seines **Vetorechtes** (Widerspruchsrecht) gegebenenfalls auf die Weiterbeschäftigungsmöglichkeit i.S.d. § 102 Abs. 3 Nr. 3 bis 5 BetrVG) stützen. Insoweit wird hier ein Widerspruchsrecht des Betriebsrates nicht nur bei betriebsbedingter, sondern auch bei personenbedingter Kündigung bejaht[18].

Wird trotz Widerspruchs des Betriebsrates gekündigt, so hat der ArbG der Kündigung eine Abschrift der Stellungnahme des Betriebsrates beizufügen (§ 102 Abs. 4 BetrVG). Erhebt der ArbN Kündigungsschutzklage (§ 4 KSchG), so hat er einen **Anspruch auf Weiterbeschäftigung** bei unveränderten Arbeitsbedingungen bis zum

[13] **BAG** vom 28.2.1974 = BB 74, 836 ff.

[14] **BAG**, a.a.O., S. 836f.

[15] **BAG** vom 25.3.1976 = BB 76, 743.

[16] **BAG** vom 28.3.1974 = BB 74, 979f.

[17] **BAG** vom 4.8.1975 = BB 75, 1435ff.

[18] H. M. vgl. **KR-Etzel,** § 102 Rn. 146 m.w.N.

rechtskräftigen Abschluß des Rechtsstreites (§ 102 Abs. 5 BetrVG). Darüber hinaus besteht unter bestimmten Voraussetzungen gemäß Beschluß des **Großen Senates des BAG** vom 27.2.1985[19] ein allgemeiner Weiterbeschäftigungsanspruch außerhalb von § 102 Abs. 5 BetrVG bis zum rechtskräftigen Abschluß des Kündigungsschutzprozesses, wenn die Kündigung unwirksam ist und überwiegende schutzwerte Interessen des Arbeitgebers einer solchen Beschäftigung nicht entgegenstehen.

Im Kündigungsschutzprozeß hat der vorausgegangene Widerspruch des Betriebsrates wegen einer anderweitigen Weiterbeschäftigungsmöglichkeit eine Erweiterung des Kündigungsschutzes zur Folge (§ 1 Abs. 2 Satz 2 KSchG). Der ArbG hat die Tatsachen zu beweisen, die die Kündigung bedingen - Beweislast - (§ 1 Abs. 2 Satz 4 KSchG).

Zu 2. B. hätte seinerseits bei Kündigung des Arbeitsverhältnisses lediglich die gesetzliche, tarif- oder einzelvertraglich vereinbarte Kündigungsfrist einzuhalten. Die erwähnten verlängerten gesetzlichen **Mindestkündigungsfristen** unter Berücksichtigung des Alters des ArbN und der Dauer der Betriebszugehörigkeit (§ 622 Abs. 2 BGB) **gelten nur für** die Kündigung durch den **ArbG**[20].

Zusammenfassend ist festzuhalten, daß für eine rechtswirksame ordentliche (fristgerechte) Kündigung folgende Voraussetzungen zu beachten sind:

Die Kündigung muß **fristgerecht** sein.

1. Die Kündigung darf grundsätzlich **nicht sozialwidrig** sein. Die Anforderungen an die soziale Rechtfertigung der Kündigung beurteilen sich nach dem **KSchG**. Unberührt davon bleiben **besondere** zusätzliche Kündigungsschutzvorschriften wie z.B. nach dem MuSchG (Fall Nr. 16) und dem SchwbG (Fall Nr. 5 und 15).
2. Vor Ausspruch der Kündigung muß ein ordnungsgemäßes Anhörungsverfahren aufgrund des BetrVG durchgeführt worden sein.

Literaturhinweise:

Gemeinschaftskom. z. KSchG (KR); **Gitter,** Arbeitsrecht, S. 110 ff.; **Herschel**, S. 120 ff.; **von Hoyningen-Huene**, S. 303 ff.; **Lieb**, S. 104 ff.; **Zöllner**, S. 274ff.

[19] NZA 85, 702ff., **Dütz**, Die Weiterbeschäftigungs-Entscheidung des Großen Senat des Bundesarbeitsgerichts und ihre Folgen für die Praxis, NZA 86, 209ff.; **Färber/Kappes**, Die Entscheidung des Großen Senats zum Weiterbeschäftigungsanspruch während des Kündigungsprozesses, NZA 86, 215ff.

[20] **KR - Hillebrecht,** § 622 Rn. 54 m.w.N.; a.A. **Herschel**, 234 ff. SAE 72, 236.

Betriebszugehörigkeit und Kündigungsfrist gem. § 622 Abs. 2 BGB

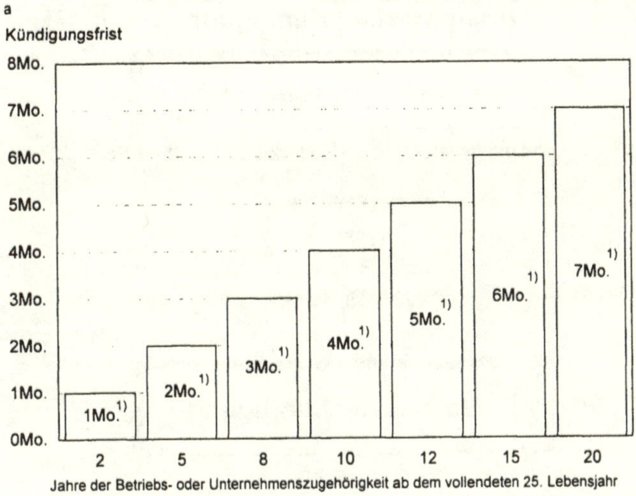

1) Zum Ende des Kalendermonats

Ordentliche (fristgerechte) Kündigung des Arbeitsverhältnisses und Beteiligungsrechte des BR

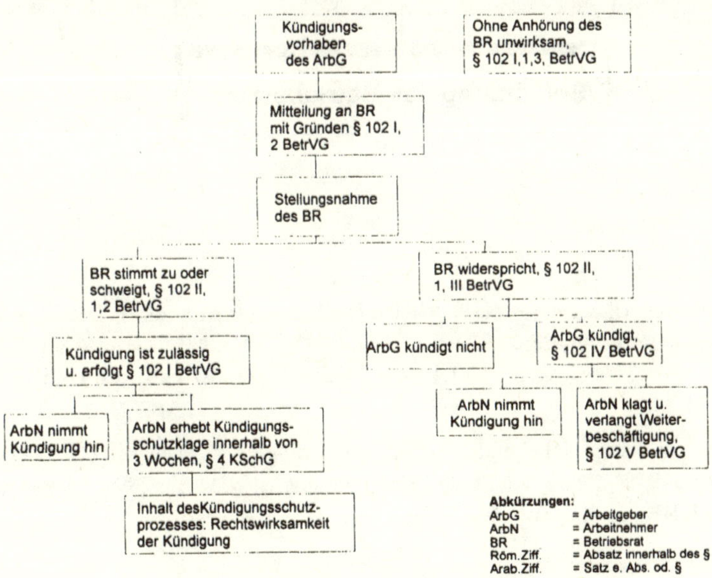

Prüfschema für ordentliche (fristgerechte) Kündigung

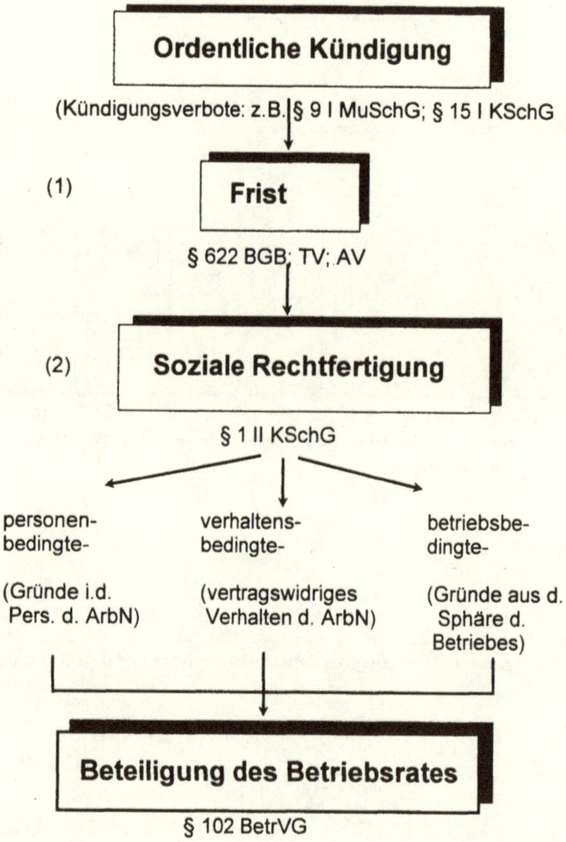

Rechtsprechungshinweise:

BAG, Urteil vom 12.3.1968 = NJW 68, 1693f.; BAG, Urteil vom 28.2.1974 = BB 74, 836 f.; BAG, Urteil vom 28.3.1974 = BB 74, 989f.; BAG, Urteil vom 4.8.1975 = BB 75, 1435 ff.; BAG, Urteil vom 13.11.1974 = BB 76, 694 f.; BAG, Urteil vom 25.3.1976 = BB 76, 743.

Grundsätze zur lang anhaltenden krankheitsbedingten Arbeitspflicht: BAG vom 25.11.1982 = AP Nr. 7 zu § 1 KSchG 1969 (Krankheit); NJW 83, 2897 = BB 83, 899 = DB 83, 1047. BB 85, 800; BB 1993, 727.

Häufige Erkrankungen: **BAG** vom 23.6.1983, BB 83, 1988. NZA 91, 185; NZA 94, 309; BB 94, 719. Krankheitsbedingte **Minderung** der Leistungsfähigkeit: **LAG** Frankfurt (Main) vom 30.11.1976, ArbuR 78, 51; **BAG** DB 92, 2196.

Andauernde Leistungsunfähigkeit: **BAG** NZA 1991, 806.

Fall Nr. 14: Die außerordentliche Kündigung

A ist als Buchhalter bei der Firma B beschäftigt. Außer A sind bei B noch drei weitere ArbNer tätig. In Zusammenhang mit einem Fehlbestand an Firmengeldern gerät A in den Verdacht, das fehlende Geld veruntreut zu haben.

Die Firma B kündigt das Arbeitsverhältnis mit A fristlos.

Zu Recht?

Besprechung

Im Unterschied zu Fall Nr. 13 geht es hier nicht um die ordentliche (fristgerechte), sondern die **außerordentliche (fristlose) Kündigung.** Sie wird in der Regel **fristlos** ausgesprochen, kann aber auch mit verkürzter Frist (Auslaufzeit) erklärt werden. Im Gegensatz zur fristgerechten ist die fristlose Kündigung auch bei Arbeitsverhältnissen auf bestimmte (befristete) Zeit zulässig. **§ 626 BGB gilt sowohl für die Kündigung des Arbeitsverhältnisses durch den ArbG als auch durch den ArbN.**

Ob die fristlose Kündigung des Arbeitsverhältnisses mit dem A rechtswirksam ist, richtet sich - einheitlich für alle Arten von Arbeitsverhältnissen - nach § 626 BGB. Diese Vorschrift verlangt das Vorliegen eines sogenannten wichtigen Grundes. Was hierunter zu verstehen ist, hat der Gesetzgeber weder definiert noch beispielhaft umschrieben. Der „wichtigste Grund" i.S.d. § 626 Abs. 1 BGB stellt somit - ebenso wie dies bei den Voraussetzungen des § 1 Abs. 2 KSchG der Fall ist (Fall Nr. 13) - einen unbestimmten Rechtsbegriff, eine Wertungslücke dar, die zu ihrer Anwendung konkretisiert werden muß. Dabei geht es um die Ausübung von Ermessen, ob im Einzelfall unter Berücksichtigung aller Umstände und Abwägung der Interessen beider Vertragsteile eine sofortige Beendigung des Arbeitsverhältnisses gerechtfertigt erscheint. Es läßt sich daher nicht von vornherein „abstrakt" feststellen, ob der jeweilige Vorfall einen „wichtigen Grund" darstellt. Aufgrund der früher geltenden Sondervorschriften für kaufmännische (§§ 70, 71, 72 HGB) und für gewerbliche (§§ 123, 124, 133b GewO) ArbNer, die das „Erste Arbeitsrechtsbereinigungsgesetz" vom 14.8.1969 (BGBl. I S. 1106) zugunsten einer einheitlichen Regelung in § 626 BGB außer Kraft gesetzt hat, konnte bei bestimmten Tatbeständen von dem Vorliegen eines wichtigen Grundes ausgegangen werden. Das war bei grober Beleidigung, Diebstahl, vorsätzlicher und rechtswidriger Sachbeschädigung sowie bei beharrlicher Arbeitsverweigerung der Fall. Es bestehen nach Rspr.[1] und h.L.[2] keine Bedenken, diese Tatbestände auch jetzt noch im Rahmen des § 626 BGB als wichtigen Grund für eine fristlose Kündigung zu betrachten. Indessen hat sich zur Auslegung und Anwendung des § 626 Abs. 1 BGB eine ausgedehnte Fallrechtsprechung (Kasuistik) entwickelt, um deren Systematisierung sich neben der Rechtswissenschaft vor allem das BAG bemüht hat. Es unterscheidet Störungen in verschiedenen Bereichen des Arbeitsverhältnisses, so u.a.

- im Leistungsbereich (z.B. beharrliche Arbeitsverweigerung);
- im **persönlichen Vertrauensbereich** der Vertragsparteien (z.B. Verstoß gegen Wettbewerbsverbot i.S.d. § 60 HGB);
- im Bereich der **„betrieblichen Verbundenheit“** (z.B. Verstoß gegen Betriebsordnung);
- im **Unternehmensbereich** (z.B. Druckkündigung)[3].

Im einzelnen ist nach § 626 Abs. 1 BGB zur Prüfung, ob ein wichtiger Grund vorliegt, wie folgt zu verfahren:

a) Es müssen **Tatsachen** gegeben sein, die an sich geeignet sind, einen wichtigen Grund i.S.d. § 626 Abs. 1 BGB abzugeben. Unterstellungen (Fiktionen), Mutmaßungen und Wahrscheinlichkeitserwägungen reichen nicht aus.

b) Die **Interessen der Beteiligten** sind **abzuwägen**, ob dem Kündigenden die Fortsetzung des Dienstverhältnisses (Arbeitsverhältnisses) bis zum Ablauf der Kündigungsfrist (z.B. § 622 Abs. 1 BGB) **nicht mehr zugemutet** werden kann. Die außerordentliche Kündigung muß die unausweichlich letzte Maßnahme (ultima ratio) für den Kündigungsberechtigten sein.

c) Umstände, die in die **Risikosphäre des Kündigenden** fallen, sind kein wichtiger Grund (z.B. der Fall der „Verbrannten Tonbänder“)[4].

Die Veruntreuung von Firmengeldern kann sicherlich einen wichtigen Grund zur fristlosen Kündigung darstellen, zumal der Tatbestand einer **strafbaren** (§ 266 StGB) und zum Schadenersatz verpflichtenden **unerlaubten** Handlung (§§ 823, 826 BGB) erfüllt sein kann. Im vorliegenden Fall fehlt es jedoch an Tatsachen. Die fristlose Kündigung des Arbeitsverhältnisses durch die Firma B stützt sich allein darauf, daß Buchhalter A aufgrund seiner Tätigkeit in den **Verdacht** der Untreue geraten ist. Dies reicht jedoch grundsätzlich nicht aus. Für das Vorliegen des Sonderfalles der sogenannten **Verdachtskündigung** fordert das **BAG** strenge Voraussetzungen; es muß ein **dringender** Verdacht bestehen, der nicht auszuräumen ist und der das zur Fortsetzung des Arbeitsverhältnisses notwendige Vertrauen in die Rechtschaffenheit des ArbN zerstört hat[5].

---

[1] **BAG** AP Nr. 87 zu § 626 BGB („Wichtiger Grund“).

[2] **Schaub,** § 125 2 b), ablehnend **Brox/Rüthers,** a.a.O., S. 133.

[3] **Schaub,** § 130 II 13.

[4] **BAG** vom 17.12.1968, NJW 69, 766.

[5] **BAGE** 16, 72 ff.; **BAG** vom 27.1.1972 = BB 72, 798 f.; **BAG** NJW 1986, 3159; **BAG** NZA 1995, 269.

Ein dringender Tatverdacht würde im vorliegenden Falle nur dann bestehen können, wenn A z.B. neben dem Firmeninhaber **als einziger** ArbN berechtigt gewesen sein sollte, über Firmengelder zu verfügen. Das geht jedoch aus dem Sachverhalt nicht hervor, so daß die fristlose Kündigung des B unbegründet ist.

Die **Umdeutung** (§ 140 BGB) einer außerordentlichen in eine ordentliche Kündigung wird für zulässig gehalten[6]. Eine Anhörung des Betriebsrates (§ 102 Abs. 1, 2 BetrVG) entfällt, weil aufgrund der geringen Zahl der Beschäftigten das BetrVG auf die Firma B keine Anwendung findet (§ 1 BetrVG). Im übrigen gelten für das Anhörungsverfahren im Falle der außerordentlichen Kündigung die Abs. 3 und 5 des § 102 BetrVG nicht.

Das Anhörungsverfahren muß so frühzeitig erfolgen, daß die zweiwöchige Ausschlußfrist für die Geltendmachung des Kündigungsgrundes nicht überschritten wird (§ 626 Abs. 2 Satz 1 BGB). Auf Verlangen besteht eine schriftliche Begründungspflicht (§ 626 Abs. 2 Satz 2 BGB). Dies ist bei der ordentlichen Kündigung nur der Fall, wenn es einzel- oder tarifvertraglich vorgesehen ist.

Sollte dem ArbG die Weiterbeschäftigung des ArbN bis zum Abschluß des Anhörungsverfahrens unzumutbar sein (z.B. wegen der Gefährdung anderer ArbNer), so bliebe die Möglichkeit der Suspendierung (vorläufige Freistellung) des ArbN von seiner Arbeitspflicht bei Aufrechterhaltung des Lohnanspruchs[7].

Bei einer rechtswirksamen Kündigung wegen vertragswidrigen Verhaltens findet § 628 Abs. 2 BGB Anwendung.

Ebenso wie im Falle der Kündigungsschutzklage (§ 4 KSchG) müßte A die Rechtsunwirksamkeit der außerordentlichen (fristlosen) Kündigung durch Klage beim Arbeitsgericht innerhalb der Frist des § 4 KSchG geltend machen (§ 13 Abs. 1 Satz 2 KSchG).

Zusammenfassend ist festzustellen, daß für eine rechtswirksame außerordentliche (fristlose) Kündigung folgende Voraussetzungen zu beachten sind:

1. Es muß ein **wichtiger Grund** i.S.d. § 626 BGB vorliegen. Es darf kein besonderer Kündigungsschutz, wie z.B. § 9 MuSchG, eingreifen (vgl. Fälle Nr. 16 und 17).
2. Vor der Kündigung muß ein ordnungsgemäßes **Anhörungsverfahren** nach dem BetrVG durchgeführt worden sein.
3. Die fristlose Kündigung muß **innerhalb der zweiwöchigen Ausschlußfrist** erfolgen.

Im übrigen ist die außerordentliche Kündigung ebenso wie die ordentliche Kündigung eine einseitige, grundsätzlich formfreie und empfangsbedürftige Willenserklärung.

---

[6] **Hueck/Nipperdey**, Grundriß, 124f.; **Trittin** in **Kittner/Trittin**, KSchR, § 140 BGB Rn. 10.

[7] **BAGE** 16, 72 ff.; **Hueck/Nipperdey**, Grundriß, S. 99.

Literaturhinweise:

Däubler, S. 560ff.; **Gitter**, Arbeitsrecht, S. 107 ff.; **Großmann/Schneider**, S. 264ff.; **Herschel**, S. 122f.; **KR-Hillebrecht**, § 626 BGB; **Schaub**, § 125; **Söllner**, S. 290ff.

Teil III: Das Arbeitnehmerschutzrecht i.e.S. (Arbeitsschutzrecht)

Fall Nr. 15: Der Schutz des erwachsenen Arbeitnehmers

Laut Arbeitsvertrag beträgt die regelmäßige werktägliche Arbeitszeit des ArbN A teilweise sieben Stunden. An einem dieser Tage arbeiten A und die übrigen ArbNer der Betriebsabteilung, in der A tätig ist, auf Weisung des ArbG B und mit Zustimmung des Betriebsrates zwei Stunden länger.

1. Wie ist die Rechtslage?
2. Hat A Anspruch auf „Überstundenvergütung"?
3. Könnte B von A verlangen, bei entsprechendem Arbeitsanfall bis „Mitternacht" zu arbeiten?

Besprechung

Der vorliegende Fall enthält Fragestellungen, die das ArbZG betreffen. Das ArbZG enthält u.a. zwingende Regelungen über höchstzulässige Arbeitszeiten, Pausen und Ruhezeiten. Sie sollen gegen Überanstrengung und vorzeitigen Verschleiß der Arbeitskraft schützen und eine angemessene Freizeit zur Gestaltung des Privatlebens sichern. Damit gehört das ArbZG in den Bereich der Arbeitnehmerschutzrechte i.e.S., auch kurz Arbeitsschutzrecht genannt. Der Arbeitnehmerschutzgedanke ist ein das gesamte Arbeitsrecht beherrschendes Prinzip.

Darüber hinaus kann die Arbeitswelt besondere Gefahren für Leben und Gesundheit in sich bergen, die, wie die Erfahrung gelehrt hat, auch eine besondere zusätzliche Gesetzesregelung im Rahmen des Arbeitsrechtes zum Schutz des einzelnen ArbN bzw. des betroffenen Personenkreises erfordern. Dieser Schutz erfaßt auch den Schutz des ArbN vor sich selbst. Dies ist durch einzelne gesetzliche Bestimmungen, wie z.B. das ArbZG, das AltersteilzG, das ArbSichG, HAG, JArbSchG, KSchG (Fall 13), LadSchlG, MuSchG, SchwbG (Fall 5) und das BeschäftigenschutzG (Schutz vor sexueller Belästigung am Arbeitsplatz) geschehen. Der Mutterschutz und der Schutz der Jugendlichen ist Gegenstand der Fälle Nr. 16 und Nr. 17. Für die europäische Harmonisierung des Arbeitsschutzes spielt die EG eine zunehmend wichtige Rolle. Dies kommt in der **Rahmenrichtlinie 89/391 EWG** über Maßnahmen des Arbeitsschutzes und zur Verbesserung der Sicherheit und des Gesundheitsschutzes der Beschäftigten bei der Arbeit zum Ausdruck, die durch das **Arbeitsschutzgesetz** (ArbSchG) vom 7.8.1996 in nationales Recht umgesetzt worden ist (BGBl. I S.

1246). Das ArbSchG bringt eine Weiterentwicklung des Arbeitsschutzrechtes durch Verpflichtung des ArbG zu präventiven (vorbeugenden) und „dynamisierten" Arbeitsschutz, für den der jeweilige Stand von Technik, Arbeitsmedizin und Hygiene und sonstige gesicherte arbeitswissenschaftliche Erkenntnisse maßgeblich sind. Demgemäß ist § 120 a GewO mit seinen bloß „statischen" Anforderungen aufgehoben worden. Das ArbSchG stellt keine Vereinheitlichung des Arbeitsschutzes dar, so daß Regelungen über Maßnahmen in anderen Gesetzen, in Rechtsverordnungen und Unfallverhütungsvorschriften (aufgrund des SGB VII) unberührt bleiben (vgl. § 2 Abs. 4 ArbSchG).

Abschließend bleibt anzumerken, daß auf **Kleinbetriebe** das Arbeitsschutzrecht i.e.S. zum Teil keine Anwendung findet. Dies gilt insbesondere für das KSchG mit der Anhebung der Beschäftigtenzahl auf elf ArbNer; zur arbeits- und verfassungsrechtlichen Problematik der „Kleinbetriebsklausel" s. **Kittner.**[1] Weitere Einschränkungen ergeben sich z.B. aus §§ 5 Abs. 1, 11 SchwbG, §§ 10 bis 19 LFZG und §§ 1, 60 Abs. 1, 99 Abs. 1 BetrVG. Das **BAG** hat die Herausnahme der Kleinbetriebe gerechtfertigt mit den engen persönlichen Beziehungen des Kleinbetriebsinhabers, der geringeren verwaltungsmäßigen und wirtschaftlichen Belastbarkeit der Kleinbetriebe, der Gewährleistung größerer arbeitsmarktpolitischer Flexibilität sowie der verhältnismäßig geringen Anzahl der betroffenen ArbNer, die **Kittner**[2] allerdings auf acht bis neun Millionen Personen schätzt.

Offensichtlich schätzt der Gesetzgeber die Verhandlungsmoral der ArbG gegenüber den ArbNern bei Kleinbetrieben sowie die Abwanderungskosten beider Seiten als nicht so ungleichgewichtig ein, daß er der Privatautonomie nicht einen Spielraum zugestehen dürfte. Jedenfalls verstößt § 23 KSchG (Kleinbetriebsklausel) nach Auffassung des **EuGH** nicht gegen den EWG-Vertrag.[3]

Die Anwendung und Beachtung des Arbeitsschutzrechtes ist nicht nur eine **arbeitsvertragliche**, sondern auch eine **öffentlich-rechtliche** Verpflichtung gegenüber dem Staat. Während dieser durch die Gewerbeaufsicht (§ 139 b GewO), polizeilichen Zwang, Geldbuße und Geldstrafe die Einhaltung der Arbeitsschutzvorschriften überwacht und gegebenenfalls erzwingt, müßte der einzelne ArbN im Streitfalle die Erfüllung von Arbeitsschutzrecht beim Arbeitsgericht einklagen (§ 2 Abs. 1 Nr. 3 ArbGG).

Zu 1. Nach § 3 Satz 1 ArbZG darf die werktägliche Arbeitszeit die Dauer von acht Stunden nicht überschreiten.

Allerdings eröffnet das ArbZG im stärkeren Maße als die vorher geltende AZO Ausnahmeregelungen.

---

[1] **Kittner/Trittin,** KSchG, § 23 Rn. 26 ff.

[2] a.a.O. Rn. 27.

[3] **Kittner**, a.a.O., m.w.N.

Bereits § 3 Satz 2 ArbZG sieht vor, daß die werktägliche Arbeitszeit auf bis zu zehn Stunden verlängert werden kann, sofern innerhalb von 6 Kalendermonaten oder innerhalb von 24 Wochen im Durchschnitt acht Stunden werktäglich nicht überschritten werden.

Somit ist die vorliegende einmalige Verlängerung der Arbeitszeit für A von sieben auf neun Stunden gemäß § 3 S. 2 ArbZG zulässig, sofern die obigen Ausgleichsregelungen gewahrt werden, zu deren Voraussetzungen dem Sachverhalt nichts zu entnehmen ist.

§ 7 Abs. 1 Nr. 4 a ArbZG läßt sogar die Möglichkeit in einem Tarifvertrag oder aufgrund eines Tarifvertrages in einer Betriebsvereinbarung zu, für bestimmte Beschäftigungsgruppen (vgl. § 6 ArbZG „Nacht- und Schichtarbeitnehmer"), die Arbeitszeit auf über zehn Stunden (!) auch ohne Ausgleich zu verlängern, wenn in die Arbeitszeit regelmäßig und in erheblichem Umfang Arbeitsbereitschaft fällt.

Es ist dem Sachverhalt nicht zu entnehmen, ob A zu diesen Beschäftigungsgruppen gehört, so daß festzuhalten bleibt, daß die Verlängerung der Arbeitszeit von sieben auf neun Stunden grundsätzlich unter Beachtung der Ausgleichsbestimmungen rechtlich zulässig ist.

Die Frage, ob eine arbeitsvertragliche Verpflichtung zur Leistung von Mehrarbeit besteht, läßt § 3 ArbZG notwendigerweise offen, weil das ArbZG als Arbeitsschutzrecht nur den Rahmen für höchstzulässige Arbeitszeitverlängerungen absteckt. Insoweit grenzt es nur die Gestaltungsfreiheit ein, ohne eine Verpflichtung zur Leistung von Mehrarbeit zu begründen.

Auf keinen Fall ist die „Anordnung" von Mehrarbeit in das Ermessen des ArbG und dessen Weisungs- und Direktionsrechts gestellt. Vielmehr bedarf es hierzu einer vertraglichen Rechtsgrundlage und der Zustimmung des Betriebsrates (§ 87 Abs. 1 Nr. 3 BetrVG).

Daher bedurfte die „Weisung" des ArbG B im vorliegenden Falle einer Anspruchsgrundlage. Diese kann in der Zustimmung des Betriebsrates (§ 87 Abs. 1 Nr. 3 BetrVG) gesehen werden, wenn diese Gegenstand einer Betriebsvereinbarung war (§ 77 Abs. 3, 4 Satz 1 BetrVG). Im übrigen hätten sich A und die übrigen Belegschaftsmitglieder durch Leistung der Mehrarbeit „schlüssig" (konkludent) i.S.e. vertraglichen Einverständnisses verhalten.

Zu 2. Der früher in der AZO in § 15 Abs. 1 geregelte Anspruch auf „Überstundenvergütung" ist im ArbZG fast ausnahmslos weggefallen. Lediglich in § 6 Abs. 5 ArbZG sieht der Gesetzgeber für die Nachtarbeitnehmer für die während der Nachtzeit geleisteten Überstunden einen Anspruch auf einen angemessenen Zuschlag auf das ihnen hierfür zustehende Bruttoarbeitsentgelt vor, sofern keine tarifvertraglichen Ausgleichsregelungen bestehen.

Dem Sachverhalt ist weder zu entnehmen, ob A zu den Nachtarbeitnehmern zählt, noch ob die „Überstunden" zeitlich ausgeglichen worden sind, was eine Extravergütung entfallen ließe.

A hat somit keinen gesetzlichen Anspruch auf „Überstundenvergütung". Das schließt jedoch nicht aus, daß auch für Überstunden ein Zuschlag gezahlt wird, was teilweise tarifvertraglich vereinbart wird.

Zu 3. Arbeitsanfall als solcher reicht für eine so erhebliche Arbeitszeitverlängerung wie bis „Mitternacht" nicht aus. Hierfür müßte schon ein Not- oder sonstiger ungewöhnlicher Fall (§ 14 ArbZG) vorliegen.

Derartige Vorkommen können z.B. sein:

Brände, Explosionen, Wasserbrüche, Überschwemmungen und unaufschiebbare Entladearbeiten.

Demgegenüber muß ein starker Arbeitsanfall anderweitig organisatorisch aufgefangen werden. Daher könnte B von A unter den geschilderten Umständen nicht verlangen, bis „Mitternacht" zu arbeiten.

Die Höchstgrenze läge bei zehn Stunden täglich (vgl. § 3 Satz 2 und § 7 Abs. 1 Nr. 1a ArbZG).

Literaturhinweise:

Dütz, Rn. 438 ff.; **Kittner**, Arbeits- und Sozialordnung, S. 184 ff.; **Linnenkohl**, Arbeitszeitgesetz, § 3; **Piper**, Das Arbeitsschutzgesetz, ArbuR 1996, S. 465 ff.

Fall Nr. 16: Der Sonderschutz der Frauen

Die ArbNin ist als Fließbandarbeiterin bei der X-AG tätig. Im Rahmen einer 40-stündigen Arbeitswoche fallen jeweils zwei Arbeitstage mit je neun Arbeitsstunden an.

S zeigt der X-AG ihre Schwangerschaft an und erklärt, sie wolle bis kurz vor der Entbindung an ihrem bisherigen Arbeitsplatz weiterbeschäftigt werden, um keinen Lohn einzubüßen.

Die X-AG weist der S mit Zustimmung des Betriebsrates und unter Zusicherung ihres bisherigen Verdienstes leichte Aufräumungsarbeiten in einer Werkhalle zu. Trotz Rechtsbelehrung und mehrfacher Abmahnung ist S nicht bereit, die zugewiesene Arbeit zu verrichten.

1. Wie ist die Rechtslage?
2. Könnte die X-AG das Arbeitsverhältnis mit der S z.B. wegen beharrlicher Arbeitsverweigerung fristlos kündigen?

Besprechung

Der vorliegende Sachverhalt enthält Fragen aus dem Bereich des **Mutterschutzes**, der Bestandteil des Arbeitsschutzes ist. Der Frauenschutz bezieht sich auf weibliche ArbNer, die zunächst den gleichen Schutz wie männliche ArbNer genießen. Die hierdurch bedingte teilweise Sonderstellung der ArbNin gegenüber dem männlichen ArbN stellt keinen Verstoß gegen Art. 3 GG, insbesondere Abs. 2 (Gleichberechtigungsgrund-satz) oder Abs. 3 (Benachteiligungs-verbot), dar. Art. 3 GG verbietet nicht, differente Sachverhalte unterschiedlich gesetzlich zu regeln[1]. Soweit es sich um Schwangerschaft (werdende Mütter) und Mutterschaft (Wöchnerin) handelt, ist die besondere Schutzbedürftigkeit der ArbNin offensichtlich. Mutterschutz entspricht dem Verfassungsgebot des Art. 6 Abs. 4 GG, wonach jede Mutter Anspruch auf den Schutz und die Fürsorge der Gesellschaft hat.

In keinem Falle darf aber hieraus die Berechtigung zu einer lohnmäßigen Benachteiligung der Frau hergeleitet werden (Problem der sogenannten „Leichtlohngrup-pen"). Dies wäre ein Verstoß gegen den Grundsatz der Gleichberechtigung von Mann und Frau (Art. 3 Abs. 2 GG). Vielmehr gilt das Prinzip: Gleicher Lohn für gleiche Arbeit oder Lohngleichheit von Mann und Frau bei gleicher Arbeit.[2]

[1] **BVerfGE** 5, 9ff. (12).

[2] **BAG** vom 15.1.1955, NJW 55, 684ff. m. Anm. von **Krüger**.

Der **Mutterschutz** nach dem **MuSchG** beruht auf der Gestaltung des Arbeitsplatzes (§ 2 MuSchG), dem **Gefahrenschutz** durch allgemeine (§§ 3 Abs. 2, 4, 6, 8 MuSchG) und besondere (§§ 3 Abs. 1; 6 Abs. 2 MuSchG) Beschäftigungsverbote, dem **Entgeltschutz** (§§ 11, 13 MuSchG) sowie dem **Kündigungsschutz** (§§ 9, 10 MuSchG). Das MuSchG gilt i.d.F. vom 17.1.1997 (BGBl. I, S. 22, 293) mit der eingearbeiteten Mutterschutzrichtlinie 92/85 EWG.

Das Gesetz über die Gewährung von **Erziehungsgeld** und Erziehungsurlaub (Bundes-erziehungsgeldgesetz - BErzGG) vom 6.12.1985 (BGBl. I S. 2154) in der Fassung vom 25.7.1989 (BGBl. I S. 1550), geändert durch Gesetz vom 23.9.1990 (BGBl. II S. 885) hat die Vorschriften über den Mutterschutzurlaub aufgehoben (§ 38 BErzGG). An seine Stelle ist der Anspruch auf Erziehungsurlaub (§§ 15 bis 21 BErzGG) - mit Kündigungsschutz (§ 18 BErzGG) - und Erziehungsgeld (§§ 1, 4 BErzGG) getreten.

Ist Mutterschaftsgeld (§ 13 MuSchG) zu gewähren, so hat es vor dem Erziehungsgeld Vorrang und ist auf dieses anzurechnen (§ 7 BErzGG).

Zu 1. Im vorliegenden Falle hat die S durch Anzeige der Schwangerschaft ihrer Mitteilungspflicht aus § 5 Abs. 1 Satz 1 MuSchG genügt. § 5 MuSchG enthält zwar nur eine **Soll-Vorschrift**, („nachdrückliche Empfehlung") also **keinen gesetzlichen Zwang**. Die Anwendung des MuSchG durch den ArbG setzt jedoch die Kenntnis der Schwangerschaft voraus. Insoweit liegt die Erfüllung der Mitteilungspflicht im eigenen wohlverstandenen Interesse der ArbNin. Die unterlassene Mitteilung kann jedoch eine Verletzung des Arbeitsvertrages darstellen[3]. Zur Frage der Offenbarungspflicht der Schwangerschaft, insbesondere bei Eingehung des Arbeitsverhältnisses ist auf die Ausführungen bei **Meisel/Sowka**[4] zu verweisen.

Nachdem die S ihre Schwangerschaft gemäß § 5 Abs. 1 Satz 1 MuSchG offenbar hat, ist zu prüfen, ob Beschäftigungsverbote zu beachten sind. S. ist als Fließbandarbeiterin tätig. Nach § 4 Abs. 3 Nr. 2 MuSchG ist **Fließbandarbeit mit vorgeschriebenen Arbeitstempo verboten. Entscheidend für das Verbot ist, ob die werdende Mutter ihr Arbeitstempo selbst bestimmen kann oder nicht.** Kein vorgeschriebenes Arbeitstempo liegt z.B. vor, wenn es sich um Arbeiten an einem Transportband handelt, das die ArbNin anhalten kann oder bei Gruppenarbeit ohne Akkord. Dagegen kommt das Verbot des § 4 Abs. 3 Nr. 2 MuSchG zum Tragen, wenn das Arbeitstempo durch Arbeitsanweisungen oder technische Arbeitsverfahren außerhalb des Einflußbereiches der ArbNin „zwangsläufig fortlaufend in gleichen Zeiten gleiche Arbeitsleistungen erfordert"[5].

Sofern es sich bei der von S zu verrichtenden Fließbandarbeit um eine solche mit vorgeschriebenem Arbeitstempo handelt, darf die X-AG sie nicht weiter damit be-

[3] **Meisel/Sowka**, § 5 Rn. 19.

[4] **Dieselben**, § 5 Rn. 4 ff.

[5] **Dieselben**, § 4 Rn. 40 f.

schäftigen, sondern muß ihr, wie geschehen, eine andere Tätigkeit zuweisen, die nicht unter ein Beschäftigungsverbot i.S.d. MuSchG fällt. Aufgrund eines derartigen Beschäftigungsverbotes kann sich also der Inhalt der Arbeitspflicht zeitweise ändern. Grundsätzlich bedürfen Vertragsänderungen zwar einer gegenseitigen Absprache. Im Falle von Beschäftigungsverboten ändert sich der Vertragsinhalt jedoch kraft zwingender gesetzlicher Vorschrift. Man wird aber verlangen können, daß die zugewiesene Ersatztätigkeit der bisher ausgeübten vergleichbar und somit zumutbar sein muß. Sollte eine derartige Beschäftigungsmöglichkeit nicht vorhanden sein, wäre die ArbNin von der Erfüllung der Arbeitspflicht ganz freizustellen[6]. Dagegen wäre die Einwilligung der ArbNin in eine unter ein Beschäftigungsverbot fallende Arbeit gesetzeswidrig und daher nichtig (§ 134 BGB). Mithin ist das Verlangen der S auf Weiterbeschäftigung an ihrem bisherigen Arbeitsplatz unbeachtlich. Zwar dürfen werdende Mütter in den letzten **sechs** Wochen vor der Entbindung (Schutzfrist) dann beschäftigt werden, wenn sie sich zur Arbeitsleistung **ausdrücklich** bereit erklären (§ 3 Abs. 2 MuSchG). Das setzt jedoch voraus, daß die Tätigkeit als solche nach dem MuSchG zulässig ist. Hier läge jedoch ein Verstoß gegen § 4 Abs. 3 Nr. 2 MuSchG vor.

Im vorliegenden Falle dürften die der S zugewiesenen leichten Aufräumungsarbeiten zumutbar sein. Da die Umsetzung der S zugleich eine Versetzung darstellt, ist hierfür die Zustimmung des Betriebsrates erforderlich (§§ 95 Abs. 3; 99 Abs. 1 BetrVG). Diese liegt vor. Im übrigen hat der Betriebsrat allgemein die Aufgabe, darüber zu wachen, daß die zugunsten der ArbNer geltenden Gesetze (hier das MuSchG) durchgeführt werden (§ 80 Abs. 1 Nr. 1 BetrVG).

Insoweit als es sich bei der Anwendung des MuSchG um die Erfüllung von Arbeitsschutz handelt, ist auch eine Zuständigkeit der **Betriebsärzte** begründet. § 3 Abs. 1 ArbSichG schreibt vor, daß Betriebsärzte den ArbG beim Arbeitsschutz, also z.B. bei der Arbeitsplatzgestaltung für unter das MuSchG fallende ArbNinnen, zu unterstützen haben.

Die Versetzung der S an einen anderen Arbeitsplatz ist also rechtmäßig. Damit ist die X-AG zugleich dem **Erfüllungsanspruch** der S gegen den ArbG auf Beachtung und Durchführung des MuSchG gerecht geworden[7]. Ob sie unter diesen Umständen zur Arbeitsverweigerung berechtigt war oder für die X-AG ein Recht zur fristlosen Kündigung besteht wird unter 2. geprüft.

Weiter könnte die S auch in zeitlicher Hinsicht unter ein Beschäftigungsverbot (Arbeitszeitschutz) fallen. An sich widerspricht schon eine regelmäßig wiederkehrende neunstündige Arbeitsschicht der Grundregel des § 3 Satz 1 ArbZG. Nach § 3 Satz 2 ArbZG wäre im übrigen eine neunstündige Arbeitsschicht ausgleichspflichtig.

---

[6] **Meisel/Sowka**, § 4 Rn. 2.

[7] **Dieselben**, § 4 Rn. 1, 2.

Für **werdende** und **stillende Mütter** stellt jedoch § 8 Abs. 1 Satz 1 MuSchG ein **Mehrarbeitsverbot** auf. Nach § 8 Abs. 2 Nr. 3 MuSchG ist Mehrarbeit gegeben, wenn Frauen über 8,5 Stunden täglich oder 90 Stunden in der Doppelwoche Arbeit leisten. (Die Höchstgrenze von 90 Stunden in der Doppelwoche hat nach Einführung der 40-Stundenwoche an praktischer Bedeutung verloren). Diese Vorschrift ist so zu verstehen, daß auch bei Einhalten der Gesamtarbeitszeit von 90 Stunden, die arbeitstägliche Grenze von 8,5 Stunden nicht überschritten werden darf. Außerdem besteht eine Ausgleichspflicht gem. § 3 Satz 2 ArbZG.

Das bedeutet, die X-AG muß für die S an den betreffenden Tagen, die tägliche Arbeitszeit von 9 Stunden auf mindestens 8,5 Stunden im Rahmen eines Zeitausgleiches reduzieren. Die S fällt also unter ein zeitliches Beschäftigungsverbot i.S.d. MuSchG, als spezieller Rechtsnorm gegenüber dem ArbZG.

Durch die Versetzung auf einen anderen Arbeitsplatz erleidet die S keine materielle Einbuße etwa in Form einer Lohnminderung. Vielmehr ist der ArbG, die X-AG, gemäß § 11 MuSchG verpflichtet, der S ihr bisheriges Arbeitsentgelt weiterzuzahlen (**Mutterschutzlohn**). Dieser Anspruch hat nicht den üblichen Lohncharakter; es handelt sich um einen mutterschutzrechtlichen Lohnersatzanspruch[8]. Die Änderung der Beschäftigung und der Entlohnungsart (z.B. statt Akkordlohn an sich Zeitlohn) bewirken für die S also keinen Verdienstausfall, so daß die Befürchtung der S, infolge der Versetzung Lohn einzubüßen, unbegründet ist. Der Anspruch aus § 11 MuSchG ist zugleich ein mutterschutzrechtliches Gebot an den ArbG, dessen Befolgung behördlicher Aufsicht (§ 20 MuSchG) unterliegt.

Der Anspruch auf **Mutterschaftsgeld** während der Schutzfristen vor und nach der Entbindung ergibt sich aus § 13 MuSchG. § 13 Abs. 1 MuSchG hat allerdings nur Hinweischarakter (deklatorische Bedeutung), weil sich der materiell-rechtliche Anspruch aus §§ 195 ff. RVO ergibt und somit krankenversicherungsrechtlicher Natur ist[9].

Im vorliegenden Fall hat die S jedoch so lange keinen Anspruch auf Mutterschutzlohn aus § 11 MuSchG, als sie nicht bereit ist, die ihr zugewiesene zumutbare Arbeit aufzunehmen. **Die S kann nicht den vollen Lohn trotz Nichtarbeit beanspruchen.** Vielmehr hat sie aufgrund der arbeitsvertraglichen Treuepflicht dabei mitzuwirken, daß sich die Lohnausfallerstattungspflicht des ArbG durch produktive Weiterarbeit in angemessenem Rahmen hält[10].

---

[8] **Meisel/Sowka**, § 4 Rn. 64, § 11 Rn. 28; **Zmarzlik/Zipperer/Viethen**, § 11 Rn. 2; **BAG** AP Nr. 5 zu § 10 MuSchG.

[9] **Zmarzlik/Zipperer/Viethen**, § 13 Rn. 1.

[10] **Meisel/Sowka**, § 11 Rn. 25, Vor. § 3 Rn. 21.

Zusammenfassung

a) Die Mitteilung der S nach § 5 MuSchG löst für die X-AG die Anwendungspflicht des MuSchG aus.

b) Für die S sind daher aufgrund der Beschäftigungsverbote der §§ 4 Abs. 3 Nr. 2; 8 Abs. 1, Satz 1 i.V.m. Abs. 2 Nr. 3 MuSchG Beschäftigungsart und -zeit i.S.d. MuSchG und des ArbZG zu ändern.

c) Aufgrund des gesetzlichen Anspruches auf Mutterschutzlohn erleidet die S keinen Verdienstausfall (§ 11 MuSchG).

Zu 2. Eine „beharrliche Arbeitsverweigerung" kann einen wichtigen Grund zur fristlosen Kündigung (§ 626 BGB) darstellen.

„Beharrlich" ist die Arbeitsverweigerung dann, wenn eine **Arbeitspflicht** besteht und der ArbN die Erfüllung dieser Verpflichtung **intensiv** und **nachhaltig** verweigert. Bei mehrmaliger erfolgloser Ermahnung, der berechtigten Arbeitsanordnung nachzukommen, liegt eine intensive bzw. nachhaltige und somit **beharrliche** Arbeitsverweigerung vor[11]. Im vorliegenden Falle kann man aufgrund des Sachverhaltes davon ausgehen, daß S eine beharrliche Arbeitsverweigerung begangen hat, indem sie nicht bereit war, trotz Rechtsbelehrung (hins. der Beschäftigungsverbote und des Entgeltschutzes) und mehrfacher Abmahnung (Aufforderung zur Aufgabe des Fehlverhaltens mit Sanktionsandrohung) die ihr zugewiesene Arbeit zu verrichten.

Trotz Vorliegen eines wichtigen Grundes würde die fristlose Kündigung des Arbeitsverhältnisses mit der S jedoch an § 9 MuSchG scheitern. Hiernach ist die Kündigung gegenüber einer Frau während der Schwangerschaft und bis zum Ablauf von vier Monaten nach der Entbindung unzulässig, wenn dem ArbG z.Z. der Kündigung die Schwangerschaft oder Entbindung bekannt war oder innerhalb zweier Wochen nach Zugang der Kündigung mitgeteilt (§ 9 Abs. 1 Satz 1, erste Satzhälfte MuSchG) oder unverzüglich und entschuldbar nachgeholt wird (§ 9 Abs. 1 Satz 1, zweite Satzhälfte MuSchG). Das **absolute Kündigungsverbot** (Kündigungssperre) gilt auch für die außerordentliche (fristlose) Kündigung[12]. Im Falle der Unzumutbarkeit der Weiterbeschäftigung bliebe nur die Möglichkeit der **Suspendierung** (Fall Nr. 15), oder die Einholung einer **behördlichen Ausnahmegenehmigung** gemäß § 9 Abs. 3 MuSchG (Kündigungsverbot mit Erlaubnisvorbehalt) zu prüfen. Im allgemeinen dürfte die „beharrliche Arbeitsverweigerung" aber keinen Fall für die Erteilung einer Ausnahmegenehmigung nach § 9 Abs. 2 MuSchG darstellen[13].

---

[11] **Schaub**, § 125 VII 6.

[12] **Meisel/Sowka**, § 9 Rn. 79.

[13] **Zmarzlik/Zipperer/Viethen**, § 9 Rn. 71.

Im übrigen hat der **Gr. S.** des **BAG**[14] den Wegfall des Vergütungsanspruchs **trotz bestehender Arbeitswilligkeit** (hier liegt Arbeitsverweigerung vor!) **ausnahmsweise** für den Fall nachhaltiger Gefährdung von Leib, Leben, Eigentum u.a. durch die ArbNin bejaht.

Im vorliegenden Falle könnte also die X-AG die beharrliche Arbeitsverweigerung der S **nicht** mit einer fristlosen Kündigung beantworten. Allerdings geht die S für die Dauer der Nichterfüllung der Arbeitspflicht ihres Anspruchs auf Mutterschutzlohn (§ 11 MuSchG) verlustig.

Zusammenfassung der aus der Behandlung der Fragen zu 1. und 2. gewonnenen allgemeinen Erkenntnisse:

1. Dem Schutz vor körperlicher Überanstrengung und gesundheitlichem Schaden durch Erwerbstätigkeit dienen die Vorschriften über **Arbeitsplatzgestaltung** und **Beschäftigungsverbote**.
2. Der Entgeltschutz durch **Mutterschutzlohn** und **Mutterschaftsgeld** bezweckt die wirtschaftliche Existenzabsicherung der ArbNin.
3. Dies bezweckt auch das absolute Kündigungsverbot, das der ArbNin die Gewißheit geben soll, nicht aus Anlaß der Erfüllung ihrer Mutterschaft ihren Arbeitsplatz und damit ihre Existenzgrundlage zu verlieren.

Literaturhinweise:

Meisel/Sowka, Mutterschutz und Erziehungsurlaub, Kommentar 4. Aufl. 1995; **Gamillscheg,** Bd. I, Nr. 171; **Gitter,** § 8 B. III. 8; **Lenz,** Änderungen im Mutterschutzrecht, NJW 1997, S. 1491 ff.; **Zmarzlik/Zipperer/Viethen,** a.a.O.; **Schaub,** § 169.

[14] **BAGE** 3, 66ff. (75).

Fall Nr. 17: Sonderschutz der Jugendlichen

Die 17jährige A ist als Schreibkraft bei der X-AG tätig. Ihre wöchentliche Arbeitszeit hat bisher 42 Wochenstunden, auf sechs Wochentage verteilt, und ihr Jahresurlaubsanspruch 24 Werktage betragen.

Bislang hat die X-AG, die A an Berufsschultagen mit fünfstündigem Unterricht (einschließlich der Pausen) noch beschäftigt. Die X-AG möchte wissen, ob die Arbeitsbedingungen der A dem JArbSchG entsprechen.

Besprechung

Der **Jugendschutz** im Rahmen des Arbeitsschutzes ist im wesentlichen im **JArbSchG** enthalten. Das JArbSchG vom 12.4.1976 (BGBl. i S. 965) ist durch Gesetz vom 1.7.1997 geändert worden mit dem die Richtlinie 94/33 EG über den Jugendarbeitsschutz umgesetzt worden ist. Sie betrifft vor allem das Verbot der Kinderarbeit, das am Anfang unseres Arbeitsrechtes stand (**s. Fall Nr. 1**).

Jugendschutz i.w.S. ist auch Gegenstand anderer Gesetze, so z.B. der Vorschriften der §§ 60ff. BetrVG über die Jugendvertretung (Fall Nr. 28). Das JArbSchG unterscheidet zwischen Kindern und Jugendlichen. **Kinder** sind Personen unter 15 Jahren sowie solche, die zwar das 15. Lebensjahr vollendet haben, aber noch der Vollzeitschulpflicht unterliegen (§ 2 Abs. 1 Nr. 3 JArbSchG). Unter **Jugendlichen** versteht das Gesetz alle übrigen Personen, die das 15., aber noch nicht das 18. Lebensjahr vollendet haben (§ 2 Abs. 2 JArbSchG).

Das allgemeine **Verbot der Kinderarbeit** (§ 5 Abs. 1 JArbSchG) wird jedoch durch **zwei Ausnahmetatbestände** (§ 5 Abs. 2 und 3 JArbSchG) durchbrochen. Kinder, die der Vollzeitschulpflicht nicht mehr unterliegen, dürfen nur im Rahmen des § 7 JArbSchG beschäftigt werden.

Darüber hinaus unterliegt die Beschäftigung Jugendlicher einem bestimmten **Arbeitszeit- und Gefahrenschutz**, sowie der **Gesundheitsfürsorge**.

Die höchstzulässige Arbeitszeit für alle Jugendlichen beträgt nunmehr einheitlich **acht Stunden täglich** und **40 Stunden wöchentlich** (§ 8 Abs. 1 JArbSchG). **Nacht- und Samstagsarbeit** ist grundsätzlich untersagt (§§ 15, 16 JArbSchG). Dem Samstagsarbeitsverbot stehen allerdings zahlreiche Ausnahmen gegenüber (§ 16 Abs. 2 JArbSchG). Arbeitszeitfragen, die Jugendliche betreffen, sind also im JArbSchG und nicht in dem ArbZG geregelt.

Der **Gefahrenschutz** bezieht sich auf die Beschaffenheit des Arbeitsplatzes und enthält Beschäftigungsverbote für gefährliche Arbeiten (§ 22 JArbSchG), Akkordarbeit und tempoabhängige Arbeit (§ 23 JArbSchG).

Die **gesundheitliche Betreuung** der Jugendlichen (Gesundheitsfürsorge) verlangt eine **ärztliche Erstuntersuchung** vor der Einstellung (§ 32 JArbSchG) und nach Ablauf des ersten Beschäftigungsjahres eine **Nachuntersuchung** (§ 33 Abs. 1 JArbSchG).

Neben der nach wie vor bestehenden Aushangpflicht des Gesetzestextes des JArbSchG muß der ArbG nunmehr auch die Anschrift der zuständigen Aufsichtsbehörde (Gewerbeaufsichtsamt) im Betrieb öffentlich bekanntgeben (§ 47 JArbSchG).

Wie Kontrollen der Gewerbeaufsicht zeigen, sind Verstöße gegen Vorschriften des JArbSchG in der Praxis nicht selten. Für derartige Fälle muß das Gesetz Sanktionsmöglichkeiten vorsehen. Dies ist durch Bußgeld- und Strafvorschriften geschehen (§§ 58ff. JArbSchG).

Im vorliegenden Falle ist die A als 17jährige **Jugendliche** i.S.d. § 2 Abs. 2 JArbSchG. Somit ist das JArbSchG auf das Arbeitsverhältnis mit der A anzuwenden. Die A darf, da sie über 15 Jahre alt ist, beschäftigt werden. Die von ihr zu verrichtende Tätigkeit als Schreibkraft fällt unter kein Beschäftigungsverbot (§§ 22, 23 JArbSchG). Allerdings ist die wöchentliche Arbeitszeit von 42 auf **40 Stunden** in der Woche bei einer täglich höchstzulässigen Arbeitszeit von 8 Stunden zu reduzieren (§ 8 Abs. 1 JArbSchG).

Außerdem darf die X-AG die A nicht mehr wie bisher an sechs, sondern nur noch an **fünf** Werktagen, und zwar von **Montag** bis einschließlich **Freitag**, beschäftigen (§ 15 JArbSchG).

Der gesetzliche Urlaubsanspruch von 30 Werktagen, nach Altersstufen gestaffelt, erweitert den Jahresurlaubsanspruch der A entweder um **drei** auf **27** (§ 19 Abs. 2 Nr. 2 JArbSchG) oder um einen auf 25 Werktage (§ 19 Abs. 2 Nr. 3 JArbSchG).

Die Verlängerung des Urlaubes nach dem JArbSchG gegenüber dem BUrlG (§ 3) mit 24 Werktagen) bedeutet eine Berücksichtigung der Entwicklung zur Ausdehnung des Jahresurlaubes. Außerdem soll - so die amtliche Begründung zum Regierungs-Entwurf[1] - den jungen Menschen der Übergang von der Schulzeit mit ihren 85 Ferientagen pro Jahr in das Berufsleben erleichtert werden.

Im übrigen muß die X-AG die A, die berufsschulpflichtig ist (die Berufsschulpflicht ist durch Ländergesetze unterschiedlich geregelt, besteht jedoch mindestens bis zum vollendeten 18. Lebensjahr), an Berufsschultagen mit fünfstündigem Unterricht (einschließlich der Pausen) von je 45 Minuten einmal in der Woche ganz von der Arbeit freistellen (§ 9 Abs. 1 Nr. 2 JArbSchG).

Zusammenfassend ist festzustellen, daß die X-AG die Arbeitsbedingungen der A dem **Mindeststandard** des JArbSchG anpassen muß.

---

[1] BT-Drucksache 7/2305, S. 31.

Literaturhinweise:

Kittner, Arbeits- und Sozialordnung, S. 828 ff.; **Zmarzlik**, Änderung des Jugendarbeitsschutzgesetzes, DB 1997, S. 674 ff.

Teil IV: Das Berufsausbildungsverhältnis

Fall Nr. 18: Die Pflichten des Ausbildenden

Das minderjährige Mädchen M hatte bei der Textil-Firma X im Raum Duisburg einen Ausbildungsvertrag mit dem Ausbildungsziel „Industriekauffrau" abgeschlossen. Die Laufzeit des Vertrages betrug drei Jahre.

Die Firma X beschäftigte M überwiegend bzw. ausschließlich mit einfachen Schreibarbeiten und an der Bügelpresse. M erfuhr nichts über Werbung, Absatzmarkt, Konkurrenz, Verkauf und Einkauf, Lohn- und Akkordsystem.

Auf Anraten der Industrie- und Handelskammer kündigten die Eltern der M nach zwei Jahren Dauer das Berufsausbildungsverhältnis. M setzte ihre Ausbildung zur Industriekauffrau in einem anderen Unternehmen fort. M mußte jedoch das zweite Berufsausbildungsjahr wiederholen, weil sie nicht über die in diesem Ausbildungsabschnitt erforderlichen Fachkenntnisse und entsprechenden Fertigkeiten verfügte. Wegen des verlorenen Jahres und des Schadens, der daraus in Zukunft entstehen wird, erhoben die Eltern im Namen ihrer Tochter M Klage auf Schadensersatz.

1. Wie ist die Rechtslage?
2. Wie sind die Erfolgsaussichten der Schadensersatzklage zu beurteilen?

Besprechung

I.

Bei dem vorliegenden Sachverhalt handelt es sich um einen Fall, der im wesentlichen unter den Geltungsbereich des BBiG fällt. Das BBiG vom 14.8.1969 (BGBl. I S. 1112), zuletzt geändert durch Gesetz vom 25.9.1996 (BGBl. I S. 1476), hat das bis dahin in verschiedenen Gesetzen unterschiedlich geregelte „Lehrlingsrecht" vereinheitlicht. Nach Auffassung der Bundesregierung war es ein erster Schritt zur Verwirklichung bildungspolitischer Ziele im Bereich der beruflichen Bildung. Es hat u.a. zur Erarbeitung von Ausbildungsordnungen und Rahmenlehrplänen (§ 25 BBiG), zur

Förderung des Ausbaues überbetrieblicher Ausbildungsstätten (§§ 22 Abs. 2, 27 BBiG) und zur Verbesserung der pädagogischen Qualifizierung der Ausbilder (§§ 20, 21 BBiG i.V.m.d. AEVO) geführt.

Berufsausbildung i.S.d. § 1 Abs. 1 BBiG sind die **Berufsausbildung**, d.h. die berufliche Endausbildung (§ 1 Abs. 2 BBiG), die **berufliche Fortbildung**, d.h. die Erhaltung und Erweiterung der beruflichen Kenntnisse und Fertigkeiten sowie deren Anpassung an die technische Entwicklung und der berufliche Aufstieg (§ 1 Abs. 3 BBiG), sodann die **berufliche Umschulung**, d.h. die Befähigung zur Ausübung einer anderen beruflichen Tätigkeit (§ 1 Abs. 4 BBiG).

Das BBiG regelt die **betriebliche** Berufsausbildung. Soweit die Berufsbildung in berufsbildenden Schulen durchgeführt wird, sind die Schulgesetze der Länder maßgebend (§§ 1 Abs. 5; 2 Abs. 1 BBiG).

II.

Zu 1. Im vorliegenden Falle geht es um eine **berufliche Erstausbildung** (Berufsausbildung) im Rahmen eines **Berufsausbildungsverhältnisses**. Zu dessen Begründung ist der Abschluß eines **Berufsausbildungsvertrages** (BAV) zwischen Ausbildenden (früher Lehrherr) und Auszubildenden (früher Lehrling) erforderlich (§ 3 Abs. 1 BBiG). Der BAV ist **formlos wirksam**, d.h. er kann z.B. auch mündlich abgeschlossen werden (Grundsatz der Formfreiheit, Fall Nr. 5) bedarf aber dann einer nachträglichen Niederschrift (§§ 3 Abs. 1; 4 Abs. 1 Satz 1 erste Satzhälfte BBiG). Diese hat **spätestens** vor Beginn der Berufsausbildung stattzufinden (§ 4 Abs. 1 Satz 1 zweite Satzhälfte BBiG) und muß die im § 4 Abs. 1 Satz 2 BBiG geforderten Angaben enthalten. Die Nichtbeachtung dieser Vorschrift kann zu Schwierigkeiten bei der Eintragung in das Verzeichnis der Berufsausbildungsverhältnisse (§§ 31ff. BBiG) und bei der Zulassung zur Abschlußprüfung (§ 39 Abs. 1 Nr. 3 BBiG) führen. Im übrigen handelt es sich um eine Ordnungswidrigkeit (§ 99 Abs. 1 Nr. 1 BBiG), die mit einer Geldbuße bis zu 2.000,00 Deutsche Mark geahndet werden kann (§ 99 Abs. 2 BBiG). § 4 Abs. 1 BBiG enthält also kein konstitutives, sondern lediglich ein **deklaratorisches** Schriftformerfordernis (Fall Nr. 5), dessen Nichtbeachtung die Wirksamkeit des BAV unberührt läßt.

Allerdings hängt die Wirksamkeit des BAV im vorliegenden Falle von der **Einwilligung**, d.h. der vorherigen Zustimmung des gesetzlichen Vertreters in den Vertragsabschluß ab, weil M minderjährig ist (§ 107 BGB). Eine Ermächtigung i.S.d. § 113 BGB kommt nach h.M. in Bezug auf das Berufsausbildungsverhältnis deshalb nicht in Betracht, weil bei diesem u.a. der Ausbildungszweck überwiegt.[1] Im vorliegenden Falle kann davon ausgegangen werden, daß die Eltern als gesetzlicher Vertreter der M (§ 1626 BGB) in den Abschluß des BAV eingewilligt bzw. ihn genehmigt (§ 108 Abs. 1 BGB) hatten.

---

[1] **Brill**, Der minderjährige Arbeitnehmer in der Rechtsprechung, BB 75, 284, 286; **Palandt/Heinrichs**, § 113 Anm. 2.

Auf den BAV sind in erster Linie die Vorschriften des BBiG und erst dann, d.h. **ergänzend**, die für den Arbeitsvertrag geltenden Rechtsvorschriften und Rechtsgrundsätze anzuwenden (§ 3 Abs. 2 BBiG). Die entscheidende **Prägung** erhält der BAV zwar durch das **Ausbildungs- und Erziehungsrecht.** Im übrigen untersteht er aber den Rechtsregeln des Arbeitsrechtes. Dies gilt vor allem für das Tarifvertragsrecht sowie die Arbeitsschutzvorschriften, z.B. das JArbSchG und das MuSchG, aber auch die Fürsorgepflicht (Fall Nr. 10) gegenüber dem Auszubildenden. Damit ist der **BAV** letztlich auch ein **Arbeitsvertrag, aber eigener Art** (sui generis). Mithin ist der BAV dem Arbeitsvertrag und das Berufsausbildungsverhältnis dem Arbeitsverhältnis vergleichbar. Jedoch tritt beim BAV an die Stelle der Arbeitspflicht des ArbN (Fall Nr. 7) die **Lernpflicht** des Auszubildenden - Fall Nr. 18 - (§ 9 BBiG), der auf der Seite des Ausbildenden die **Ausbildungspflicht** (§ 6 BBiG) entspricht.

Die gesetzliche Ausgestaltung des Berufsausbildungsverhältnisses durch die §§ 3 bis 19 BBiG ist insoweit **zwingender** Natur, als eine Vereinbarung, die zu Ungunsten des Auszubildenden von diesen Vorschriften abweicht, nichtig ist (§ 18 BBiG). Es handelt sich also um eine **Einschränkung** der **Vertragsfreiheit** (Gestaltungsfreiheit) i.S.d. Gewährung gesetzlicher „Mindestarbeitsbedingungen" zum Schutze des Auszubildenden, vergleichbar dem im Tarifvertragsrecht geltenden **Günstigkeitsprinzip** (§ 4 Abs. 3 TVG, Fall Nr. 22). Durch das Arbeitsrechtliche Beschäftigungsförderungsgesetz 1996[2] wurde auch in diesem Zusammenhang, insbesondere durch zwei Neuregelungen im BBiG, eine Lockerung der Einschränkung der Vertragsfreiheit geschaffen. So kann durch die Neuregelung des § 5 Abs. 1 S. 2 BBiG ein Arbeitsverhältnis im Anschluß an die Berufsausbildung bereits innerhalb der letzten sechs Monate des Berufsausbildungsverhältnisses wirksam eingegangen werden. Da es keiner weiteren Voraussetzung bedarf und nach § 1 Abs. 1 BeschFG n.F. keine Einschränkung für den Abschluß befristeter Arbeitsverträge besteht, kann somit auch mit dem Auszubildenden im Anschluß an die Berufsausbildung ein befristeter Arbeitsvertrag geschlossen werden. Zudem besteht nach der Neuregelung des § 10 Abs. 3 BBiG die Möglichkeit eines Freizeitausgleichs für geleistete Überstunden, so daß entsprechende Kollektiv- oder individualvertragliche Vereinbarungen zulässig sind.[3]

Nach § 1 der VO über die Berufsausbildung zur Industriekauffrau/-mann vom 24.1.1978 (BGBl. I S. 162) ist der Beruf **„Industriekaufmann/-frau" staatlich anerkannt** (§ 25 Abs. 2 Nr. 1 BBiG). Nach § 2 dieser VO beträgt die **Ausbildungsdauer** 36 Monate (§ 25 Abs. 2 Nr. 2 BBiG). Eine individuelle **Verkürzung** der Ausbildungszeit kann sich aus § 29 BBiG ergeben. Im vorliegenden Falle war die Firma X zur ordnungsgemäßen Ausbildung der M zur „Industriekauffrau" verpflichtet (§ 6 Abs. 1 Nr. 1 Abs. 2 BBiG). Die **Ausbildungspflicht** ist die **wichtigste Pflicht** des Ausbildenden und bedeutet **inhaltlich**, dem Auszubildenden die Kenntnisse und

[2] BGBl. I, S. 1476.

[3] Begründung zum Gesetzesentwurf, BT-Drucksache 13/4612, S. 18.

Fertigkeiten zu vermitteln, die zum Erreichen des **Ausbildungszieles** erforderlich sind (§ 6 Abs. 1 Nr. 1 BBiG). Das Ausbildungsziel ergibt sich für einen staatlich anerkannten Beruf, wie den des „Industriekaufmannes/-frau", aus der **Ausbildungsordnung** (§ 25 BBiG) und dem darin enthaltenen **Ausbildungsberufsbild** (§ 25 Abs. 2 Nr. 3 BBiG), das die Fertigkeiten und Kenntnisse, die Gegenstand der Berufsausbildung sind, im einzelnen festlegt und inhaltlich umreißt. Eine Anleitung zur sachlichen und zeitlichen Gliederung der Fertigkeiten und Kenntnisse folgt aus dem **Ausbildungsrahmenplan** (§ 25 Abs. 2 Nr. 4 BBiG).

Bei der Feststellung des Ausbildungszieles **(Ausbildungsplanung)** muß also die gesamte Ausbildungsordnung des jeweiligen Berufes herangezogen werden.

Das Ausbildungsberufsbild des Industriekaufmanns/-frau sieht in § 3 der erwähnten VO über die Berufsausbildung zum Industriekaufmann/-frau (Ausbildungsordnung i.S.d. § 25 BBiG) allgemeine Kenntnisse und Fertigkeiten in den Bereichen Material-, Produktionswirtschaft, Personalwesen, Absatzwirtschaft und Rechnungswesen vor. § 4, enthält den Ausbildungsrahmen, der die zu vermittelnden Kenntnisse und Fertigkeiten in sachlicher Hinsicht konkretisiert. Die Vorgaben im Ausbildungsrahmenplan müssen zwar im Einzelfall den betrieblichen Gegebenheiten angepaßt werden (betrieb-licher Ausbildungsplan), dabei muß aber eine sinnvoll geordnete und planmäßig durchgeführte Ausbildung aufrecht erhalten bleiben.[4] Keinesfalls reicht dafür die Zuweisung einer Tätigkeit als Schreibkraft aus, wie dies im vorliegenden Fall geschehen ist. Völlig unvereinbar mit dem Ausbildungsziel „Industriekaufmann/-frau" war die Beschäftigung der M an der Bügelpresse. Statt der M, wie es das Ausbildungsberufsfeld des Industriekaufmannes/-frau vorsieht (§ 3 a.a.O.), allgemeine Kenntnisse und Fertigkeiten in Material-, Produktions-, Personal- und Absatzwirtschaft sowie Rechnungswesen, Organisation und automatisierter Datenverarbeitung zu vermitteln, nützte die Firma X die M offensichtlich als „billige Arbeitskraft" aus. Mit der Übertragung **ausbildungsfremder Tätigkeiten** verstieß X gegen **§ 6 Abs. 2 BBiG**, wonach dem Auszubildenden nur dem **Ausbildungszweck** dienende Verrichtungen zugewiesen werden dürfen.

Durch diesen Verstoß hat die Firma X eine **schwerwiegende Ordnungswidrigkeit** begangen, die mit einer Geldbuße bis zu zehntausend Deutsche Mark geahndet werden kann (§ 99 Abs. 1 Nr. 3 i.V.m. Abs. 2 zweite Satzhälfte BBiG).

Zugleich stellt dieses Verhalten eine **Verletzung** der durch den Abschluß des BAV übernommenen **Ausbildungspflicht** dar. Bei schwerer Verletzung der Ausbildungspflicht hat der Auszubildende nicht nur ein Recht zur **Kündigung** nach § 15 Abs. 2 Nr. 2 BBiG, sondern auch aus **wichtigem Grund** ohne Einhaltung einer Kündigung (**fristlose** Kündigung) gemäß § 15 Abs. 2 Nr. 1 BBiG (Fall Nr. 20).

Für die Bestimmung des wichtigen Grundes ist die arbeitsgerichtliche Rechtsprechung zu § 626 BGB (Fall Nr. 14) maßgeblich (§ 3 Abs. 2 BBiG). Statt § 628 Abs. 2

[4] **Herkert,** § 4 Rn. 10.

BGB findet allerdings § 16 BBiG mit 3monatiger Ausschlußfrist Anwendung. Der nach § 16 Abs. 1 BBiG zu ersetzende Schaden dürfte sich - vergleichbar § 628 Abs. 2 BGB[5] - nur auf die **Beendigung** des Berufsausbildungsverhältnisses als Schadensursache beziehen (z.B. erneute Vorstellungs- oder Anzeigekosten). Für einen weitergehenden aus dem Berufsausbildungsverhältnis herrührenden Schaden gelten dagegen die allgemeinen Schadensersatzregelungen (§ 3 Abs. 2 BBiG). Muß z.B. eine Auszubildende ein Ausbildungsjahr wegen mangelhafter Ausbildung wiederholen, so hat der Ausbildende den daraus entstehenden Schaden zu ersetzen[6]. Die Anspruchsgrundlage ist aber p.V.V. und nicht § 16 BBiG.

Zu 2. Bei schuldhafter (§ 276 BGB) **Nichterfüllung** (§ 3 Abs. 2 BBiG, § 325 BGB) oder **Schlechtleistung** (positiver Vertrags- oder Forderungsverletzung, Fälle Nr. 8, 9, 10) besteht - unabhängig vom Kündigungsrecht - ein Anspruch auf Ersatz des durch die Nicht- oder Schlechterfüllung entstandenen Schadens (§§ 249, 251 BGB). Daneben könnte sich ein Schadensersatzanspruch auch aus unerlaubter Handlung gemäß § 823 Abs. 2 BBiG i.V.m. §§ 6 Abs. 2; 99 Abs. 1 Nr. 2 Abs. 2 BBiG und § 826 BGB ergeben.

Im vorliegenden Falle besteht der **Schaden** in der Wiederholung des zweiten Berufsausbildungsjahres und dem dadurch bedingten späteren Eintritt in das eigentliche Berufsleben durch Eingehung eines ordentlichen Arbeitsverhältnisses (§§ 249, 251 BGB). Die Eltern haben also zu Recht namens ihrer Tochter das Berufsausbildungsverhältnis mit der Firma X gekündigt und diese auf Leistung von Schadensersatz verklagt. Das **AG Duisburg**[7] hat in einem gleich gelagerten Falle eine Textilfirma als Ausbildende zur Zahlung von mindestens 8.000,00 Deutsche Mark Schadensersatz an die Auszubildende verurteilt.

Ebenso hat das **BAG**[8] entschieden, ein Ausbilder sei für die ordnungsgemäße Ausbildung verantwortlich und verletze schuldhaft seine Ausbildungspflicht, wenn er die Ausbildung in den für den betreffenden Beruf erforderlichen Elementarfächern versäume. Allerdings verringere sich der Schadensersatzanspruch, wenn die Auszubildenden selbst uninteressiert seien.

Diese **BAG**-Entscheidung stellt eine Bestätigung der Rechtsauffassung des Arbeitsgerichtes Duisburg dar. Darüber hinaus enthält das Urteil einen weiterführenden Gedanken, nämlich den Hinweis auf das Erfordernis des eigenen Interesses des Auszubildenden an seiner Ausbildung: Die **Lernpflicht** - Fall Nr. 19 - (§ 9 Satz 1 BBiG). Die Nicht- und Schlechterfüllung dieser Lernpflicht wird als mitwirkendes Verschulden bei der Entstehung des Schadens gewertet (§ 254 BGB), das sich der Auszubildende anrechnen lassen muß.

---

[5] **Palandt/Putzo**, § 628 Anm. 3.

[6] **Weber**, § 16 Anm. 1.

[7] **AG** Duisburg vom 30.10.1972 - 1 CA 85/72.

[8] **BAG** vom 10.6.1976, BB 76, 1419 = DB 76, 2216; **BAG** AP Nr. 22 zu § 611 BGB (Lehrverhältnis).

Im vorliegenden Falle kann man nicht von einem mangelnden Interesse der M an ihrer Ausbildung ausgehen, der mitgeteilte Sachverhalt gibt keinen Aufschluß darüber, warum das Berufsausbildungsverhältnis erst nach zwei Jahren gekündigt worden ist.

III.

Mit dem gegebenen Sachverhalt ist der wichtigste Fall der Ausbildungspflicht behandelt worden. § 6 Abs. 1 BBiG enthält aber noch vier weitere Tatbestände, die ebenfalls Inhalt der Ausbildungspflicht sind (§ 6 Abs. 1 Nr. 2 bis 5 BBiG).

Abschließend sei auf die Funktion des **Ausbilders** (vgl. Fall Nr. 28) hingewiesen. Dieser ist unter den Voraussetzungen des § 20 Abs. 2 BBiG von dem Ausbildenden zu bestellen. Soweit der Ausbilder die Ausbildung durchführt, nimmt er die Pflichten des Ausbildenden aufgrund des BAV als Erfüllungsgehilfe (§ 278 BGB) wahr. Das bedeutet, der Ausbildende haftet für eine ordnungsgemäße Ausbildung durch den Ausbilder. Nach § 20 Abs. 1 Satz 2 BBiG darf nur ausbilden, wer **persönlich** (§ 20 Abs. 2 BBiG) und **fachlich** (§ 20 Abs. 3 BBiG) geeignet ist. Nach § 21 Abs. 1 BBiG kann außerdem der Nachweis über den Erwerb **berufs- und arbeitspädagogischer Kenntnisse** verlangt werden. Dies geschieht aufgrund der **AEVO**, nach der sich jeder zukünftige Ausbilder einer entsprechenden Prüfung unterziehen muß.

Zusammenfassung

1. Der BAV ist ein **Arbeitsvertrag besonderer Art** (sui generis). Die Besonderheit ergibt sich aus dem Ausbildungs- und Erziehungscharakter des Berufsausbildungsverhältnisses (§ 3 Abs. 2 BBiG).

2. Die **Ausbildungspflicht** ist die **Hauptpflicht** des Ausbildenden. Sie besteht in der Vermittlung der erforderlichen Fertigkeiten und Kenntnisse zur Erreichung des **Ausbildungszieles**, für dessen Feststellung die jeweilige **Ausbildungsordnung** maßgeblich ist.

3. Die Ausbildungspflicht muß der Ausbildende entweder selbst erfüllen (§ 20 Abs. 1 BBiG) oder stattdessen einen **Ausbilder** bestellen (§ 20 Abs. 4 BBiG), für den der Ausbildende gem. § 278 BGB haftet.

4. Die Erfüllung der Ausbildungspflicht liegt sowohl im **Interesse** des **Auszubildenden** als auch im Interesse der **Öffentlichkeit**. Daher sind bei Verletzung der Ausbildungspflicht privatrechtliche (arbeitsvertragliche) und öffentlich-rechtliche Rechtsfolgen zu unterscheiden.

   a) **Privatrechtliche** Rechtsfolgen können sein:

   - ein **Recht zur außerordentlichen** (fristlosen) **Kündigung** (§ 15 Abs. 2 Nr. 1 BBiG i.V.m. §§ 626; 628 Abs. 2 BGB üb. § 3 Abs. 2 BBiG).

- ein Anspruch auf **Schadensersatz aus Vertrag** (positiver Forderungsverletzung im Rahmen des BAV) bzw. aus **Gesetz** (§§ 823ff. BGB).

b) Die **öffentlich-rechtliche** Rechtsfolge besteht darin, daß die Verletzung der Ausbildungspflicht als **Ordnungswidrigkeit** mit einer hohen **Geldbuße** geahndet werden kann (§99 Abs. 1 Nr. 3, Abs. 2 BBiG).

Literaturhinweise:

Barfuss, Verantwortlichkeit und Haftung des Ausbilders im Berufsbildungsverhältnis, BB 76, 935ff.; **Brox/Rüthers**, S. 17; **Großmann/Schneider**, S. 224ff.; **Natzel**, a.a.O.; **Schaub**, § 173, § 174.

Fall Nr. 19: Die Pflichten des Auszubildenden

Der minderjährige Auszubildende A steht in einem Berufsausbildungsverhältnis bei der X-AG. In dem BAV heißt es u.a.: „Der Auszubildende hat sich zu bemühen, die Fertigkeiten und Kenntnisse zu erwerben, die erforderlich sind, um das Ausbildungsziel zu erreichen. Er verpflichtet sich insbesondere, ... am Berufsschulunterricht teilzunehmen".

A ist dem Berufsschulunterricht mehrfach unentschuldigt ferngeblieben. Von seinem Ausbilder B zur Rede gestellt, erklärt A: „Ich hatte keine Lust, die Schule langweilt mich; im übrigen geht das die Firma gar nichts an". Ausbilder B ist anderer Auffassung.

1. Wie ist die Rechtslage?
2. Könnte die X-AG das Berufsausbildungsverhältnis kündigen, wenn der A den Berufsschulunterricht - trotz eindringlicher Ermahnung - weiterhin „schwänzen" sollte?

Besprechung

Was für den Ausbildenden die Ausbildungspflicht, ist für den Auszubildenden die **Lernpflicht.** Sie ergibt sich aus § 9 BBiG und bedeutet eine Mitwirkungspflicht i.S.d. Erreichung des Ausbildungszieles (Fall Nr. 18). Ohne aktive Mitarbeit des Auszubildenden wären die Ausbildungsbemühungen des Ausbilders zum Scheitern verurteilt.

Zu 1. Satz 1 des auszugsweise wiedergegebenen Vertragstextes entspricht dem Satz 1 des § 9 BBiG, der **allgemeinen** Umschreibung der Lernpflicht. Demgegenüber enthält § 9 Satz 2 in den Nr. 1 bis 4 BBiG **Einzelfälle** der Lernpflicht und in den Nr. 5 und 6 zwei ausdrücklich erwähnte Tatbestände der **Treuepflicht** (Fall Nr. 9), die ebenso wie die Fürsorgepflicht des Auszubildenden Inhalt des BAV sind. Nach § 9 Satz 2 Nr. 2 BBiG ist der Auszubildende verpflichtet, an Ausbildungsmaßnahmen teilzunehmen, für die er nach § 7 BBiG freigestellt wird. § 7 BBiG schreibt u.a. dem Ausbildenden vor, den Auszubildenden für die Teilnahme am Berufsschulunterricht freizustellen.

Dieser Verpflichtung ist die X-AG offensichtlich im Rahmen der Ausbildungspflicht nachgekommen. Auch Ausbilder B hat den A richtigerweise zur Rede gestellt, weil der Ausbildende verpflichtet ist, den Auszubildenden zum Besuch der Berufsschule anzuhalten (§ 9 Abs. 1 Nr. 4 BBiG). Deshalb ist die Ansicht des A, die X-AG gehe der Berufsschulbesuch nichts an, irrig.

Für den Auszubildenden besteht zunächst aufgrund des jeweiligen Landesgesetzes eine **öffentlich-rechtliche Schulpflicht** zum Besuch der Berufsschule. Daneben besteht die **vertragliche**, sich aus dem Berufsausbildungsverhältnis ergebende Verpflichtung zum Berufsschulbesuch (§ 9 Satz Nr. 2 i.V.m. § 7 BBiG). Der Berufsschulbesuch ist also auch Inhalt der Lernpflicht und somit Gegenstand aktiver Mitwirkung des Auszubildenden. Hierin kommt zum Ausdruck, daß die Wahrnehmung des Bildungsangebotes der Berufsschule zum Erreichen des Ausbildungszieles für wichtig angesehen wird (duales Berufsausbildungssystem).

Insoweit gibt Satz 2 des Vertragsauszuges hinsichtlich der Verpflichtung zum Berufsschulbesuch nur das wieder, was bereits kraft Gesetzes und unabdingbar (§ 18 BBiG) Bestandteil der Lernpflicht ist.

Aus der Mitteilung des Auszubildenden A, er habe keine Lust zum Besuch der ihn langweilenden Berufsschule gehabt, geht hervor, daß er dem Unterricht unbegründet ferngeblieben ist. Denn der Grad des Bemühens i.S.d. § 9 BBiG ist nicht in das Belieben, die Lust und die Laune, des Auszubildenden gestellt. Durch sein Verhalten hat A gegen die öffentlich-rechtliche Schulpflicht verstoßen und die Lernpflicht aufgrund des BAV verletzt.

Zu 2. Eine Kündigung des Berufsausbildungsverhältnisses könnte die X-AG nur aufgrund des § 15 Abs. 2 Nr. 1 BBiG, also aus wichtigem Grund und unter Berücksichtigung des § 102 BetrVG (Fälle Nr. 13, 14) aussprechen. Wiederholte und abgemahnte Verletzung der Verpflichtung zum Berufsschulbesuch kann einen wichtigen Grund zur außerordentlichen (fristlosen) Kündigung darstellen. Dies entspricht der Bedeutung des Berufsschulbesuches für die betriebliche Ausbildung und der Mitverantwortung des Auszubildenden für das Erreichen des als Einheit aus schulischen und betrieblichem Bildungsangebot zu verstehenden Ausbildungszieles **(Dualismus** der Berufsausbildung).

Unter den geschilderten Voraussetzungen kann daher für die X-AG ein Recht zur fristlosen Kündigung des Berufsausbildungsverhältnisses entstehen.

Zusammenfassend kann man feststellen, daß die Hauptpflicht des Auszubildenden die **Lernpflicht** ist (§ 9 BBiG). Zu deren Inhalt gehört die Verpflichtung zum Besuch der Berufsschule (§§ 9 Satz 2 Nr. 2; 7 BBiG). Wiederholte und abgemahnte Verletzung dieser Verpflichtung kann für den Ausbildenden ein Recht zur fristlosen Kündigung (§ 15 Abs. 2 Nr. 1 BBiG) begründen.

Literaturhinweise:

Hanau/Adomeit, S. 152ff.; im übrigen s. Literaturhinweise S. 93.

Fall Nr. 20: Die Beendigung des Berufsausbildungsverhältnisses

Zwischen dem Auszubildenden A und der Firma B, die ein Einzelhandelsgeschäft betreibt, besteht ein Berufsausbildungsvertrag (BAV). Hiernach hat sich die B verpflichtet, den A zum „Einzelhandelskaufmann" auszubilden. Nach Ablauf der Probezeit gewinnt A den Eindruck, das Betriebsklima lasse zu wünschen übrig.

Als A von einer anderen Firma einen Ausbildungsplatz als Einzelhandelskaufmann angeboten wird, der verkehrsgünstiger zur Wohnung liegt, möchte A das Berufsausbildungsverhältnis mit der Firma B lösen. Ist dies rechtlich möglich?

Besprechung

Die Beendigung des Berufsausbildungsverhältnisses weist gegenüber der Beendigung des Arbeitsverhältnisses (Fall Nr. 11) **Besonderheiten** auf. Würde zwischen A und der Firma B ein normales Arbeitsverhältnis auf unbestimmte Zeit bestehen, könnte A fristgerecht kündigen (§ 622 Abs. 1 BGB, Fall Nr. 13). Aufgrund des BAV sind Ausbildungsdauer und Berufausbildungsverhältnis jedoch **befristet** (§ 25 Abs. 2 Nr. 2 BBiG). Letzteres endet (automatisch) mit Ablauf der Zeit, für die es eingegangen ist (§ 14 Abs. 1 BBiG) bzw. mit Bestehen der Abschlußprüfung vor Ablauf des BAV (§ 14 Abs. 2 BBiG). Damit ist die ordentliche (fristgerechte) Kündigung, wie auch bei anderen befristeten Arbeitsverhältnissen (§ 620 BGB, Fall Nr. 12), grundsätzlich ausgeschlossen. Soll etwas anderes gelten, bedarf es einer zusätzlichen Vereinbarung.

Mit Ausnahme der Probezeit, die für beide Seiten eine „Prüfzeit" ist (§ 15 Abs. 1 BBiG), besteht daher bei **normalem Verlauf** des Berufsausbildungsverhältnisses kein Kündigungsrecht, also keine Möglichkeit zur einseitigen Aufkündigung der Vertragsbeziehungen.

Etwas anderes gilt nur dann, wenn Umstände eintreten, unter denen es den Vertragsparteien nicht mehr zugemutet werden kann, an dem BAV weiter festzuhalten. Derartige Umstände können einen **wichtigen Grund** darstellen, der gem. § 15 Abs. 2 Nr. 1 BBiG zur außerordentlichen (fristlosen) Kündigung und damit zur vorzeitigen Beendigung des Berufsausbildungsverhältnisses berechtigt. Zur Definition des unbestimmten Rechtsbegriffes „wichtiger Grund" wird auf die Ausführungen zu den Fällen Nr. 14, 18, 19 verwiesen.

Hier sei noch einmal hervorgehoben, daß es sich um schwerwiegende Vertragsverletzungen, wie z.B. beharrliche und abgemahnte Leistungsverweigerung sowie kriminelle Handlungen mit erheblichem Unrechtsgehalt, handeln muß. Gegenüber einem jugendlichen (minderjährigen) Auszubildenden wird man verlangen können, daß die außerordentliche (fristlose) Kündigung erst als letztes Mittel (ultima ratio) in Betracht kommt, nachdem die im Rahmen der Ausbildungspflicht (§ 6 Abs. 1 Nr. 5 BBiG) zu ergreifenden pädagogischen Mittel (vgl. Fall Nr. 28) versagt haben. Im vorliegenden Falle ist kein wichtiger Grund ersichtlich, von dem der Auszubildende A betroffen sein könnte. Ein vermeintlich unbefriedigendes Betriebsklima oder ein unbequemer Arbeitsweg berechtigen nicht zur einseitigen, vorzeitigen Auflösung des Berufsausbildungsverhältnisses.

Gegenüber dem Recht zur außerordentlichen Kündigung aus § 626 BGB sind in § 15 Abs. 3 und Abs. 4 Satz 2 BBiG zusätzliche **formelle** Voraussetzungen enthalten, die sich aus der Besonderheit des Berufsausbildungsverhältnisses ergeben. § 13 KSchG findet i.V.m. § 3 Abs. 2 BBiG Anwendung.

Dies gilt auch für den in § 15 Abs. 2 Nr. 2 BBiG aufgeführten Kündigungsgrund des **Berufswechsels**. Hierbei handelt es sich um den Sonderfall einer außerordentlichen **befristeten,** also nicht fristlosen, Kündigung. Voraussetzung dafür ist jedoch, daß der Auszubildende seine Berufsausbildung aufgeben oder sich für einen anderen Beruf ausbilden lassen will.

Wenn A im vorliegenden Falle seine Ausbildung zum Einzelhandelskaufmann bei einer anderen Firma fortsetzen will, stellt dieses Vorhaben weder eine Berufsaufgabe noch eine andere Berufswahl dar. Eine Kündigung, um die Berufsausbildung in demselben Lehrberuf nur in einem anderen Ausbildungsbetrieb fortsetzen zu können, ist unzulässig[1]. A hat also auch kein Kündigungsrecht aus § 15 Abs. 2 Nr. 2 BBiG.

Zusammenfassend läßt sich feststellen, daß A das Berufsausbildungsverhältnis **nicht einseitig** auflösen kann. Es verbleibt die schon bei einem normalen Arbeitsverhältnis bestehende Möglichkeit **beiderseitiger** Einigung über die Aufhebung des Be-

[1] **Herkert**, § 15 Rn. 31.

rufsausbildungsverhältnisses, also der Abschluß eines **Aufhebungsvertrages** (vgl. Fall Nr. 11). Für die Wirksamkeit des Aufhebungsvertrages mit einem minderjährigen Auszubildenden ist die Zustimmung des gesetzlichen Vertreters (§§ 107; 108 Abs. 1 BGB) erforderlich[2].

Dem Auszubildenden A bleibt somit nur die Möglichkeit, die Auflösung des Berufsausbildungsverhältnisses im gegenseitigen Einvernehmen anzustreben.

Zusammenfassung

1. Als **befristetes** Vertragsverhältnis endet das Berufsausbildungsverhältnis mit dem **Ablauf der Ausbildungszeit** (§ 14 Abs. 1 BBiG) bzw. dem **Bestehen der Abschlußprüfung** (§ 14 Abs. 2 BBiG).
2. Die ordentliche (fristgerechte) Kündigung ist ausgeschlossen.
3. Statt dessen kann für **beide Vertragsparteien** ein Recht zur **außerordentlichen** (fristlosen) **Kündigung** aus wichtigem Grund gegeben sein (§ 15 Abs. 2 Nr. 1 BBiG).
4. Für den **Auszubildenden** kommt außerdem ein Kündigungsrecht wegen **Berufswechsels** in Betracht (§ 15 Abs. 2 Nr. 2 BBiG).
5. Es besteht die Möglichkeit, das Berufsausbildungsverhältnis **vertraglich** (einvernehmlich) zu beenden.

Literaturhinweise:

Däubler, S. 979f.; **Söllner**, S. 310 ff.; **Zöllner/Loritz**, S. 339f.

[2] Zur Ausgleichsquittung beim Aufhebungsvertrag, vgl. **Natzel**, S. 308.

Beendigung des Berufsausbildungsverhältnisses

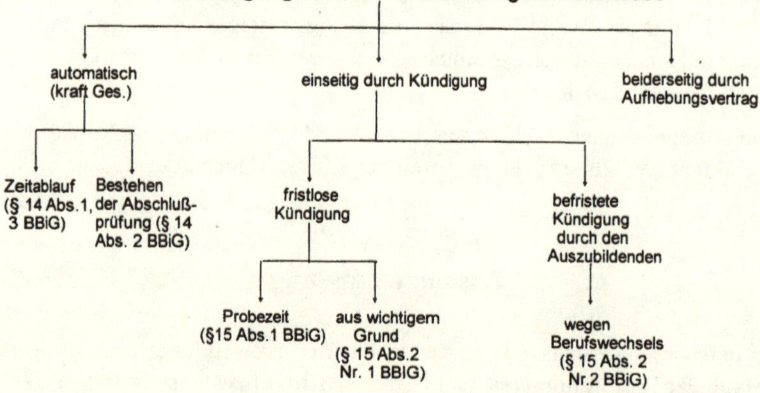

III. Abschnitt: Kollektives Arbeitsvertragsrecht

Fall Nr. 21: Der schuldrechtliche Teil des Tarifvertrages

In dem zwischen der IG-X und dem ArbG-Verband Y abgeschlossenen Tarifvertrag heißt es u.a.:

1. Der Tarifvertrag ist gültig ab 1.10.1996 und kündbar am 31.3.2001 zum 30.9.2001.
2. Um bei Abschluß von Tarifverträgen, einschließlich der Neuregelung gekündigter Tarifvereinbarungen, Hilfe zu leisten vereinbarten die Tarifvertrags-Parteien ein Schlichtungsverfahren Die Tarifpartner sind verpflichtet, sich auf die Verhandlungen und das Schlichtungsverfahren einzulassen. Kampfmaßnahmen dürfen erst dann eingeleitet werden, wenn die Beratungen der Schlichtungsstelle erfolglos abgeschlossen sind.
3. Außenseiter (nicht oder anders organisierte ArbNer) dürfen nur zu tariflichen Bedingungen beschäftigt werden.

Wie ist die Rechtslage?

Könnten sich „Außenseiter“ auf die Klausel zu Ziffer 3. berufen?

Besprechung

Das „kollektive Vertragsrecht“, in das der vorliegende Fall einführen soll, ist Bestandteil des sogenannten **kollektiven Arbeitsrechtes.** Daher gilt es, zunächst diesen Begriff zu klären.

Gegenstand des kollektiven Arbeitsrechtes (auch Recht der sozialen Selbstverwaltung genannt) sind Rechtsnormen des Betriebsverfassungs- und Tarifvertragsrechtes sowie des kollektiven Arbeitskampfes. Auf **betrieblicher** Ebene bestehen kollektive Rechtsbeziehungen zwischen ArbG und Betriebsrat als Repräsentanten der Belegschaft (Fall Nr. 27 bis 29). Auf **überbetrieblicher** Ebene treten die Tarifvertragsparteien, Arbeitgeberverbände und Gewerkschaften, in Rechtsbeziehungen zueinander, indem sie Tarifverträge für ihre Mitglieder, die organisierten ArbGer, abschließen (Fall Nr. 21 bis 24). Den friedlichen Vertragsabschlüssen können Arbeitskämpfe der Tarifvertragsparteien in Form von Arbeitsniederlegungen (Streik) oder Ausschließung vom Arbeitsplatz (Aussperrung) vorausgehen (Fall Nr. 25 und 26).

Während das individuelle Arbeitsrecht bzw. Vertragsrecht die Rechtsbeziehungen zwischen den Parteien des einzelnen Arbeitsvertrages, dem ArbG und dem ArbN, regelt (II. Abschnitt), sind die Rechtsbeziehungen arbeitsrechtlicher Kollektive untereinander und zueinander Gegenstand des kollektiven Arbeitsrechtes. Hans Carl **Nipperdey** definiert wie folgt:

„Kollektives Arbeitsrecht ist der Teil des Arbeitsrechtes, der das Recht der Arbeitsverbände in Beruf, Betrieb und öffentlichen Verwaltungen, ihrer Verträge und ihrer Kämpfe regelt“[1].

Diese Begriffsbestimmung erwähnt außer dem kollektiven Vertragsrecht auch das **Arbeitsverbandsrecht**, d.h. das Recht der Träger des kollektiven Arbeitsrechtes.

Demgegenüber steht im Mittelpunkt der Darstellung des **III. Abschnittes** das **Vertragsrecht** der Träger des kollektiven Arbeitsrechtes (Gesamtvereinbarungsrecht). Das Arbeitsverbandsrecht wird nur insoweit behandelt, als es zum Verständnis des kollektiven Vertragsrechtes erforderlich scheint.

Kollektivvertrag (Gesamtvereinbarung oder Normenvertrag) ist der Oberbegriff für Tarifvertrag, Betriebs- und Dienstvereinbarung (Fall Nr. 6). (S. Schaubild S. 116). Nach **Nipperdey**[2] ist der **Tarifvertrag** der Vertrag der Gewerkschaften mit den Berufsverbänden der ArbGer, mit einzelnen oder mehreren ArbGern vornehmlich zur Regelung der Lohn- und Arbeitsbedingungen.

Bei der Behandlung des vorstehenden Sachverhalts geht es zunächst um die Klärung des Inhalts von Tarifverträgen. Nach § 1 Abs. 1 TVG regelt der Tarifvertrag **Rechte** und **Pflichten** der (tariffähigen) Tarifvertragsparteien (§ 2 TVG) und enthält Rechtsnormen zur Gestaltung der Arbeitsverhältnisse der **Mitglieder** der Tarifvertragsparteien. Die Regelung der Rechte und Pflichten der Tarifvertragsparteien ist Gegenstand des sogenannten **schuldrechtlichen Teiles** des Tarifvertrages. Die Rechtsnormen, die sich auf die Arbeitsverhältnisse der Mitglieder beziehen, faßt man unter den Begriff des **normativen Teiles** des Tarifvertrages zusammen.

Der schuldrechtliche Teil des Tarifvertrages gilt nur im Verhältnis der Tarifvertragsparteien zueinander. Er entfaltet keine unmittelbare Rechtswirkung gegenüber den Mitgliedern der Tarifvertragsparteien, den einzelnen ArbGern und ArbNern. Schuldner sind also immer nur die Tarifvertragsparteien selbst. Eine Ausnahme bildet der sogenannte Unternehmens-, Haus- oder Firmen-Tarifvertrag, bei dem der einzelne ArbG Tarifvertragspartei ist (§ 3 Abs. 1 TVG).

Der schuldrechtliche Teil hat die Rechtsnatur eines gegenseitigen privatrechtlichen Vertrages, auf den die allgemeinen Rechtsregeln des Vertragsrechtes (z.B. die §§ 320ff. BGB) Anwendung finden. Den besonderen arbeitsrechtlichen Charakter erhält der Tarifvertrag erst durch den normativen Teil (vgl. hierzu Fall Nr. 22). Die

---

[1] **Hueck/Nipperdey**, Grundriß, S. 158.

[2] **Derselbe**, a.a.O., S. 159.

Pflichten der Tarifvertragsparteien im schuldrechtlichen Teil kann man unter die Begriffe **Selbstpflichten** und **Einwirkungspflichten** einordnen.

Unter Selbstpflicht ist vor allem die **Friedenspflicht**[3] zu verstehen. Sie beinhaltet, während der Laufzeit des Tarifvertrages keine Kampfmaßnahmen (vgl. hierzu Fall Nr. 25 und 26) gegen die andere Tarifvertragspartei zu ergreifen, um eine Änderung der tarifvertraglichen Arbeitsbedingungen zu erreichen. Von dieser **relativen** Friedenspflicht ist die **absolute** Friedenspflicht abzugrenzen. Sie bedeutet das vereinbarte Verbot jeglichen Arbeitskampfes für einen bestimmten Zeitraum[4]. (Sie ist in der Bundesrepublik Deutschland noch nicht praktiziert worden.)

Die relative Friedenspflicht, die sich auf die Laufzeit des Tarifvertrages erstreckt, kann durch **Schlichtungsabkommen** über diese Frist ausgedehnt werden. Schlichtungsabkommen enthalten für Tarifvertragsparteien die Verpflichtung, sich vor Eintritt in den Arbeitskampf auf eine Schlichtung einzulassen. Schlichtung ist ein freiwillig vereinbartes Schiedsverfahren vor einer meist paritätisch mit Vertretern der Tarifvertragsparteien und teilweise unparteilichen Schlichtern besetzten Schlichtungsstelle. **Schlichtung** hat die Funktion der Hilfeleistung zur Beseitigung einer Gesamtstreitigkeit durch Abschluß einer kollektivrechtlichen Vereinbarung[5].

Die Einwirkungs- oder Durchführungspflicht hat jeweils zum Gegenstand die gegenseitige schuldrechtliche (obligatorische) Verpflichtung der Tarifvertragsparteien, auf ihre Mitglieder, die organisierten ArbGer und ArbNer, i.S. der Tariftreue einzuwirken, damit diese den Tarifvertrag rechtlich praktizieren.

Nach diesen Darlegungen ist nunmehr die Voraussetzung gegeben, zu dem vorstehenden Sachverhalt Stellung zu nehmen:

Ziff. 1. enthält eine Vereinbarung über die Dauer der Laufzeit des Tarifvertrages. Bis zum Ablauf der Frist am 30.9.2001 besteht eine (relative) Friedenspflicht für beide Seiten. Sollten z.B. ein ArbG aussperren oder ArbNer spontane Arbeitsniederlegungen begehen, wären sowohl der ArbG-Verband Y als auch die IG-X aufgrund des schuldrechtlichen Teiles des Tarifvertrages verpflichtet, auf ihre betreffenden Mitglieder i.S. einer Unterlassung dieser Handlungen einzuwirken.

Ziff. 2. des Tarifvertrages dehnt die relative Friedenspflicht um ein Schlichtungsabkommen aus. Das bedeutet, die Tarifvertragsparteien haben Kampfmaßnahmen gegeneinander zu unterlassen, solange nicht feststeht, daß die Schlichtung endgültig gescheitert ist[6]. Es ist also **Sinn** und **Zweck** einer **Schlichtungsvereinbarung**, daß

---

[3] **BAG** vom 21.12.1982, EzA Nr. 1 zu § 1 TVG Friedenspflicht.

[4] Vgl. **Schaub**, § 201 II 2.

[5] **Schaub**, § 195.

[6] Während einer tarifvertraglich vereinbarten Friedenspflicht, z.B. vier Wochen nach Ablauf des Tarifvertrages, sind Kampfmaßnahmen unzulässig. Darunter versteht das BAG schon die Durchführung einer Urabstimmung, überhaupt alles, was „den Verhandlungspartner bewußt und gewollt

Verhandlungsmöglichkeiten ausgeschöpft werden, um so einen kollektiven Arbeitskampf zu vermeiden (sog. ultima ratio-Prinzip, vgl. Fall Nr. 25).

Ziff. 3. enthält eine sogenannte „Außenseiterklausel". Danach sind alle nicht- oder anders organisierten ArbNer Außenseiter, weil sie nicht tarifgebunden sind und damit hinsichtlich der materiellen Arbeitsbedingungen (Lohn, Arbeitszeit usw.) außerhalb des Tarifvertrages stehen. Nach dem TVG (vgl. §§ 3 Abs. 1; 4 Abs. 1 Satz 1 TVG) ist der einzelne ArbG diesem Personenkreis gegenüber nicht zur Einhaltung der tarifvertraglich vereinbarten Mindestarbeitsbedingungen verpflichtet. In Zeiten der **Arbeitslosigkeit** besteht somit die Gefahr, daß „Außenseiter" durch ihre Bereitschaft, unter Tarif zu arbeiten, gegenüber den tarifgebundenen ArbNern eine günstigere Arbeitsmarktposition erringen oder diese sogar aus ihren Arbeitsplätzen verdrängen. Um dies zu verhindern, will die Außenseiterklausel verbieten, **nicht tarifgebundene ArbNer unter Tarif zu beschäftigen.** Sie gebietet also eine Gleichbehandlung von Organisierten und Nicht- oder Andersorganisierten durch den ArbG, um die für die tarifgebundenen ArbNer nachteilige Konkurrenz der Außenseiter auszuschalten. Die Außenseiterklausel hat somit die Funktion einer Schutzklausel.

Ist die Außenseiterklausel wie im vorstehenden Fall Bestandteil des schuldrechtlichen Teiles des Tarifvertrages, so richtet sie sich nicht unmittelbar an die Mitglieder der Tarifvertragsparteien, sondern an den ArbG-Verband Y, auf die einzelnen organisierten ArbGer i.S. der Außenseiterklausel **einzuwirken** („Einwirkungspflicht").

Eine unmittelbare Wirkung gegenüber den Mitgliedern der Tarifvertragsparteien entwickelt die schuldrechtliche Außenseiterklausel dagegen nicht.

Ebensowenig können „Außenseiter" Ansprüche auf Gleichbehandlung mit den organisierten ArbNern daraus herleiten. In diesem Zusammenhang scheidet sowohl die Konstruktion eines Vertrages zugunsten Dritter (§ 328 BGB) als auch ein Vertrag zu „Lasten" Dritter (zu Lasten des ArbG), der im übrigen der Dogmatik des Vertragsrechtes zuwiderlaufen würde, aus[7]. Für bei der IG-X organisierte ArbNer könnte die Außenseiterklausel nur durch Aufnahme in den normativen Teil des Tarifvertrages tarifvertragliche Ansprüche vermitteln.

Von der vorstehend dargestellten **Wirkungsweise** der Außenseiterklausel ist die Frage ihrer **rechtlichen Zulässigkeit** zu unterscheiden. Nach der vom **BAG**[8] zu den Tarifausschlußklauseln ergangenen Rechtsprechung dürfte zweifelhaft sein, ob die Außenseiterklausel nicht schon jenseits der Grenzen der Tarifmacht liegt und einen unzulässigen Eingriff in die Vertragsfreiheit (Art. 2 Abs. 1 GG) darstellt[9].

---

unter den unmittelbaren Druck eingeleiteter Arbeitskämpfe setzen und damit seine Entschließungsfreiheit beeinträchtigen soll". **BAG,** AP Nr. 2 zu § 1 TVG Friedenspflicht.

[7] **Gamillscheg,** Bd. II, Fall 285.

[8] **BAG** vom 29.11.1967 = AP Nr. 13 zu Art. 9 GG.

[9] **Gamillscheg,** Bd. II, Fälle 314, 315; **Schaub,** S. 1503.

Zusammenfassend ist festzustellen, daß der schuldrechtliche Teil des Tarifvertrages als privatrechtlicher Vertrag - im Gegensatz zum normativen Teil des Tarifvertrages - nur Rechte und Pflichten der Tarifvertragsparteien selbst enthält.

Sein **Inhalt** besteht aus Selbst- und Einwirkungspflichten der Tarifvertragsparteien. Die unmittelbare rechtliche **Wirkung** des schuldrechtlichen Teiles des Tarifvertrages ist auf die Tarifvertragsparteien beschränkt.

Literaturhinweise:

Gamillscheg, Bd. II, Fälle 314, 315; **Hueck/Nipperdey**, Grundriß, S. 215ff.; **Söllner**, S. 117ff.

Fall Nr. 22: Der normative Teil des Tarifvertrages

In einem Tarifvertrag heißt es u.a.

„Der Tarifvertrag gilt für alle ArbNer, soweit sie unter die Lohn- und Gehaltstarife der X-AG fallen und im Gebiet der Bundesrepublik Deutschland beschäftigt werden.

Ist bei der Einstellung kein schriftlicher Arbeitsvertrag abgeschlossen worden, so hat der ArbG das Arbeitsverhältnis innerhalb einer Woche nach Aufnahme der Beschäftigung schriftlich zu bestätigen.

Die regelmäßige wöchentliche AZ beträgt ausschließlich der Pausen 35 Stunden. Sie gilt nicht für Teilzeitbeschäftigte und ArbNer mit Arbeitsbereitschaft. GAZ kann durch BV eingeführt werden.

Im Bedarfsfalle kann Kurzarbeit ... unter Beachtung des gesetzlichen Mitbestimmungsrechtes des BR mit einer Ankündigungsfrist von 14 Tagen eingeführt werden. Die Kündigung des Arbeitsverhältnisses durch den ArbG bedarf der Schriftform. Auf Verlangen sind die Kündigungsgründe schriftlich anzugeben: das gilt nicht für die Probezeit."

1. Um welche Arten von Tarifnormen handelt es sich bei den vorstehenden Bestimmungen?

2. Welche Wirkungen erzeugen die Normen?

Besprechung

Der vorstehende Sachverhalt ist dem normativen Teil des Tarifvertrages zuzuordnen. Auch in diesem Falle ist wiederum **Inhalt** und **Wirkung** des Tarifvertrages zu unterscheiden.

Der normative Teil kann **Rechtsnormen** über den **Abschluß** (z.B. Schriftformerfordernis, Probezeit), den **Inhalt** (z.B. Lohn, Arbeitszeit, Urlaub) und die **Beendigung** (z.B. Form und Frist von Kündigungen, Erweiterung des gesetzlichen Kündigungsschutzes) von **Arbeitsverhältnissen** sowie über **betriebliche** (z.B. Fälle des § 87 Abs. 1 BetrVG) und **betriebsverfassungsrechtliche** (z.B. §§ 3, 102 Abs. 6 BetrVG) Fragen enthalten.

Diese Normen haben, was die Wirkung gegenüber den Mitgliedern der Tarifvertragsparteien angeht (§§ 3 Abs. 1; 4 Abs. 1 TVG), die Qualität von **Rechtssätzen**. Die Rechtsnatur der Tarifvertragsnormen sowie die Art der Legitimation der Tarifvertragsparteien zur Rechtsetzung sind umstritten[1]. Mit der inhaltlichen Ausgestaltung von Arbeitsverhältnissen i.S. von **Mindest**arbeitsbedingungen (§ 4 Abs. 3 TVG) erfüllt der normative Teil des Tarifvertrages vor allem **zwei** Aufgaben, nämlich den **Schutz der einzelnen ArbNer** vor der wirtschaftlich-rechtlichen Übermacht der ArbGer (Schutzzweck) sowie die Ordnung der Arbeitsverhältnisse durch Typisierung **(Ordnungszweck)**.

Die **Frage 1.** des vorstehenden Sachverhalts betrifft den **Inhalt** des Tarifvertrages. Der erste Absatz des wiedergegebenen Tarifvertrages spricht den **Geltungsbereich** des Tarifvertrages an. Es ist zu unterscheiden die **zeitliche** Geltung (Laufdauer des Tarifvertrages), die **räumliche** Geltung (Tarifgebiet, einzelne Bezirke oder Orte), der **persönliche** Geltungsbereich (Angestellte, Arbeiter, Auszubildende) und die **fachliche** Geltung (Industriezweig, einzelne Unternehmen).

Räumlich und **fachlich** erstreckt sich der vorliegende Tarifvertrag auf alle Betriebe der X-AG in der Bundesrepublik Deutschland. **Persönlich** sind die unter die Lohn- und Gehaltstarife fallenden ArbNer der X-AG, also die tarifgebundenen Arbeiter und Angestellten (§§ 3 Abs. 1; 4 Abs. 1 TVG), betroffen.

Der **Absatz zwei** des Tarifvertrages geht von der Erwartung aus, daß der einzelne Arbeitsvertrag grundsätzlich **schriftlich** abgeschlossen wird. Sollte das nicht geschehen sein, verlangt der Tarifvertrag eine fristgebundene schriftliche „Bestätigung" des Arbeitsverhältnisses. Die Formulierung des Tarifvertrages wird man nicht i.S.e. konstitutiven Schriftformerfordernisses interpretieren können (vgl. Fall Nr. 5). Es ist eine Auslegungsfrage, ob man in der Forderung nach schriftlicher Bestätigung des Arbeitsverhältnisses ein deklaratorisches Schriftformerfordernis oder nur eine Bestätigung des Vertragsabschlusses und der Arbeitsaufnahme sieht (§§ 133, 157 BGB). Unter Berücksichtigung des Arbeitnehmerschutzgedankens erscheint es vertretbar, den Passus des Tarifvertrages i.S.e. bestätigenden (deklaratorischen) Schriftformererfordernisses auszulegen. Damit stellt diese Regelung inhaltlich eine **Abschlußnorm** dar.

---

[1] **Söllner**, S. 119f.

Die tarifvertragliche Festlegung der regelmäßigen Wochenarbeitszeit bzw. der durchschnittlichen betrieblichen Wochenarbeitszeit (Metallindustrie)[2] sowie die Abgrenzung von der Teilzeitbeschäftigung und der Arbeitsbereitschaft[3] betrifft den zeitlichen Umfang der Arbeitspflicht und ist damit eine **Inhaltsnorm.** Im übrigen bleibt auf § 2 Abs. 4 NachwG hinzuweisen (vgl. Fall Nr. 5).

Die Einführung der gleitenden Arbeitszeit (GAZ)[4] durch Betriebsvereinbarung sowie die Vereinbarung über Kurzarbeit sind Tatbestände i.S. des § 87 Abs. 1 Nr. 2 und Nr. 3 BetrVG. Hierbei handelt es sich um **Solidar**- oder **Betriebsnormen,** die dem ArbG Pflichten zugunsten der gesamten Belegschaft oder einer Gruppe auferlegen[5]. Nach **Nipperdey**[6] sind die Tatbestände des § 87 Abs. 1 BetrVG (formelle Arbeitsbedingungen) Fälle einer Betriebsnorm.

Der **letzte Absatz** des auszugsweise wiedergegebenen Tarifvertrages verlangt für die Rechtswirksamkeit der Kündigung des Arbeitsverhältnisses durch den ArbG die (konstitutive) Schriftform (§§ 126, 125 BGB). Die Verpflichtung des ArbG, auf Verlangen die Kündigungsgründe schriftlich angeben zu müssen, ist - bei einer fristgerechten Kündigung - eine Erweiterung des Kündigungsschutzes, wie er insoweit bei der fristlosen Kündigung aus wichtigem Grund gesetzlich vorgesehen ist (§ 626 Abs. 2 Satz 2 BGB). Der Wegfall dieser Verpflichtung für die Kündigung in der Probezeit entspricht der gesetzlichen Regelung (§ 1 Abs. 1 KSchG). Die Kündigungsbestimmungen des Tarifvertrages beziehen sich auf die **Beendigung** des Arbeitsverhältnisses. Die **Beendigungsnormen** werden vielfach den Inhaltsnormen systematisch zugeordnet. Es handelt sich dabei um eine terminologische Frage von geringer praktischer Bedeutung.

Die systematische Zuordnung der Bestimmungen des Tarifvertrages hat - außer den betriebsverfassungsrechtlichen Normen - alle übrigen Normen angesprochen. Damit ist die Frage 1. des Falles beantwortet.

Ergänzend sei darauf hingewiesen, daß allgemeine Arbeitsbedingungen wie Arbeitszeit, Urlaub, Kündigungsgründe und -fristen oft Gegenstand langfristiger **Mantel-** oder **Rahmentarifverträge** sind, während die Höhe der einzelnen Vergütungssätze in **Lohn-** und **Gehaltstarifverträgen** geregelt sind.

---

[2] Für die Metallindustrie ist aufgrund des sogenannten „Leber-Kompromisses“ erstmalig 1984 eine „individuelle regelmäßige Wochenarbeitszeit“ (IRWAZ) eingeführt worden, die für den einzelnen Arbeitnehmer zwischen 37 und 40 Stunden betragen konnte. Diese löste die regelmäßig betriebliche Wochenarbeitszeit ab. Die individuelle Arbeitszeit aller Beschäftigten eines Betriebes mußte im Durchschnitt 38,5 Stunden wöchentlich ergeben, womit die „durchschnittliche betriebliche Wochenarbeitszeit“ gemeint war. Vgl. **Linnenkohl/Rauschenberg**, Tarifvertragliche Neuregelung der Wochenarbeitszeit etc. BB 84, 2197 ff.

[3] Zum Begriff: **Linnenkohl**, Arbeitszeitgesetz, § 2 Rn. 5; **Neumann/Biebl**, § 2 Rn. 12, § 7 Rn. 8ff.

[4] Zum Begriff: **Linnenkohl**, Arbeitszeitgesetz, § 1 Rn. 16ff.

[5] **Söllner**, S. 137.

[6] **Hueck/Nipperdey**, Grundriß, S. 212f.

Die **Frage** zu **2.** führt zu dem Problem der Rechtswirkung des normativen Teils des Tarifvertrages. Da diese Fragestellung wiederum mit der Tarifbindung zusammenhängt, wird hierauf ausführlich bei der Behandlung des Falles Nr. 23 eingegangen. Hier sei vor allem auf § 4 Abs. 1 Satz 1 TVG hingewiesen. Nach dieser Vorschrift erfaßt und gestaltet der normative Teil des Tarifvertrages **automatisch** (Unmittelbarkeitsprinzip) die Arbeitsverhältnisse der tarifgebundenen ArbGer und ArbNer (§ 3 Abs. 1 TVG) mit **zwingender** Wirkung. Dieses sogenannte **Unabdingbarkeitprinzip** kommt darin zum Ausdruck, daß für den ArbNer ungünstigere Vereinbarungen im Einzelarbeitsvertrag unwirksam sind (§ 4 Abs. 3 TVG). Das **Unmittelbarkeitsprinzip** bedeutet, daß an die Stelle der auf diese Weise hinfälligen Vertragsregelungen die normativen Tarifvertragsbestimmungen treten. Abweichende Abmachungen im Einzelarbeitsvertrag sind nur zulässig, soweit sie eine Regelung **zugunsten der ArbNer** enthalten (sog. **Günstigkeitsprinzip)** oder durch den Tarifvertrag selbst gestattet sind (§ 4 Abs. 3 TVG). Der normative Teil des Tarifvertrages setzt also **Mindestarbeitsbedingungen** zugunsten der tarifgebundenen ArbNer fest. Die Vereinbarung und Gewährung günstiger Arbeitsbedingungen (z.B. durch übertarifliche Zulagen) bleibt damit rechtlich möglich. Insoweit gilt Vertragsfreiheit. Das **Günstigkeitsprinzip**[7] regelt das Verhältnis des Tarifvertrages zum Einzelarbeitsvertrag i.S. der Vorrangigkeit des Tarifvertrages als **übergeordnete Rechtsquelle.** Hierzu gehört auch das Verbot des einzelvertraglichen **Verzichtes** auf entstandene tarifliche Rechte sowie der Ausschluß der Verwirkung tariflicher Rechte (§ 4 Abs. 4 TVG).

Zusammenfassend ist festzustellen, daß **Inhalt** und **Wirkungsweise** des normativen Teiles des Tarifvertrages zu unterscheiden sind. Inhaltlich besteht der normative Teil des Tarifvertrages aus materiellen Arbeitsbedingungen, die sich in bestimmte Normengruppen einteilen lassen (§ 1 Abs. 1 TVG). Gegenüber tarifgebundenen ArbGern wirken diese Rechtsnormen (Rechtssätze) **unmittelbar** und **zwingend** i.S. von Mindestarbeitsbedingungen (§ 4 Abs. 1 und Abs. 3 TVG).

Obwohl der Tarifvertrag als zivilrechtlicher Vertrag zwischen privatrechtlichen Verbänden zustande kommt, entfaltet er normative, rechtsetzende Wirkung. Der Tarifvertrag ist somit gegenüber dem allgemeinen Vertragsrecht ein gemischtes, „hybrides“ Gebilde, in jedem Falle jedoch eine eigenständige arbeitsrechtliche Institution. (S. **Schaubild** S. 109).

Literaturhinweise:

Gamillscheg, Bd. I Fälle 145e, 164d; **Hueck/Nipperdey**, Grundriß, S. 204ff.; **Schaub**, § 204; **Söllner**, S. 138f.

---

[7] Vgl. **Lieb**, S. 95f.

Nr. 23: Die Tarifbindung

Im Metallbereich besteht für den Tarifbezirk X ein Tarifvertrag, der u.a. Regelungen über Art und Ort der Auszahlung von Arbeitsvergütungen enthält. Findet der Tarifvertrag in folgenden Fällen Anwendung:

a) ArbG A und ArbN B sind Mitglieder der tarifschließenden Organisationen;

b) nur ArbG A ist organisiert;

c) nur ArbN B ist organisiert;

d) Fall c) mit der Erweiterung, daß obiger Tarifvertrag für allgemeinverbindlich erklärt worden ist;

e) im Falle c), wenn ArbG A und ArbN B durch einzelvertragliche Bezugnahme auf den Tarifvertrag verweisen?

Im Falle a) tritt A aus dem ArbG-Verband aus. Ist A noch an den Tarifvertrag gebunden?

Besprechung

Während unter dem Begriff des normativen Teiles des Tarifvertrages die Wirkungsweise des Tarifvertrages (Tarifvertragswirkung) behandelt worden ist, geht es bei der **Tarifbindung** um die **Voraussetzungen für die Anwendung des Tarifvertrages** zwischen den einzelnen ArbGern und ArbNern.

Für die Geltung der Inhalts-, Abschluß- und Beendigungsnormen ist **beiderseitige** Tarifbindung (§ 3 Abs. 1 TVG) erforderlich (§ 4 Abs. 2 Satz 1 TVG). Das bedeutet, es muß sowohl eine Tarifbindung des ArbG als auch des ArbN gegeben sein. Tarifbindung tritt durch Mitgliedschaft bei den Tarifvertragsparteien ein oder beim einzelnen ArbG, wenn er - wie beim „Haustarif" - selbst Partei des Tarifvertrages ist (§ 3 Abs. 1 TVG). Dagegen gelten **betriebliche** und **betriebsverfassungsrechtliche** Tarifnormen für alle Betriebe, deren ArbG tarifgebunden sind (§ 3 Abs. 2 TVG). In diesem Falle genügt die **einseitige** Tarifbindung des ArbG. Die Geltung dieser Regelungen von der Gewerkschaftszugehörigkeit abhängig zu machen, wäre hinsichtlich der „Solidarnormen" (vgl. Fall Nr. 22) **unpraktikabel**; hinsichtlich der betriebsverfassungsrechtlichen Normen wäre es rechtlich problematisch, weil das BetrVG für die Anwendung gegenüber dem einzelnen ArbN lediglich auf die Betriebszugehörigkeit abstellt (z.B. §§ 1, 7 BetrVG).

Die Tarifbindung bleibt bis zum Ende des Tarifvertrages bestehen (§ 3 Abs. 3 TVG), so daß ein Verbandsaustritt nicht die Tarifbindung beseitigt. Demgegenüber betrifft § 4 Abs. 5 TVG nicht die Tarifbindung, sondern die Tarifvertragswirkung.

Von der Tarifbindung i.S. des § 3 TVG ist die der **AVE** (§ 5 TVG) zu unterscheiden. Hierbei handelt es sich um eine **staatliche Einflußnahme** auf die Mindestarbeitsbedingungen in der Weise, daß die Tarifvertragsnormen über den Kreis der tarifgebundenen Mitglieder der Tarifvertragsparteien hinaus auch auf „Außenseiter" (nicht- oder andersorganisierte ArbGer und ArbNer) ausgedehnt werden[1].

Im **Falle a)** des vorstehenden Sachverhaltes liegt **beiderseitige** Tarifbindung vor, so daß der Tarifvertrag auf das Arbeitsverhältnis zwischen A und B gemäß §§ 3 Abs. 1; 4 Abs. 1 TVG Anwendung findet.

Im **Falle b)** ist nur **einseitige** Tarifbindung des ArbG A gegeben. Somit erstreckt sich die Tarifbindung im Verhältnis zwischen A und B nur auf die Betriebsnormen und die betriebsverfassungsrechtlichen Normen (§§ 3 Abs. 2; 4 Abs. 1, Satz 2 TVG). Bei der tarifvertraglichen Regelung über Art und Ort der Auszahlung von Arbeitsvergütungen handelt es sich um eine Betriebsnorm (§ 87 Abs. 1 Nr. 4 BetrVG). An diese sind A und B gebunden, obwohl B nicht organisiert ist.

Im **Falle c)** liegt zwar eine Mitgliedschaft des ArbN B in der tarifschließenden Gewerkschaft vor. Diese erzeugt jedoch keine Tarifbindung. Das TVG geht grundsätzlich von der beiderseitigen Tarifbindung als Anwendungsvoraussetzung für den Tarifvertrag aus. Die Berücksichtigung der einseitigen Tarifbindung des ArbG durch § 3 Abs. 2 TVG stellt - aus Gründen der Praktikabilität - nur eine Ausnahme dar.

Im **Falle d)** liegt keine Tarifbindung i.S. des § 3 TVG vor. Trotzdem gilt für ArbG A und ArbN B der Tarifvertrag. Dies ist eine Folge der AVE (§ 5 Abs. 4 TVG).

Im **Fall e)** vereinbaren die Parteien des Einzelarbeitsvertrages (A und B) die Anwendung des Tarifvertrages. Für eine fortgesetzte Anpassung des Arbeitsverhältnisses an tarifvertragliche Arbeitsbedingungen würde sich die Formulierung eignen: „Auf das Arbeitsverhältnis finden die jeweils für den ArbG A räumlich und fachlich zuständigen Tarifverträge Anwendung". Entscheidend für die Beurteilung des **Falles e)** ist zunächst die Feststellung, daß weder eine gesetzliche Tarifbindung nach § 3 TVG noch eine AVE gegeben sind. Es fragt sich, welche Wirkung demgegenüber eine einzelvertragliche Inbezugnahme tarifvertraglicher Bestimmungen hat. Aufgrund einer derartigen Absprache richten sich die arbeitsvertraglichen Ansprüche der nicht Tarifgebundenen hinsichtlich Art und Umfang nach den in Bezug genommenen Tarifvertragsbestimmungen. Den Ansprüchen fehlt jedoch die „Unverbrüchlichkeit" tariflicher Rechte nach § 4 TVG. Das bedeutet, es sind abweichende ungünstigere Abreden (§ 4 Abs. 3 TVG), Verzicht und Verwirkung (§ 4 Abs. 4 TVG), rechtlich zulässig. Die rechtliche Absicherung ist also schwächer gegenüber der tarifvertraglichen Geltung infolge beiderseitiger Tarifbindung oder der AVE. Praktische Bedeutung kann der rechtliche Unterschied zwischen der Anwendung des Tarifvertrages aufgrund beiderseitiger Tarifbindung und bloßer vertraglicher Inbezugnahme in Zeiten schlechter Wirtschaftslage erlangen.

---

[1] Zum wirtschaftlichen Hintergrund der AVE s. **Söllner**, S. 150f.

Wenn im **Falle a)** ArbG A aus dem ArbG-Verband austritt, bleibt die Tarifbindung - trotz des Verlustes der Mitgliedschaft - erhalten (§ 3 Abs. 3 TVG). Dies würde auch im umgekehrten Falle bei Austritt des ArbN B aus der Gewerkschaft gelten. Es ist also ausgeschlossen, sich durch Koalititionsaustritt der Tarifbindung an einen bestehenden Tarifvertrag zu entziehen. Aufgabe oder Verlust der Mitgliedschaft bei der Tarifvertragspartei wirken sich somit erst für zukünftige neue Tarifvertragsabschlüsse aus. ArbG A ist noch an den Tarifvertrag gebunden.

Tarifbindung und Tarifwirkung

Beiderseitige Tarifbindung:

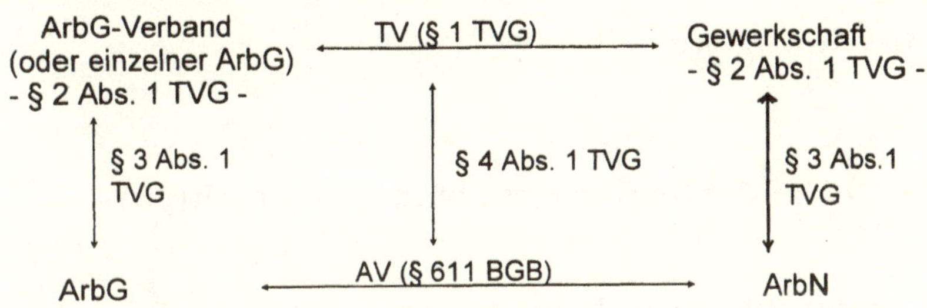

Einseitige Tarifbindung:

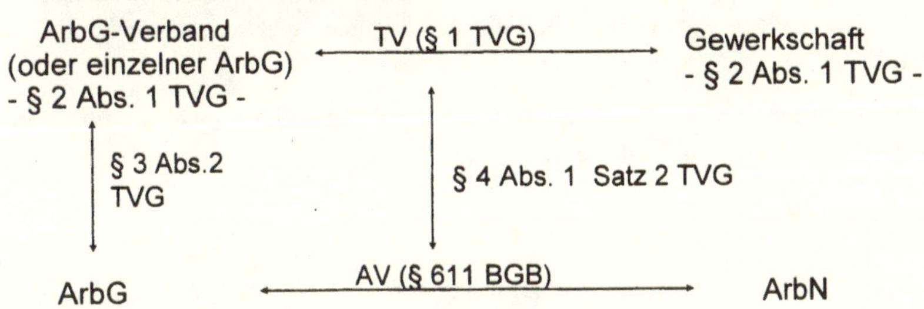

Allgemeinverbindlichkeitserklärung des TV:

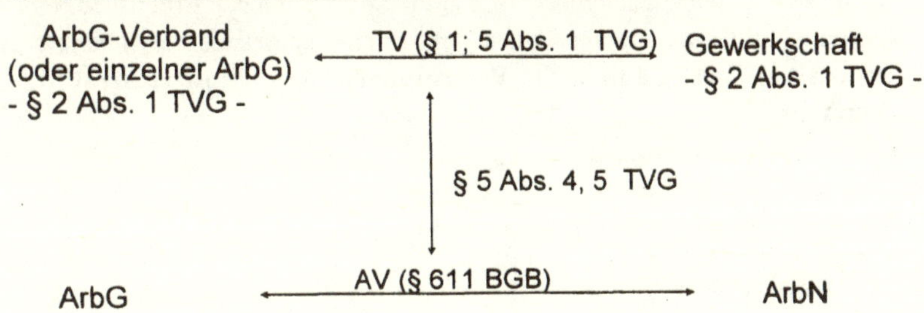

Zusammenfassend ist festzustellen, daß von der Tarifwirkung (Fall Nr. 22) dic **Tarifbindung** zu unterscheiden ist. Die Tarifbindung regelt die Frage, unter welchen gesetzlichen Voraussetzungen der Tarifvertrag Anwendung findet. Dies sind die **beiderseitige** Tarifbindung von ArbG und ArbN (§§ 3 Abs. 1; 4 Abs. 1 TVG) sowie die **einseitige** des ArbG (§§ 3 Abs. 2; 4 Abs. 1 Satz 2 TVG). Für die Anwendung eines für **allgemeinverbindlich** erklärten Tarifvertrages ist nur entscheidend, daß ArbG und ArbN unter den räumlichen und fachlichen Geltungsbereich des Tarifvertrages fallen (§ 5 Abs. 4 TVG). Auf die Mitgliedschaft in den tarifschließenden Organisationen kommt es nicht an. (S. **Schaubild** S. 109).

Literaturhinweise

Statt vieler **Söllner**, S. 130 ff.

Fall Nr. 24: Betriebsvereinbarung und Tarifvertrag

Der organisierte ArbG A schließt mit dem Betriebsrat eine Betriebsvereinbarung folgenden Inhalts:

„Die für A jeweils geltenden Tarifverträge finden auch auf die Arbeitsverhältnisse der nicht oder anders organisierten betriebsangehörigen ArbNer entsprechende Anwendung“.

Ferner verpflichtet sich A aufgrund einer Betriebsvereinbarung zur Zahlung von übertariflichen Zulagen. Wie ist die Rechtslage?

Besprechung

Die Betriebsvereinbarung soll der **Vertrag** (keine Satzung) zwischen der Belegschaft eines Betriebes und dem Arbeitgeber zur Regelung betrieblicher Arbeitsbedingungen sein[1]. Hierzu ist erklärend anzumerken, daß **Adressat** der Betriebsvereinbarung zwar die Belegschaft (§ 77 Abs. 4 BetrVG), **Vertragspartei** aber der **Betriebsrat** ist (§ 77 Abs. 2 BetrVG).

[1] **Hueck/Nipperdey**, Grundriß, S. 159.

Die **Dienstvereinbarung** ist das der Betriebsvereinbarung entsprechende Rechtsinstitut im Geltungsbereich des Personalvertretungsrechtes. Es findet auf die Dienststellen der öffentlichen Verwaltung Anwendung. Rechtsgrundlagen sind das Bundespersonalvertretungsgesetz und die jeweiligen Landespersonalvertretungsgesetze. Dagegen gilt für die von der öffentlichen Hand unterhaltenen juristischen Personen des Privatrechtes (z.B. Regiebetriebe) das BetrVG (§ 130 BetrVG).

Damit die zwischen A und B getroffene Betriebsvereinbarung wirksam ist, bedarf sie der **Schriftform** (§ 77 Abs. 2 Satz 1 und 2 BetrVG). Bei mündlicher Absprache würde es sich nur um eine „sonstige" Vereinbarung (§ 77 Abs. 1 BetrVG) oder **Regelabrede**[2] handeln, die lediglich im Verhältnis zwischen ArbG und Betriebsrat Rechte und Pflichten zu begründen vermag. Dagegen hat sie keine kollektivrechtliche Gestaltungskraft. Diese Wirkung kann nur die Betriebsvereinbarung erzeugen, indem sie die Arbeitsverhältnisse der betroffenen Belegschaftsmitglieder **unmittelbar** und **zwingend** erfaßt (§ 77 Abs. 2 BetrVG)[3]. Im Gegensatz zur formlos gültigen Regelungsabsprache stellt die Betriebsvereinbarung nicht nur für den Betriebsrat, sondern auch für die Belegschaft eine Rechtsquelle (Fall Nr. 2) dar (§ 77 Abs. 4 Satz 1 BetrVG).

Inhaltlich soll im vorliegenden Falle durch die Betriebsvereinbarung der jeweils für A geltende Tarifvertrag auf „Außenseiter" (nicht oder anders organisierte ArbNer) ausgedehnt werden. Da es bei der angestrebten Gleichstellung um Arbeitsbedingungen geht, ist zu prüfen, ob diese durch Betriebsvereinbarung regelbar sind. § 77 Abs. 3 Satz 1 BetrVG bestimmt, daß Arbeitsentgelte und sonstige Arbeitsbedingungen, die durch Tarifvertrag geregelt sind oder üblicherweise geregelt werden, nicht Gegenstand einer Betriebsvereinbarung sein können. Diese Zuständigkeitsabgrenzung zwischen Tarifvertrag und Betriebsvereinbarung wirft im einzelnen eine Reihe von Fragen auf, die vor Anwendung dieser Vorschrift auf den zugrundeliegenden Fall zu klären sind. Es handelt sich im wesentlichen um die Fragen:

a) Was versteht man unter „sonstigen" Arbeitsbedingungen?

b) Was bedeutet durch „Tarifvertrag geregelt" sind?

c) Was heißt „üblicherweise geregelt" werden?

d) Findet das Günstigkeitsprinzip (Fall Nr.22) Anwendung?

Zu a) Unter „sonstigen" Arbeitsbedingungen sind nach BAG sowohl „materielle" Aals auch „formelle" Arbeitsbedingungen zu verstehen. Materielle Arbeitsbedingungen betreffen den Inhalt des einzelnen Arbeitsverhältnisses nach Leistung und Gegenleistung von ArbG und ArbN[4]. Als Beispiel sind neben Arbeitsentgelt u.a. die Zeitdauer der Arbeitspflicht, Urlaubs- und Pausendauer sowie Regelungen bezüglich

---

[2] **Derselbe**, a.a.O., S. 339

[3] Vgl. Fall Nr. 6

[4] **BAG**, AP Nr. 1 zu § 77 BetrVG (1972); **BAG, Gr.S.**, DB 1992, S. 1577, 1582.

Beginn und Ende von Arbeitsverhältnissen anzuführen. Demgegenüber stellen z.B. die Fälle des § 87 Abs. 1 Nr. 1 bis 4 sogenannte „formelle" Arbeitsbedingungen dar, die eine Anpassung der materiellen Arbeitsbedingungen an die jeweiligen betrieblichen Gegebenheiten und Erfordernisse beinhalten. So ist z.B. die Dauer der tarifvertraglichen Wochenarbeitszeit (z.B. 38,5 Wochenstunden) eine materielle Arbeitsbedingung, während die Verteilung der Arbeitszeit auf die einzelnen Wochentage sowie die Festlegung von Beginn und Ende der täglichen Arbeitszeit formelle Arbeitsbedingungen darstellen (§ 87 Abs. 1 Nr. 2 BetrVG). Die **BAG**-Rechtsprechung zu § 59 BetrVG 1952 hat für die Interpretation des § 77 Abs. 3 BetrVG (1972) noch Bedeutung, weil die Rechtslage insoweit beibehalten wurde[5]. Danach sollen **Betriebsvereinbarungen** grundsätzlich keine materiellen, sondern **formelle** Arbeitsbedingungen regeln. Hierdurch (§ 77 Abs. 3 BetrVG) wird den überbetrieblichen **Tarifvertragsparteien** im Verhältnis zu den betrieblichen Sozialparteien eine **Monopolstellung** zur Setzung **(materieller) Arbeitsbedingungen** eingeräumt und der einzelne Betrieb frei von Spannungen gehalten, die durch Verhandlungen von ArbG und Betriebsrat über materielle Arbeitsbedingungen entstehen könnten: „Keine Lohnstreiterei auf betriebliche Ebene"[6]. Die Sperrwirkung des § 77 Abs. 3 BetrVG erstreckt auf beide Arten von Arbeitsbedingungen[7]. Keine Sperre, wenn der Tarifvertrag „ergänzende" Betriebsvereinbarungen durch „Öffnungsklausel" zuläßt (§ 77 Abs. 3 Satz 2 BetrVG). Die Verstöße gegen § 77 Abs. 3 BetrVG durch ArbG und Betriebsrat sind zahlreich[8]; heute mehr denn je[9]. Der Streit um die Regelungskompetenz von Tarifvertrag und Betriebsvereinbarung ist entbrannt.[10]

Im vorliegenden Fall würde die Betriebsvereinbarung die materiellen Arbeitsbedingungen der für A geltenden Tarifverträge auf „Außenseiter" ausdehnen. Dies könnte - nach dem oben angeführten - ein Verstoß gegen § 77 Abs. 3 Satz 1 BetrVG sein, wenn die übrigen Voraussetzungen dieser Vorschrift erfüllt sein sollten.

Zu b) Es ist somit weiter zu fragen: Was bedeutet durch „Tarifvertrag geregelt" sind?

Nach dem TVG sind Arbeitsbedingungen unter den Voraussetzungen der **beiderseitigen** Tarifbindung von ArbG und ArbN (§ 3 Abs. 1 TVG), im Falle des § 3 Abs. 2 TVG auch bei **einseitiger** Tarifbindung des ArbG, unmittelbar und zwingend geregelt (§ 4 Abs. 1 TVG; Fall Nr. 23). Nach Ansicht des **BAG** soll es bei Anwendung des § 77 Abs. 3 BetrVG, der statt von Tarifbindung lediglich von „Regelung" spricht, nicht auf das Vorliegen der Tarifbindung ankommen und die **Sperrwirkung** des Ta-

[5] **Dietz/Richardi**, § 77 Rn. 186; **Schaub**, § 230 II 2.

[6] **Gamillscheg**, Bd. II, Fälle 405, 206; **derselbe**, Kollektives Arbeitsrecht, Bd. I, S. 323ff.; **Hess/Schlochauer/Glaubitz**, § 77 Rn. 126ff. m.w.N.

[7] A.A. **Zöllner/Loritz**, S. 539.

[8] **Gamillscheg**, Bd. II Fall 405, S. 348.

[9] **Linnenkohl**, Lean Law - ingeniöse „Nichtanwendung" von Arbeitsrecht, BB 1994, S. 2077ff.

[10] **Richardi**, Gutachten zum 61. Deutschen Juristentag Karlsruhe 1996, S. B 1 bis B 102.

rifvertrages gegenüber einer Regelung „materieller" Arbeitsbedingungen durch Betriebsvereinbarung auch dann gelten, wenn weder ArbG noch ArbN tarifgebunden sind, also überhaupt keine Tarifbindung gegeben ist. Nur diese Auslegung des Gesetzes werde der Monopolstellung der Koalitionen (Tarifvertragsparteien) gerecht[11]. Diese Auslegung soll bei **repräsentativen** Tarifverträgen gelten, d.h. die in tarifgebundenen Betrieben beschäftigten ArbNer müssen überwiegen[12]. Die Rechtsprechung des **BAG** geht von der Leitfunktion des Tarifvertrages aus und verhindert, daß bei Vorliegen eines repräsentativen Tarifvertrages in nicht tarifgebundenen Betrieben rechtswirksame Betriebsvereinbarungen über Arbeitsbedingungen geschlossen werden können. Ein noch konsequenterer und wirkungsvollerer Schutz der Tarifvertragsfunktion sowie der Tarifautonomie ist zu erzielen, wenn man das bloße Vorhandensein eines räumlich und fachlich zutreffenden Tarifvertrages (Fall Nr. 22) genügen läßt, gleichgültig, ob dieser repräsentativ ist oder nicht[13]. Dadurch gewinnt man Rechtssicherheit für die Aufgabenverteilung zwischen den überbetrieblichen und den betrieblichen Sozialparteien.

Da nach dem Sachverhalt im vorliegenden Fall eine tarifvertragliche Regelung existiert, sind A und B nicht befugt, diese zum Gegenstand einer Betriebsvereinbarung zu machen.

Ein Freiraum zur Rechtsetzung könnte sich nur insoweit ergeben, als keine tarifliche Regelung - auch nicht „üblicherweise" - bestehen sollte.

Zu c) Selbst wenn Arbeitsbedingungen tatsächlich nicht geregelt sein sollten, aber **üblicherweise** durch Tarifvertrag geregelt werden, tritt nach § 77 Abs. 3 Satz 1 BetrVG eine Sperrwirkung gegenüber Betriebsvereinbarungen ein. Zu prüfen bleibt, was unter „üblicherweise" zu verstehen ist.

Eine tarifvertragliche Regelung erfolgt „üblicherweise", wenn über die betreffende Arbeitsbedingung für den räumlichen, betrieblichen und fachlichen Tätigkeitsbereich des Betriebes Tarifverträge abgeschlossen zu werden pflegen. Ein **dreimal** hintereinander erfolgter Tarifvertragsabschluß soll genügen[14]. Im Falle der Gewährung einer „Weihnachtsgratifikation" hat das **BAG** ebenfalls die dreimalige Wiederholung als eine Übung bewertet, die einen schutzwürdigen Vertrauenstatbestand schafft[15].

Ein Gestaltungsfreiraum für die Betriebsvereinbarung bleibt daher nur insoweit, als weder eine tarifvertragliche Regelung von Arbeitsbedingungen vorliegt (b) noch üblicherweise erfolgt (c).

---

[11] **BAG** vom 6.12.1960, AP Nr. 1 zu § 2 ArbGG (BV) = BB 60, 1329.

[12] **BAG** vom 6.12.1963, AP Nr. 23 zu § 59 BetrVG

[13] So **BAG** vom 13.8.1980, DB 81, 274; a.A. **Dietz/Richardi**, § 77 Rn. 199 unter Bezugnahme auf **BAG**-Rspr. zu § 59 BetrVG.

[14] **Fitting /Kaiser/Heither,** § 77 Rn. 80.

[15] **BAG** vom 18.10.1961, NJW 62, 220.

Zu d) Aufgrund des Sachverhaltes verpflichtet sich A ferner zur Zahlung **übertariflicher Zulagen.** Nach § 4 Abs. 3 TVG sind gegenüber den tarifvertraglichen Mindestarbeitsbedingungen abweichende Abmachungen zulässig, wenn sie eine Änderung der Regelungen zugunsten der ArbNer enthalten (Günstigkeitsprinzip). So dürfen Betriebe z.B. auf **einzelvertraglicher** Ebene übertarifliche Zulagen gewähren. Ob dieses Günstigkeitsprinzip auch im Verhältnis von Betriebsvereinbarung zu Tarifvertrag gilt, ist fraglich. Bei Anwendung dieses Grundsatzes würden Betriebsvereinbarungen insoweit materielle Arbeitsbedingungen setzen können und damit in ein Konkurrenzverhältnis zum Tarifvertrag treten (vgl. Ausführungen zu **a)**). Daher schließen Sinn und Zweck des § 77 Abs. 3 BetrVG die Geltung des Günstigkeitsprinzips für die Betriebsvereinbarung gegenüber dem Tarifvertrag aus. Somit können durch Betriebsvereinbarung z.B. weder übertarifliche Löhne noch die Verleihung der Rechte von Angestellten an Arbeiter begründet werden[16]. Es widerspricht auch dem § 77 Abs. 3 BetrVG - wie im vorliegenden Falle beabsichtigt - die Übernahme eines für den Betrieb geltenden Tarifvertrages durch Betriebsvereinbarung mit der Folge der indirekten Erstreckung des Tarifvertrages auf die „Außenseiter“[17]. Als Ergebnis ist festzuhalten, daß eine Betriebsvereinbarung von den Rechtsnormen eines Tarifvertrages auch nicht zugunsten des ArbN abweichen darf, es sei denn, der Tarifvertrag gestattet die Abweichung ausdrücklich (§ 77 Abs. 3 Satz 2 BetrVG) durch eine sogenannte „Öffnungsklausel“[18]. Die Gewährung übertariflicher Zulagen durch Betriebsvereinbarung ist folglich unzulässig.

Zusammenfassung

1. **Betriebsvereinbarungen** erzeugen ebenso wie Tarifverträge **normative** Wirkung, sind jedoch auf die **betriebliche Ebene** beschränkt. Betriebsvereinbarungen dürfen grundsätzlich keine Arbeitsbedingungen i.S.d. § 77 Abs. 3 Satz 1 BetrVG ersetzen.

2. **Betriebsvereinbarungen** dürfen **nicht in** ein **Konkurrenzverhältnis** zu den in der Branche bestehenden Tarifverträge treten. Dies gilt auch für tarifvertragliche Regelungen, die **üblicherweise**, d.h. mindestens dreimal hintereinander, erfolgt sind.

3. Das **Günstigkeitsprinzip** findet im Verhältnis von Betriebsvereinbarung zu Tarifvertrag **keine Anwendung**. Günstigkeitsregelungen können daher nur einzelvertraglich vereinbart werden. **Tarifverträge** erzeugen gegenüber Betriebsvereinbarungen im Rahmen des § 77 Abs. 3 BetrVG eine **Sperrwirkung**. Auch gegenüber den Regelungstatbeständen des § 87 Abs. 1 BetrVG sind tarifvertragliche

---

[16] **Fitting /Kaiser/Heither**, § 77 Rn. 78.

[17] **Dieselben**, a.a.O., Rn. 61.

[18] **Dietz/Richardi**, § 77 Rn. 227.

Bestimmungen **vorrangig.** Dies entspricht der Stellung des Tarifvertrages als **oberer Rechtsquelle** gegenüber der Betriebsvereinbarung. Für diese bleibt hinsichtlich materieller Arbeitsbedingungen nur insoweit ein Gestaltungsfreiraum, als die Voraussetzungen des § 77 Abs. 3 Satz 1 BetrVG nicht vorliegend oder eine Öffnungsklausel (§ 77 Abs. 3 Satz 2 BetrVG) gegeben ist. Eine weitere Ausnahme enthält § 112 Abs. 1 Satz 4 BetrVG (s. Fall Nr. 29).

Vergleich und Gegenüberstellung von Betriebsvereinbarung und Tarifvertrag

Kriterien	**Betriebsvereinbarung** **- BetrVG**	**Tarifvertrag** **-TVG -**
Vertrag	§ **77 Abs. 2 Satz 1**	§ **1 Abs. 1**
Kollektivvertrag	§ **77 Abs. 2 Satz 1** (für Belegschaft)	§§ **1 Abs. 1; 2 Abs.1** (für ArbN einer Branche, Unternehmen)
Form	§ **77 Abs. 2 Sätze 1 u. 2** (i.V.m. § **125 BGB**)	§ **1 Abs. 2** (i.V.m. § **125 BGB**)
Geltungsbereich	Betrieb	Überbetrieblich (Branche, Unternehmen)
Wirkung	§ **77 Abs. 4**	§ **4 Abs. 1 u. 4**
Nachwirkung	§ **77 Abs. 6**	§ **4 Abs. 5**
Günstigkeits-prinzip	§ **77 Abs. 4 Sätze 1 u. 2** (durch Auslegung)	§ **4 Abs. 3**
Durchführung	§ **77 Abs. 1** (§ **80 Abs. 1 Nr. 1**)	ArbG (§ **2 Abs. 1 TVG** i.V.m. § **80 Abs. 1 Nr. 1 BetrVG**)
Art	Erzwingbare (§ **87 Abs. 1 u. 2**) Freiwillige (§ **88**)	Erzwingbar, z.B. durch Arbeitskampf (**Art. 9 Abs. 3 GG**)
Gegenstand	Grundsätzl. nur formelle (z.B. § **87 Abs. 1 Nr. 1-9, 12**) Arbeitsbedingungen (§ **77 Abs. 3**); bestr.	Formelle und materielle Arbeitsbedingungen (§ **1 Abs. 1 TVG**; §§ **77 Abs. 3, 87 Abs. 1 BetrVG**)

Literaturhinweise

Einschlägige Kommentare zum BetrVG (s. Quellenverzeichnis); **Etzel**, S. 445ff.; **Hueck/Nipperdey**, Grundriß, S. 336f.; **Schaub**, § 232.

IV. Abschnitt: Arbeitskampfrecht

Fall Nr. 25: Der Streik

ArbN eines Betriebes der metallverarbeitenden Industrie legen für die Dauer von zwei Stunden die Arbeit nieder, um ihrer Forderung nach einer entsprechenden Lohnerhöhung im Rahmen der bevorstehenden Tarifverhandlungen mit den Metall-ArbGern Nachdruck zu verleihen.

1. Wie ist die Rechtslage?
2. Wie wäre zu entscheiden, wenn die zuständige Gewerkschaft, die IG-Metall, den Streik nach gescheiterten Tariflohnverhandlungen ausgerufen hätte?

Besprechung

Bei dem vorstehenden Sachverhalt geht es um einen Streik, der eine typische Arbeitskampfmaßnahme der Arbeitnehmerseite darstellt. Da es an einer gesetzlichen Regelung und Definition des Arbeitskampfes fehlt, ist das gegenwärtige Arbeitskampfrecht ein Produkt von Rechtsprechung (Richterrecht) und Rechtswissenschaft. Die Verwendung des Begriffes findet sich außer im Art. 9 Abs. 3 GG in einigen Bundesgesetzen (§§ 2 Abs. 1 Nr. 1 ArbGG; 116 AFG; 74 Abs. 2 Satz 1 BetrVG). Die Rechtswissenschaft bestimmt den **Inhalt** des **Arbeitskampfes**, den sie aus der geschichtlichen Entwicklung des kollektiven Arbeitsrechts ableitet, wie folgt: **Gemeinsame (kollektive) Maßnahmen von ArbNern oder ArbGern, die die andere Seite absichtlich unter wirtschaftlichen Druck setzen, um ein bestimmtes Ziel zu erreichen.** Umstritten ist die Frage, ob zum Begriff des Arbeitskampfes auch gehört, daß das erstrebte Kampfziel auf dem Gebiet des Arbeitsrechtes liegt[1]. M.E. handelt es sich hierbei nicht um ein Problem der Begriffsbestimmung, sondern der Rechtmäßigkeit des Arbeitskampfes. Unter Kampfmaßnahmen sind im einzelnen vor allem Streik und Aussperrung, sowie Boykott, d.h. „planmäßige und gezielte Ächtung des Gegners“[2] und andere Maßnahmen (z.B. Massenänderungskündigungen)[3] zu verstehen.

---

[1] **Söllner**, S. 72.

[2] **Wiethölter**, S. 305.

[3] **BAG** vom 28.4.1966 in AP Nr. 37 zu Art. 9 GG „Arbeitskampf“.

Unter Streik als einer Arbeitskampfmaßnahme der Arbeitnehmerseite versteht man **kollektive und zielgerichtete Arbeitsniederlegung** oder einfach: kollektive Arbeitseinstellung durch Vorenthaltung der Arbeitsleistung. Nach h.M. haben Beamte keine Streikrecht[4]. Die Art des Streikes kann z.B. in einem Teil- und Sympathiestreik oder einer spontanen Arbeitsniederlegung („wilder" Streik) bestehen[5]. Das BAG[6] hat sich unter Hinweis auf die Funktion des Arbeitskampfes für ein **Verbot von Sympathiestreiks** ausgesprochen.[7] Ausnahmen gelten dann, wenn der Sympathiestreik nicht das Gebot der Kampfparität verletzt (Bsp.: durch strukturelle Umstände besteht in einem bestimmten Gebiet keine Streikmöglichkeit für Arbeitnehmer)[8]. Unter das Streikverbot fällt auch der politische Streik, da sich die Streikforderung nicht gegen einen Arbeitgeber sondern einen Hoheitsträger richtet.[9]

Der „wilde" Streik ist nach h.M. und Auffassung des BAG[10] rechtswidrig, weil die Koalitionsfreiheit (Art. 9 Abs. 3 GG) nur den von einer Koalition (Gewerkschaft) getragenen Arbeitskampf schützt. Ein sogenannter „wilder Streik" kann aber durch die Übernahme einer Gewerkschaft rückwirkend legitimiert werden, wenn alle anderen Rechtmäßigkeitsvoraussetzungen vorliegen.[11]

Für Einleitung und Durchführung eines gewerkschaftlich getragenen Streikes hat der Deutsche Gewerkschaftsbund zuletzt am 5.6.1974 **Streikrichtlinien** beschlossen[12]. Hiernach sind sieben Thesen zu unterscheiden, die mit dem Beschluß der Gewerkschaft zur Einleitung des Streikes beginnen und mit dem Streikbefehl an die Mitglieder und der tatsächlichen Arbeitsniederlegungen enden.

Unter welchen Voraussetzungen ein Streik als Arbeitskampfmaßnahme rechtmäßig ist, d.h. den Normen der Rechtsordnung entspricht, ist umstritten. Die in Betracht kommenden Rechtsregeln faßt **Nipperdey**[13] unter dem Sammelbegriff der soge-

---

[4] **Brox/Rüthers**, Rn. 323, Streikrecht für ArbN im öffentlichen Dienst; Verbot des Einsatzes von Beamten auf bestreikten Arbeitsplätzen (so **BVerfG**, DB 1993, S. 836; a.A. **BVerwGE** 69, 208; BAGE 49, 303); **Schaub**, S. 1138f. m.w.N. Streikrecht für Auszubildende umstritten, **Natzel**, Kein Streikrecht für Lehrlinge, DB 83, 1488ff., **Kittner**, Aktuelle Fragen des Arbeitskampfes, ArbuR 81, 289, 299. Nach **BAG** vom 12.2.1984, DB 84, 2563, 2571 ist die Frage offen.

[5] Vgl. **Söllner**, S. 74f.

[6] **BAG** vom 5.3.1985, EzA Nr. 57 zu Art. 9 GG Arbeitskampf; vom 12.1.1988, EzA Nr. 73 zu Art. 9 GG Arbeitskampf; vom 7.6.1988, EzA Nr. 80 zu Art. 9 GG Arbeitskampf.

[7] Kritik: **Weiss**, Anm. zu EzA Art. 9 GG - Arbeitskampf - Nr. 57; **Plander**, ArbuR 1986, 193; Zustimmung: **Löwisch**, Anm. Zu AR-Blattei, Arbeitskampf II, Entsch. 28.

[8] **BAG** vom 12.1. 1988, EzA Nr. 73 zu Art. 9 GG Arbeitskampf.

[9] **LAG** München NJW 80, 957ff., 958f.

[10] **Schaub**, § 193 II 10; **BAG** vom 20.12.1963, EzA Nr. 7 zu Art. 9 GG Arbeitskampf = NJW 1964, 883ff., 885.

[11] **BAG** vom 5.9.1955, EzA Nr. 2 zu Art. 9 GG Arbeitskampf; vom 20.12.1963, EzA Nr. 7 zu Art. 9 GG Arbeitskampf.

[12] Vgl. RdA 74, 306.

[13] **Hueck/Nipperdey**, Grundriß, S. 290ff.

nannten „Sozialadäquanz" zusammen. Hiernach soll ein rechtmäßiger Arbeitskampf u.a. auf **tariffähige** Parteien sowie auf den Einsatz als **äußerstes Mittel** („ultima ratio") beschränkt sein. Demnach stellt der „sozial-adäquate" Streik einen rechtswidrigen Eingriff in das Recht des ArbG am „eingerichteten und ausgeübten Gewerbebetrieb" dar (§ 823 Abs. 1 BGB). Entsprechend soll die nicht „sozial-adäquate" Aussperrung das ebenfalls unter die sonstigen (absoluten) Rechte i.S.d. § 823 Abs. 1 BGB fallende „Recht des ArbN am Arbeitsplatz" verletzen.

Der Begriff der „Sozialadäquanz" ist problematisch, weil er eine ausfüllungsbedürftige Leerformel darstellt[14].

Das **BAG** hat der Bestimmung der Rechtmäßigkeit des Arbeitskampfes zunächst den Begriff von der sozialen Adäquanz zugrunde gelegt[15]. In seiner Grundsatzentscheidung von 1971 hat der **Große Senat** des **BAG**[16] sodann herausgestellt, Arbeitskämpfe hätten im freiheitlichen Tarifvertragssystem die Funktion, Interessenkonflikte über Arbeits- und Wirtschaftsbedingungen im äußersten Fall austragen und ausgleichen zu können. Daher müßten sie dem Gebot der **Verhältnismäßigkeit** entsprechen. Dazu hat das **BAG** u.a. ausgeführt, in unserer verflochtenen und wechselseitig abhängigen Gesellschaft berührten Streik und Aussperrung nicht nur die am Arbeitskampf unmittelbar Beteiligten, sondern auch Nichtstreikende und sonstige Dritte sowie die Allgemeinheit vielfach nachhaltig. Hieraus folgert das **BAG**, Arbeitskampfmaßnahmen dürften erst nach Ausschöpfung **aller Verhandlungsmöglichkeiten als letztes Mittel** ergriffen werden („ultima-ratio"-Prinzip). Das Gebot der Verhältnismäßigkeit betreffe neben Zeitpunkt und Ziel sowie Art und Durchführung auch die Intensität des Arbeitskampfes, der nicht auf die Vernichtung des Gegners abstellen dürfe. Dies widerspräche den Regeln eines fairen Kampfes. Entsprechende verbindliche Regeln könnten in den Satzungen der Koalitionen sowie in Vereinbarungen der Tarifvertragsparteien festgelegt werden. Diese Rechtsetzung sei in dem von der staatlichen Gesetzgebung freigehaltenen Raum in erster Linie Recht und Pflicht der Tarifvertragsparteien als Ausfluß der Tarifautonomie. Dabei ist u.a. streitig, ob eine **Urabstimmung** aller Gewerkschaftsmitglieder erforderlich ist oder nicht. Nach einer Entscheidung des **AG Düsseldorf**[17] darf diese fehlen. Diese Rechtsprechung ist insbesondere wegen des Erfordernisses der innerverbandlichen Demokratie nicht unproblematisch.

Das **BAG** leitet also das „Gebot der Verhältnismäßigkeit" aus der Funktion des Arbeitskampfes als eines Mittels der Tarifautonomie ab. Insoweit findet diese Auffassung ihre Begründung in Art. 9 Abs. 3 GG. Im übrigen handelt es sich bei dem „Gebot der Verhältnismäßigkeit" um einen allgemeinen der Rechtsordnung innewohnenden Grundsatz, der u.a. in den Rechtsnormen der §§ 227, 228, 904 BGB zum

[14] **Gamillscheg**, Bd. II, Fall 347; **derselbe**, Kollektives Arbeitsrecht, Bd. I, S. 1129ff.

[15] **BAG, Gr. S.**, vom 28.1.1955, **BAGE** 1, 291ff.

[16] **BAG** vom 21.4.1971, **BAGE** 23, 292ff.

[17] **AG** Düsseldorf vom 21.8.1972, DB 73, 876ff.

Ausdruck kommt. Die Ausfüllung des Begriffes der „Verhältnismäßigkeit" ist - ebenso wie bei der „Sozialadäquanz" - eine Schöpfung des **BAG**. Nach **Richardi**[18] unternimmt das **BAG** den Versuch, mit dem Prinzip der Verhältnismäßigkeit ein **System der abgestuften Kampfmaßnahmen zu begründen.**

In seinen „Aussperrungsurteilen" vom 10.6.1980 hat das **BAG**[19] an dem Grundsatz der **Verhältnismäßigkeit** (Übermaßverbot) festgehalten und den zulässigen Umfang von Aussperrungen hiernach beurteilt. Dabei ist es von der Eingebundenheit des Arbeitskampfes in das Tarifrecht ausgegangen. Der Arbeitskampf als Institution sei ein unverzichtbarer Garant für das Funktionieren der Tarifautonomie, d.h. für das Zustandekommen und die inhaltliche Sachgerechtigkeit tariflicher Regelungen, als **ultima ratio** zum Ausgleich sonst nicht lösbarer tariflicher Interessenkonflikte[20]. Der **Große Senat des BAG** hat den Grundsatz der formellen Parität der Tarifvertragsparteien aufgegeben und ist zu einer **materiellen** Paritätsbetrachtung i.S.e. tatsächlichen Gleichgewichtes der sozialen Gegenspieler übergegangen[21]. Hierunter versteht das **BAG** eine **tarifbezogene** Parität, d.h. ein gleichgewichtiges Kräfteverhältnis der sozialen Gegenspieler am Verhandlungstisch. Ein drohendes Verhandlungsübergewicht wäre durch Gewährung geeigneter Kampfmaßnahmen auszugleichen. Unter Anwendung einer „typisierenden Bewertung der tatsächlichen wirtschaftlichen und sozialen Gegebenheiten"[22] hält das **BAG** z.B. Abwehraussperrungen insoweit für gerechtfertigt, wie die angreifende Gewerkschaft durch besondere Kampfpraktiken ein Verhandlungsübergewicht erzielen kann. Dies sei bei eng begrenzten Teilstreiks anzunehmen, weil durch sie konkurrenzbedingte Interessengegensätze der Arbeitgeber verschärft und die für Verbandstarife notwendige Solidarität der Verbandsmitglieder nachhaltig gestört werden könne[23]. Das **BAG** hat diese Bewertung durch eine **Quotenregelung** konkretisiert: „Ist der Streik auf weniger als 25% der Arbeitnehmer des Tarifgebietes beschränkt, so erscheint eine Abwehraussperrung nicht unverhältnismäßig, wenn sie ihrerseits nicht mehr als 25% der Arbeitnehmer des Tarifgebietes erfaßt."[24]

Streiken mehr als 25% der Arbeitnehmer eines Tarifgebietes, dürfen Streikende und Ausgesperrte zusammen nicht mehr als 50% der Arbeitnehmer eines Tarifgebietes ausmachen. Beträgt der Anteil der streikenden Arbeitnehmer eines Tarifgebietes mehr als 50%, wäre eine zusätzliche Aussperrung unzulässig.

---

[18] Anm. zu **BAG** vom 26.10.1971 in AP Nr. 44 zu Art. 9 GG „Arbeitskampf".

[19] **BAG** vom 10.6.1980, BB, Beilage 4/1980 zu Heft 18/1980 = NJW 80, 1642.

[20] **BAG**, BB 80, S. 3 (Bl.4).

[21] **BAGE** 23, 292, 308.

[22] **BAG**, BB 80, S. 7 (Bl.4).

[23] **BAG**, BB 80, S. 9ff. (Bl.4).

[24] **BAG**, BB 80, S. 2, 12 (Bl.4).

In seinem Urteil vom 7.6.1988[25] hat das **BAG** Zweifel an der Richtigkeit der „Aussperrungsarithmetik" anklingen lassen.

Der **Gesamtparität** hat das **BAG** eine Absage erteilt, weil globales Gleichgewicht zwischen Arbeitgeber- und Arbeitnehmerkoalitionen nie erreichbar sein werde und auch von keiner Rechtsordnung gefordert werden könne[26].

Indem das **BAG** ein ausreichendes Maß an Rechtssicherheit herstellt und Handlungsspielraum für die Tarifvertragsparteien gewährleistet, erscheint seine Rechtsprechung grundsätzlich inhaltlich ausgewogen und sachgerecht. Nach Auffassung des **BAG**[27] stellt es keinen Verstoß gegen das ultima-ratio-Prinzip, d.h. das Gebot der Ausschöpfung aller Verhandlungsmöglichkeiten, dar, wenn es um einen gewerkschaftlich getragenen Warnstreik während schwebender Tarifvertragsverhandlungen geht. Das ultima ratio-Prinzip verbiete nicht kurze und zeitlich befristete Streiks, zu denen die Gewerkschaft während laufender Tarifverhandlungen - nach Abschluß der vertraglich vereinbarten Friedenspflicht - aufrufe. Laut **BAG**[28] werden Tarifverhandlungen nicht nach dem Muster des individuell ausgehandelten Vertrages im Rahmen freier Konkurrenz geführt, sondern nach dem Muster der machtmäßigen Konfliktregulierung und der Drohung. Die Gewerkschaften könnten nur erfolgreich verhandeln, wenn die Arbeitgeber wüßten, daß im Ernstfall der notwendige wirtschaftliche Druck durch einen Erzwingungs-Streik ausgeübt werde. Kurzfristig seien Arbeitsniederlegungen, die die Dauer von drei Stunden nicht überschritten. Daß nach Plan und Konzept gestreikt werde, sei unerheblich, womit auch Warnstreiks der IG Metall in Form der „**Neuen Beweglichkeit**" zulässig seien. Demgegenüber beziehe sich das ultima-ratio-Prinzip nur auf längerfristige oder zeitlich unbegrenzte Arbeitskampfmaßnahmen (Streiks). Nach dem Urteil des **BAG** vom 21.6.1988[29] ist ein Warnstreik wie ein Erzwingungsstreik zu behandeln; das ultima-ratio-Prinzip verlangt nicht, die Tarifverhandlungen für förmlich gescheitert zu erklären. Damit ist letztlich der „verhandlungsbegleitende" Erzwingungsstreik zulässig.

Zu 1. Zur arbeitsrechtlichen Bewertung obigen Falles ist festzustellen, daß es sich um eine vorübergehende, zeitlich befristete kollektive Arbeitseinstellung, einen sogenannten **Warnstreik** handelt. Ob die in der Arbeitseinstellung liegende Arbeitsverweigerung rechtmäßig oder rechtswidrig ist, bleibt zu prüfen.

Zweierlei ist entscheidend: **Erstens**: wird der Streik **nicht** von einer tariffähigen ArbNer-Koalition, einer Gewerkschaft (Tarifvertragspartei), getragen. Eine derartige Kampfmaßnahme ist nach der Rspr. ein sogenannter „wilder" Streik, der unrechtmä-

---

25 **BAG**- 1 AZR 597/86 -, DB 1988, S. 2104.

26 **BAG**, BB 80, S. 8 (Bl. 4).

27 **BAG** vom 17.12.1976, BB 77, 39; vom 12.9.1984, DB 84, 2563, 2568.

28 **BAG** vom 12.9.1984, DB 84, 2563, 2596f.

29 **BAG**, EzA Nr. 75 zu Art 9 GG Arbeitskampf = DB 1988, S. 1952.

ßig ist[30]. (Der DGB vermeidet den Begriff „wilder" Streik und spricht statt dessen von „spontaner Arbeitsniederlegung"). Der von einer Gewerkschaft getragene Streik ist privilegiert, weil er von einer tariffähigen Partei (§ 2 TVG) geführt wird (vgl. Art. 29 Abs. 4 HV). Demgegenüber ist ein betriebliches Kollektiv von ArbNern nicht zum Abschluß eines Tarifvertrages fähig. Dies hat zur Folge, daß insoweit kein Streikrecht besteht.

Zweitens: würde der Streik von einer Gewerkschaft getragen, würde er gemäß **BAG** als kurzfristiger zweistündiger Warnstreik nicht gegen das ultima-ratio-Prinzip verstoßen. Letztlich ist die mit dem Warnstreik begangene Arbeitsverweigerung mangels gewerkschaftlicher Beteiligung rechtswidrig. Diese würde allerdings rückwirkend entfallen, wenn die zuständigen Gewerkschaften den wilden Streik übernehmen würden[31].

Die streikenden ArbNer hatten mithin kein Recht zur Arbeitsverweigerung. Sie haben die ihnen nach dem Arbeitsvertrag obliegende Arbeitspflicht (Fall Nr. 7) verletzt. Es ist daher zu prüfen, ob dem ArbG, der Geschäftsleitung des Betriebes, hieraus Rechte gegen die ArbNer auf **Lohnkürzung, Schadenersatz** und **Kündigung** erwachsen sind (vgl. Fall Nr. 7).

Für die durch den Warnstreik versäumte Arbeitszeit verlieren die ArbNer - nach dem Grundsatz „ohne Arbeit kein Lohn" - ihren Lohnanspruch, so daß der ArbG entsprechende Kürzungen der Arbeitsverdienste vornehmen kann (§§ 320 Abs. 1; 611 Abs. 1; 614, 616 Satz 1 BGB).

Außerdem trifft die Streikteilnehmer wegen des Arbeits- und Produktionsausfalles aufgrund teilweise zu vertretender Unmöglichkeit der Leistung eine vertragliche Schadensersatzpflicht (§§ 325 Abs. 1; 249 BGB). Im übrigen kommen gesetzliche Schadensersatzansprüche aus §§ 823 Abs. 1 und 2; 826 BGB wegen Eingriffes in das „Recht am eingerichteten und ausgeübten Gewerbebetrieb"[32] in Betracht.

Ob das zweistündige Fernbleiben der betreffenden ArbNer vom Arbeitsplatz als „beharrliche Arbeitsverweigerung" (vgl. Fall 14) einen **wichtigen Grund** zur **fristlosen** Kündigung (§ 626 BGB) darstellt, erscheint zweifelhaft, weil im Bereich der Leistungen aus dem Arbeitsvertrag eine fristlose Entlassung in der Regel eine **vorhergehende** Abmahnung voraussetzt[33]. Eine Abmahnung ist jedoch dem Sachverhalt nicht zu entnehmen.

Abgesehen davon sieht das **BAG**[34] in der Teilnahme an einem sogenannten „wilden" Streik ein **unbefugtes Verlassen des Arbeitsplatzes**, das den ArbG be-

---

[30] **BAG, Gr. S.**, vom 28.1.1955, **BAGE** 1, 291ff.

[31] **Gamillscheg**, Bd. 2, Fall 338b) m.w.N.

[32] Vgl. **Hueck/Nipperdey**, Grundriß, S. 297f.

[33] **BAG** vom 8.8.1968, AP Nr. 57 zu § 626 BGB; **KR-Wolf**, Grunds. Rn. 219.

[34] **BAG** vom 21.10.1969, DB 70, 208; **KR-Becker**, § 25 Rn. 19ff.

rechtigt, die streikenden ArbNer fristlos zu entlassen, wenn sie trotz wiederholter Aufforderung die Arbeit nicht aufnehmen.

Zu 2. Im Alternativfall, wenn die IG Metall den Streik nach gescheiterten Tariflohnverhandlungen ausgerufen hätte, würde es sich um einen rechtmäßigen Arbeitskampf um Arbeitsbedingungen handeln. Nach der Rspr. des **BAG**[35] spricht für die Rechtmäßigkeit eines gewerkschaftlich getragenen Streiks eine tatsächliche Vermutung, deren Unrichtigkeit die bestreikte Partei (der ArbG) beweisen müßte. Die Legalität der Gesamtaktion hätte zur Folge, daß die ArbNer weder vertrags- noch rechtswidrig gehandelt hätten, weil die Teilnahme an einem kollektivrechtlich rechtmäßigen Arbeitskampf nach der „Einheits-Theorie" auch individualrechtlich rechtmäßig ist[36]. Dies gilt auch für die Streikbeteiligung nicht- oder anders organisierter ArbNer, wenn sie den gewerkschaftlichen Kampfaufruf unterstützen[37].

Die Teilnahme an einem rechtmäßigen Streik läßt das **sozialversicherungsrechtliche** Beschäftigungsverhältnis grundsätzlich unberührt.[38]. Aufgrund der 1988 eingefügten Vorschrift des § 192 Abs. 1 Nr. 1 SBG V besteht während der Dauer eines rechtmäßig geführten Arbeitskampfes der **volle Krankenversicherungsschutz**. Für die Berechnung des **Rentenanspruches** ist eine Unterbrechung von weniger als einem Monat unerheblich[39].

Steuerrechtlich ist anzumerken, daß die von der Gewerkschaft gezahlten **Streikgelder** zwar nicht dem Lohnsteuerabzug unterliegen, jedoch durch Veranlagung zur Einkommensteuer zu erfassen sind.[40]

Zusammenfassend ist festzustellen, daß nur der von einer **Gewerkschaft** getragene Streik eine rechtmäßige Arbeitskampfmaßnahme darstellt, die darüber hinaus dem **Gebot der Verhältnismäßigkeit** entsprechen muß.

---

[35] **BAG** vom 19.6.1973, NJW 73, 1994ff.

[36] **BAGE** 1, 291ff.

[37] **BAG** vom 21.4.1971, **BAGE** 23, 292ff.

[38] **BSG** vom 15.12.1971, NJW 72, 1101ff.

[39] **MünchArbR-Otto** § 281 Rn. 35ff.

[40] Zu den **individualrechtlichen Auswirkungen** einer Streikteilnahme von ArbN siehe **IG Metall** (Hrsg.), Streik, Aussperrung, kalte Aussperrung, Frankfurt, 1996, S. 65ff.

Literaturhinweise

Rspr.: BVerfG vom 19.2.1975, EzA Nr. 16 zu Art. 9 GG Arbeitskampf. **BAG, Gr. S.**, Beschluß vom 28.1.1955 = **BAGE** 1, 291ff.; **BAG, Gr. S.**, Beschluß vom 21.4.1971 = **BAGE** 23, 292ff.; **BAG** vom 10.6.1980 - 1 AZR 168/79, 822/79, 331/79 -, Beilage 4/1980 zu Heft 18/1980, S. 2ff. = NJW 80, 1642ff.; **BAG** vom 12.9.1984, DB 84, 2563; **BAG** vom 7.6.1988- 1 AZR 597/86 -, DB 1988, S. 2104; **BAG** vom 21.6.1988, EzA Nr. 75 zu Art. 9 GG Arbeitskampf = DB 88, S. 1952.

Fall Nr. 26: Die Aussperrung

Der überwiegende Teil der 500 Beschäftigten zählenden Belegschaft des Betriebes X beteiligt sich an einem rechtmäßigen Streik und legt die Arbeit nieder. Die Betriebsleitung des Betriebes X schließt daraufhin alle ArbNer vom Arbeitsplatz aus und untersagt ihnen das Betreten des Werkgeländes.

1. Wie ist die Rechtslage?
2. Wie wäre zu entscheiden, wenn die Aussperrung vor der Arbeitsniederlegung und noch nicht beendetem (tarifvertraglich vereinbartem) Schlichtungsverfahren erfolgt wäre?

Besprechung

Zu 1. Da Belegschaftsmitglieder des Betriebes X sich an einem rechtmäßigen Streik beteiligen, ist die damit verbundene Arbeitsniederlegung gerechtfertigt (Fall Nr. 25). Fraglich ist, wie das Vorgehen der Betriebsleitung rechtlich zu bewerten ist.

Die Maßnahme der Betriebsleitung des Betriebes X stellt eine **Aussperrung** dar. Hierunter kann man die **planmäßige** und **zielgerichtete Ausschließung einer größeren Anzahl ArbNer von ihrer betrieblichen Tätigkeit** verstehen. Im Gegensatz zum Streik ist die **rechtliche Zulässigkeit der Aussperrung** als typisches Arbeitskampfmittel der Arbeitgeberseite nicht unbestritten. So bestimmt z.B. Art. 29 Abs. 5 HV: „Die Aussperrung ist rechtswidrig". Im Anschluß hieran vertrat **Evers**[1] die Ansicht, Art. 9 Abs. 3 GG gewähre zwar die Arbeitskampffreiheit, jedoch nicht die Aussperrungsfreiheit. Der ArbG habe entgegen dem streikberechtigten ArbN nicht ein „elementares", sondern nur ein „relatives" Interesse am Abschluß eines Tarifvertrages.

[1] **Evers**, Arbeitskampfrecht, S. 54ff.

Demgegenüber hatte der **Große Senat des BAG**[2] die Auffassung vertreten, die Kampfmittel der ArbGer und ArbNer dürften nicht ungleich behandelt werden; es gelte der Grundsatz der **Waffengleichheit** („Kampfparität") ebenso wie - im Rahmen des historisch Überkommenen - der Grundsatz der **Freiheit der Kampfmittel**. Diese Rspr. hat der **Große Senat des BAG**[3] mit Beschluß vom 21.4.1971 bestätigt und zur Zulässigkeit von Aussperrungen ausgeführt:

Zu 1. Im Rahmen des Prinzips der Verhältnismäßigkeit sind nicht nur Streiks der Arbeitnehmer, sondern auch als Kampfmaßnahme der Arbeitgeber Aussperrungen zulässig. Unsere Rechtsordnung geht davon aus, daß der Arbeitgeber derartige Maßnahmen - und zwar auch als den ersten Akt eines Arbeitskampfes - ergreifen kann. Denn andernfalls wäre nicht gewährleistet, daß es im Rahmen der Tarifautonomie durch Verhandlungen und notfalls durch Ausübung von Druck und Gegendruck zum Abschluß von Tarifverträgen und damit zu einer kollektiven Regelung von Arbeitsbedingungen kommt. Könnte die eine Seite, nämlich die Arbeitnehmerschaft, vertreten durch die Gewerkschaft, allein das Kampfgeschehen bestimmen und wäre der Arbeitgeber auf ein Dulden und Durchstehen des Arbeitskampfes beschränkt, so bestünde die Gefahr, daß die Regelung der Arbeitsbedingungen nicht mehr auf einem System freier Vereinbarungen beruht, das Voraussetzung für ein Funktionieren und innerer Grund des Tarifvertragssystems ist.

Im Anschluß hieran hat der **1. Senat des BAG** in den Entscheidungsgründen zu seinem Urteil am 10.6.1980 die bisherige Rechtsprechung bekräftigt und u.a. ausgeführt:[4]

„Der Arbeitskampf wird aber als Institution für die Tarifautonomie vorausgesetzt, weil sonst weder das Zustandekommen noch die inhaltliche Sachgerechtigkeit tariflicher Regelungen gewährleistet wären. Der Arbeitskampf muß in unserem freiheitlichen Tarifsystem als ultima ratio zum Ausgleich sonst nicht lösbarer tariflicher Interessenkonflikte möglich sein ..."

Von diesem Überlegungen ausgehend hält das **BAG**[5] Abwehr-Aussperrungen gegenüber eng begrenzten Teilstreiks insoweit für gerechtfertigt, als die angreifende Gewerkschaft durch besondere Kampftaktiken ein Verhandlungsübergewicht erzielen kann. Nach Auffassung des **BAG** können eng begrenzte Teilstreiks, weil sie nur wenige Unternehmen betreffen, die konkurrenzbedingten Interessengegensätze der Arbeitgeber verschärfen und die für Verbandstarife notwendige Solidarität der Verbandsmitglieder nachhaltig stören.

---

[2] **BAGE** 1, 291ff.

[3] **BAGE** 23, 292ff., 308.

[4] **BAG**, BB 80, S. 3 (Bl.4).

[5] A.a.O., S. 2, 9ff. (1 AZR 168/79).

Das Aussperrungsverbot des Art. 29 Abs. 5 der Verfassung des Landes Hessen hält das **BAG**[6] für unvereinbar mit den tragenden Grundsätzen des geltenden Tarifrechts, das als Bundesrecht Landesrecht verdrängt (Art. 31 GG).

Nach dem **BAG** ist die Anerkennung der Aussperrung - zumindest in ihrer defensiven Form - als Kampfmittel der Arbeitgeberseite eine Bedingung für das freie Aushandeln von Arbeitsbedingungen zwischen ArbGern und Gewerkschaften. Zugleich verhindert die Möglichkeit der Aussperrung „Vertragsdelikte", die die Tarifautonomie beseitigen würden. Aus allen diesen Gründen, so führt das **BAG**[7] aus, könne es der gelegentlich vertretenden Auffassung, die Aussperrung sei kein zulässiges Kampfmittel, nicht folgen. Dieses Ergebnis findet sein Bestätigung in geltenden arbeitsrechtlichen Vorschriften. Aus dem Wortlaut des § 21 Abs. 6 SchwbG ergibt sich eine Anerkennung der Aussperrung. Hiernach sind Schwerbehinderte, denen lediglich aus Anlaß ... einer Aussperrung fristlos gekündigt worden ist, nach Beendigung ... der Aussperrung wieder einzustellen. Zudem gewährt Art. 6 Nr. 4 der Europäischen Sozial-Charta, die geltendes Bundesrecht[8] ist (bestr.), ArbGern und ArbNern das Recht auf „kollektive Maßnahmen" bei „Interessenkonflikten".

Nach **BAG**[9], hat das Recht der Aussperrung auch der **einzelne** ArbG. Zur Begründung hat das **BAG** angeführt, der einzelne ArbG sei tariffähig (§ 2 Abs. 1 TVG) und daher berechtigt, einen Unternehmenstarifvertrag einzugehen. Daraus ergebe sich die kollektivrechtliche Befugnis zum Arbeitskampf. Dies stehe in Einklang mit dem Wortlauf des Art. 9 Abs. 3 GG, der gerade von der Koalititionsfreiheit des einzelnen ausgehe[10].

Wie bei allen übrigen Arbeitskampfmaßnahmen, so richtet sich die **Rechtmäßigkeit** der **Aussperrung** im Einzelfall nach dem Gebot der **Verhältnismäßigkeit**[11]. Aus diesem Grundsatz hat das **BAG** gefolgert, jede einen Arbeitskampf eröffnende Maßnahme, sowohl Streik wie Aussperrung, habe grundsätzlich nur **suspendierende** Wirkung. Das bedeutet, die Hauptpflichten des Arbeitsverhältnisses, die Arbeits- und Lohnzahlungspflichten, ruhen, um nach Beendigung des Arbeitskampfes wieder aufzuleben[12].

---

[6] A.a.O., S. 18 (1 AZR 822/79). **BAG,** NZA 88, 775ff., 779; a. A. **Kittner**, Aktuelle Fragen des Arbeitskampfrechtes, ArbuR, 18, 289, 292 im Anschluß an **Herschel** unter Hinweis auf Art. 142 GG (problematisch!).

[7] S. Fußn. 1.

[8] S. BGBl. II, 64, 1262ff.

[9] **BAGE** 23, 292ff., 308; **BAG,** NZA 93, 39ff., 40. Selbst **Außenseiter-ArbG** dürfen aussperren, wenn der Arbeitgeberverband zur Aussperrung aufgerufen hat und es um einen Verbandstarifvertrag geht, so **BVerfG,** NJW 91, 2549ff., 2550.

[10] **BAGE** 23, 309.

[11] **BAGE** 23, 292ff., 306-308; **BAG,** NJW 80, 1642ff., 1644 = BB 80.

[12] **BAG** AP Nr. 43 zu Art. 9 Arbeitskampf.

Zunächst hatte der **Große Senat** des **BAG**[13] entschieden, die Aussperrung des ArbG als Antwort auf einen Streik der ArbNer löse die Arbeitsverhältnisse der ausgesperrten ArbNer auf (gesamtlösende Wirkung), weil eine Suspendierung angesichts der bereits durch den Streik suspendierten Arbeitsverhältnisse wirkungs- und daher sinnlos sei. Von dieser Rspr. ist das **BAG** abgerückt. Die suspendierende Aussperrung sei, wie das **BAG**[14] meint, heutzutage aus folgenden Gründen nicht sinnlos:

Die Taktik der Gewerkschaften besteht in den letzten Jahren in verstärktem Maße in der Ausrufung von **Schwerpunktstreiks**. Hinzu gekommen ist die „Neue Beweglichkeit" in Form kurzer Warnstreiks auch außerhalb des Tarifgebietes. Daher kann die suspendierende Aussperrung gegenüber den noch nicht streikenden ArbNern des Betriebes oder der Branche Wirkung erzielen. Außerdem hat es der ArbG nach einer Aussperrung in der Hand, „wann er die Arbeitnehmer nach Streikbeendigung, je nach den betrieblichen Gegebenheiten, stufenweise wieder beschäftigt".

Eine Aussperrung mit **lösender Wirkung** kommt nur unter erschwerten Voraussetzungen in Betracht, insbesondere um einem längere Zeit andauernden oder rechtswidrigen (z.B. „wilden") Streik zu begegnen[15].

Überträgt man die von der Rspr. des **BAG** entwickelten Grundsätze auf den vorliegenden Fall, so ist festzustellen, daß die Betriebsleitung des Betriebes X berechtigt war, als einzelner ArbG auf den Streik der Belegschaftsmitglieder mit einer suspendierenden Aussperrung (Ausschluß vom Arbeitsplatz und Verbot, das Werksgelände zu betreten) zu antworten. Hierbei handelt es sich um eine sog. **Abwehr-** oder **Defensiv**-Aussperrung[16].

Fraglich ist, ob die Betriebsleitung berechtigt war, auch den nicht streikenden, arbeitswilligen Teil der Belegschaft auszusperren. Hierzu hat das **BAG** in st. Rspr. entschieden, die Aussperrung „arbeitswilliger" ArbNer, gewerkschaftlich organisiert oder nicht, sei grundsätzlich zulässig, weil sich die nicht organisierten und gegebenenfalls auch die anders organisierten ArbNer an einem von der Gewerkschaft getragenen Streik beteiligen könnten. Somit dürften sie auch ausgesperrt werden[17].

Im vorliegenden Falle war daher die Ausschließung der gesamten Belegschaft einschließlich der „arbeitswilligen" ArbNer rechtens, weil der Streik gewerkschaftlich getragen war. Dadurch kann für ausgesperrte nicht organisierte „arbeitswillige" ArbNer eine besondere Problematik entstehen. Einerseits haben sie als Nichtorganisierte keinen Anspruch auf Streikgeld, das den durch die Aussperrung beseitigten Lohnanspruch - jedenfalls teilweise - ausgleichen könnte. Andererseits besteht auch kein Anspruch auf **Arbeitslosengeld**, weil § 146 Abs. 1, Satz 1 SGB III bestimmt, daß

[13] **BAGE** 1, 291ff., 310f.

[14] **BAGE** 23, 292ff., 311.

[15] **BAG**, BB 80, S. 3, 14 (Bl.4).

[16] **BAGE** 1, 291, 307; 20, 175, 195; 23, 292, 310.

[17] Zulässig: **BAG** , NZA 85, 537 m.w.N.

durch die Gewährung von Arbeitslosengeld **nicht** in Arbeitskämpfe eingegriffen werden darf (**Neutralität** gegenüber Arbeitskämpfen)[18]. Dies gilt auch für nicht an dem Arbeitskampf beteiligte ArbNer, wenn - wie aufgrund der umstrittenen Fassung des § 14 Abs. 3 SGB III - der nicht streikende ArbN durch einen Arbeitskampf arbeitslos geworden ist, der u.a. nicht dem räumlichen, aber dem fachlichen Gestaltungsbereich des umkämpften Tarifvertrages zuzuordnen ist und im räumlichen Geltungsbereich eine Forderung erhoben worden ist, die einer Hauptforderung des Arbeitskampfes nach Art und Umfang gleich ist, ohne mit ihr übereinstimmen zu müssen (§ 146 Abs. 3 Nr. 2a SGB III). Da Anspruch auf Arbeitslosenhilfe ebenfalls nicht gegeben ist (§ 190 Abs. 1 SGB III), bleibt als Ausweg und Lösung nur die Inanspruchnahme von Sozialhilfe nach dem BSHG.

Im übrigen bleiben die **sozialversicherungsrechtlichen Beschäftigungsverhältnisse** (Fall Nr. 3) während der **suspendierenden** Aussperrung bis zur Dauer von drei Wochen erhalten[19]. Im Falle der **auflösenden** Aussperrung würden die sozialversicherungsrechtlichen Beschäftigungsverhältnisse dagegen mit dem letzten Entgelttag enden.

Zu 2. In diesem Falle eröffnet die Aussperrung den Arbeitskampf. Es handelt sich somit um eine **Angriffs-** oder **Aggressiv**-Aussperrung mit suspendierender Wirkung. Ob sie - im Gegensatz zur Defensiv-Aussperrung - noch als zulässiges Arbeitskampfmittel anzusehen ist, hat das **BAG**[20] in seinen Aussperrungs-Urteilen vom 10.6.1980 offen gelassen. Ihre Rechtmäßigkeit richtet sich nach dem Gebot der Verhältnismäßigkeit. Der ArbG darf zwar - nach Auffassung des **BAG**[21] - auch von sich aus den Arbeitskampf beginnen. Jedoch gilt für das oben bereits erwähnte sogenannte „ultima-ratio-Prinzip", wonach der Arbeitskampf nur das letzte mögliche Mittel sein darf. Im vorliegenden Falle bestand aber noch aufgrund des nicht beendeten Schlichtungsverfahrens eine Verhandlungsmöglichkeit. Die Betriebsleitung hätte nach dem Gebot der Verhältnismäßigkeit den Ausgang der laufenden Schlichtung abwarten müssen. Erst nach gescheiterter Schlichtung hätte sie den Arbeitskampf eröffnen dürfen. Die Aussperrung ist somit rechtswidrig. Daraus ergeben sich rechtliche Konsequenzen. Die Betriebsleitung ist **verpflichtet**, die ausgeschlossene Belegschaft **weiterzubeschäftigen.** Der ArbG befindet sich in **Annahmeverzug** und die ArbNer behalten ihren **Vergütungsanspruch**, ohne zur Nachleistung verpflichtet zu sein (§ 615 BGB). Etwaiger **Schaden** wäre dem ArbG wegen Verletzung der arbeitsvertraglichen **Fürsorgepflicht** (Fall Nr. 10) und dem absoluten Rechtes der ArbNer **am Arbeitsplatz** (§ 823 Abs. 1 BGB)[22] zu ersetzen. Außerdem hat jeder ein-

[18] Bestätigung der Verfassungsmäßigkeit des § 116 AFG n.F. durch das **BVerfG** (NZA 1995, S. 754ff.); vgl. zur Kritik **Däubler**, AiB 1995, S. 595ff.

[19] **BSG** vom 15.12.1971, NJW 72, 1101ff.

[20] Vgl. **Brox/Rüthers**, Rn. 315; bejahend **Dietz**, DB 79, Beilage 14, S. 2ff.

[21] **BAGE** 23, 292ff., 308.

[22] Str., z. Meinungsstand vgl. **Gamillscheg**, Bd. II, Fall 33; **derselbe**, Kollektives Arbeitsrecht, Bd. I, S. 1238.

zelne ArbN während der suspendierenden Aussperrung - neben den normalen Kündigungsmöglichkeiten - das Recht der sogenannten **„Abkehr“**, d.h., er darf „das bereits dem Bande nach gelockerte Arbeitsverhältnis durch einseitige, empfangsbedürftige Willenserklärung fristlos lösen“[23].

Zusammenfassend ist festzustellen, daß nach der Rspr. des **BAG** nicht nur der Streik, sondern auch die **Aussperrung** eine **zulässige Arbeitskampfmaßnahme** darstellt. Wie jedes Kampfmittel so steht auch die Aussperrung unter dem **Gebot der Verhältnismäßigkeit**. Danach ist **grundsätzlich** nur die **suspendierende** Aussperrung, die **lösende** Aussperrung dagegen nur **ausnahmsweise** unter erschwerten Voraussetzungen zugelassen. Das **BVerfG** schließt sich in seinem Urt. vom 26.6.1991[24] der Auffassung des BAG an, und erklärt die Aussperrung für zulässig in den vom BAG skizzierten Grenzen.

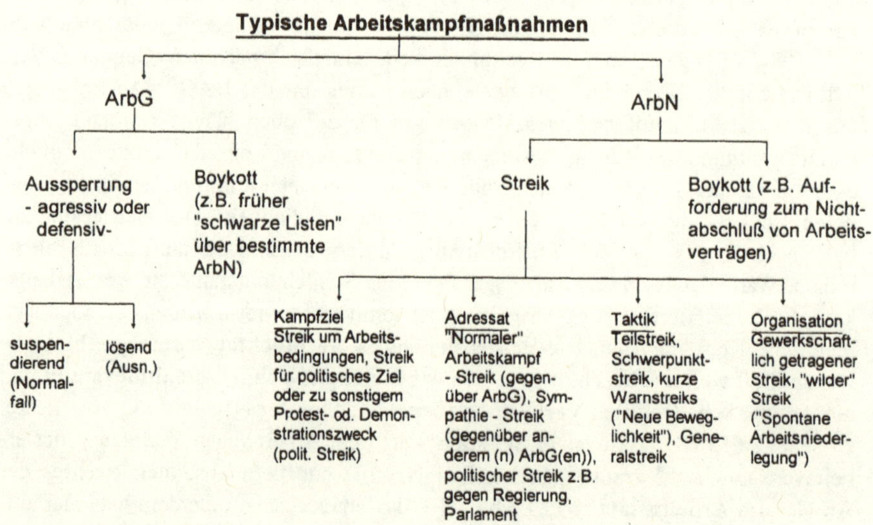

[23] **BAGE** 23, 292ff., 312.

24 **BVerfG**, EzA Nr. 97 zu Art. 9 GG Arbeitskampf.

Schlußbetrachtung zu dem Abschnitt: Arbeitskampfrecht

Mit der Besprechung der Fälle Nr. 25 und 26 ist der Versuch unternommen worden, das sehr komplexe Arbeitskampfrecht, das weitgehend durch die Rspr. rechtlich ausgestaltet worden ist, auf das Allerwesentlichste reduziert darzustellen. Die dabei berührten Rechtsfragen lassen sich nach folgendem Schema **systematisch** einordnen:

- **Rechtsgrundlage** des Arbeitskampfes überhaupt (z.B. Art. 9 Abs. 3 GG);
- **rechtliche Voraussetzungen** oder **Schranken** des Arbeitskampfes i.S. des **Gebotes der Verhältnismäßigkeit;**
- **einzelne** Arbeitskampfmaßnahmen (Streik, Aussperrung, Boykott).

Literaturhinweise:

Brox/Rüthers, Arbeitskampfrecht, S. 120ff.;**Däubler**, Arbeitskampfrecht, **Hueck/Nipperdey**; Grundriß, S. 283ff.; **Kittner**, Aktuelle Fragen des Arbeitskampfrechtes, AuR 81, 289ff.; **Schaub**, S. 135f.; **Seiter**, Die neue Aussperrungsrechtsprechung des Bundesarbeitsgerichtes, RdA 81, 65ff.; **Söllner**, S. 102ff.; **Zöllner/Loritz**, S. 436ff.

V. Abschnitt: Betriebsverfassungsrecht

Fall Nr. 27: Gewerkschaft und Betriebsverfassung

Im Betrieb A ist kein Betriebsrat gewählt. Die Belegschaft besteht aus 200 Mitgliedern, von denen etwa ein Drittel in der IG-X organisiert ist.

Die IG-X drängt auf die Wahl eines Betriebsrates. Kann sie hierzu rechtlich initiativ werden?

Ferner möchte die IG-X - nach Wahl eines Betriebsrates - regelmäßig an den Betriebsversammlungen teilnehmen.

1. Zu Recht?
2. Wie wäre der Fall zu beurteilen, wenn keiner der bei A beschäftigten ArbNer organisiert wäre?
3. Wenn nur Jugendliche, noch nicht wahlberechtigte, ArbNer von A bei der IG-X organisiert wären?

Besprechung

Zu 1. Das BetrVG spricht zwar in § 1 die Erwartung aus, daß in Betrieben mit in der Regel mindestens fünf ständigen wahlberechtigten (§ 7 BetrVG) ArbNern Betriebsräte gewählt werden. Ob es hierzu kommt, hat der Gesetzgeber jedoch letztlich vom Willen der Belegschaft des jeweiligen **Betriebes** abhängig gemacht. Weder ist der ArbG verpflichtet, die Belegschaft zur Wahl eines Betriebsrates aufzufordern, noch gibt es die Einrichtung eines „kommissarischen" (etwa vom Arbeitsgericht bestellten) Betriebsrates.

Der Betriebsrat ist ein von den **ArbNern** (§§ 5, 6 BetrVG) **gewähltes Organ** der Betriebsverfassung. Kurz: Repräsentant der Belegschaft, gleichgültig, ob die einzelnen Belegschaftsmitglieder gewerkschaftlich organisiert sind oder nicht (§ 75 BetrVG, „Diskriminierungsverbot"). Diese Koalitionsfreiheit (Fall Nr. 22) gilt auch für die Mitglieder des Betriebsrates (§ 8 BetrVG). Wird aber kein Betriebsrat gewählt, ist die Belegschaft ohne legale betriebliche Interessenvertretung (vgl. §§ 74, 80ff. BetrVG). Das bedeutet, die gesetzliche Beteiligung der Belegschaft am Zustandekommen von betrieblichen Maßnahmen (§§ 80ff. BetrVG) wäre nicht gegeben.

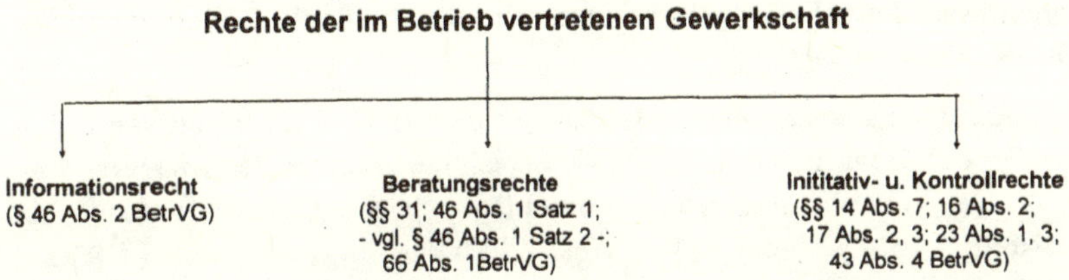

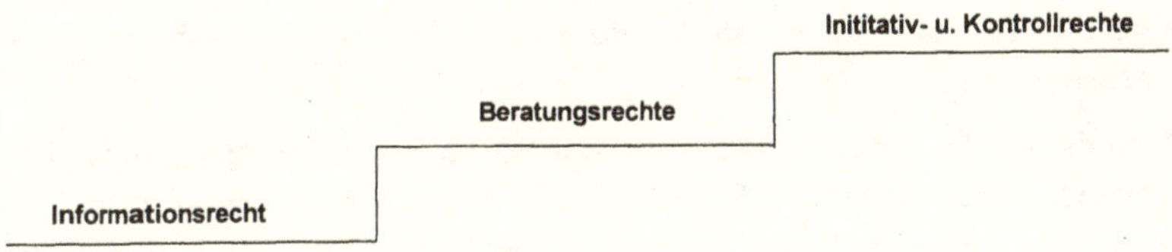

Der Ausübung des Weisungs- und Direktionsrechtes durch den ArbG (Fall Nr. 7) stünde kein rechtlich organisiertes betriebliches Kollektivinteresse gegenüber. Die vom BetrVG vorgesehene Betriebsverfassung könnte somit nicht Platz greifen. Um diese Situation nicht zwangsläufig eintreten zu lassen, sieht die gesetzliche Regelung die Einschaltung der **Gewerkschaft** - als einer außerbetrieblichen Einrichtung organisierter Arbeitnehmerinteressen - und das Wahl**verfahren** vor.

Es ist bekannt, daß nicht in allen „betriebsratspflichtigen" Betrieben Betriebsräte gewählt worden sind[1]. Das kann vielfach daran liegen, daß es an einer „Initiative" fehlt. Dementsprechend sieht § 14 Abs. 7 BetrVG vor, daß die in dem Betrieb **vertretenen** Gewerkschaften zur Wahl des Betriebsrates **Wahlvorschläge** machen können, wenn in einem Betrieb kein Betriebsrat besteht. „Vertreten" ist die Gewerkschaft, wenn ihr auch nur ein ArbN des Betriebes angehört[2]. Die betriebliche Organisationseinheiten der Gewerkschaften, sogenannte „Vertrauensleutekörper" sind zwar durch das Koalitionsgrundrecht (Art. 9 Abs. 3 GG) geschützt, jedoch keine gesetzliche Einrichtung der Betriebsverfassung. Die umstrittene Frage des tarifvertraglich

[1] **v. Hoyningen-Huene,** Betriebsverfassungsrecht, S. 98.

[2] **Fitting /Kaiser/Heither**, § 2 Rn. 26 m.w.N.; **Däubler/Kittner/Klebe**, BetrVG, § 2 Rn. 30; vgl. zum Nachweis der Gewerkschaftsvertretung **BAG**, Urteil vom 25.3.92, DB 1993, 95.

vereinbarten besonderen Kündigungsschutzes für gewerkschaftliche Vertrauensleute wird vom **AG** Kassel bejaht[3].

Im vorliegenden Falle steht der im Betrieb vertretenen IG-X ein **Initiativrecht** aus § 14 Abs. 7 BetrVG zu. Ferner ist die IG-X berechtigt, zu einer **Betriebsversammlung** (§ 42 BetrVG) **einzuladen** und **Vorschläge** für die Zusammensetzung des **Wahlvorstandes** zu unterbreiten (§ 17 Abs. 2 BetrVG). Im Falle des § 17 Abs. 3 BetrVG könnte die im Betrieb vertretene Gewerkschaft die Bestellung eines Wahlvorstandes durch das Arbeitsgericht beantragen. Die weitere Frage, ob die IG-X ein **Recht zur Teilnahme** an künftigen **Betriebsversammlungen** hat, ist gemäß § 46 Abs. 1 BetrVG zu bejahen.

Zu 2. Im **Alternativfall,** wenn keiner der bei A beschäftigten ArbNer organisiert wäre, wäre die IG-X im Betrieb **nicht** vertreten, so daß ihr die erwähnten Rechte nicht zustehen würden.

Zu 3. In diesem Falle sind zwar keine erwachsenen, wohl aber jugendliche, noch nicht wahlberechtigte ArbNer (§ 7 BetrVG) des Betriebes A bei der IG-X organisiert. Fraglich ist, ob die IG-X in diesem Falle im Betrieb „vertreten" ist, um für die Wahl eines Betriebsrates initiativ zu werden. Man könnte angesichts der fehlenden Wahlberechtigung jugendlicher ArbNer hieran zweifeln. Indessen haben jugendliche ArbNer unter den Voraussetzungen des § 60 BetrVG das Recht, eine betriebliche **JAV** (Fall Nr. 28) zu wählen (§ 61 BetrVG). Diese gelangt jedoch, wie sich aus den §§ 66ff.; 80 Abs. 1 Nr. 3 und Nr. 5 BetrVG ergibt, rechtlich nur zur Wirkung, wenn ein Betriebsrat vorhanden ist. Dies gilt insbesondere für Vorbereitung und Durchführung der Wahl einer JAV (§§ 80 Abs. 1 Nr. 5; 63 Abs. 2 BetrVG). Daher haben jugendliche ArbNer grundsätzlich ein **berechtigtes** Interesse an der Existenz eines Betriebsrates. Daraus folgt weiter, daß eine Gewerkschaft auch dann i.S. der Vorschriften über die gewerkschaftliche Einleitung, Vorbereitung und Durchführung von Betriebsratswahlen im Betrieb „vertreten" ist, wenn nur jugendliche ArbNer des Betriebes bei ihr organisiert sein sollten.

In dem der Frage 3. zugrundeliegenden Sachverhalt ist die IG-X also ebenso wie im Fall zu 1. berechtigt, gemäß §§ 17 Abs. 2, 3 und 14 Abs. 7 BetrVG tätig zu werden.

Zusammenfassend ist festzustellen, daß die im Betrieb **vertretene** Gewerkschaft zur Wahl eines Betriebsrates rechtlich initiativ werden kann. „Vertreten" ist eine Gewerkschaft, wenn ihr auch nur **ein erwachsener** oder **jugendlicher** ArbNer des Betriebes angehört.

Literaturhinweise

[3] **AG** Kassel vom 5.8.1976, BB 1976, 1127; **Schaub**, § 191 V 2; **Fitting /Kaiser/Heither,** § 2 Rn. 62; **Klebe/Schumann**, S. 436f. m.w.N.

Brox/Rüthers, S. 232f.; **Schaub**, § 191f.; **Großmann/Schneider**, S. 272f.; **v. Hoyningen-Huene**, S. 50f.; **Zachert**, Rechtsfragen bei Tarifverträgen zum Schutz der Tätigkeit gewerkschaftlicher Vertrauensleute, BB 76, 514ff.; **Däubler/Kittner/Klebe**, BetrVG, 6. Aufl., 1998.

Fall Nr. 28: Jugend- und Auszubildendenvertretung und Betriebsrat

A ist Ausbilder in der Ausbildungswerkstatt des Betriebes C. A hält den Auszubildenden B, der 17 Jahre alt ist, für faul und nachlässig. A hat B deswegen mehrfach angesprochen und - wie A meint - erfolglos abgemahnt. A verlangt deshalb von B, an einem bestimmten Tag eine Stunde über die betriebliche Arbeitszeit hinaus im Betrieb zu bleiben und eine Ausbildungsarbeit zu beenden. B kommt dieser Aufforderung nicht nach und beschwert sich bei der Jugend- und Auszubildendenvertretung. Diese verlangt die Abberufung des Ausbilders A.

Wie ist die Rechtslage?

Besprechung

Der vorliegende Sachverhalt spricht einen Problemkreis an, der sich aus Abgrenzung der Aufgaben und Rechte des Betriebsrates und den Kompetenzen der Jugend- und Auszubildendenvertretung im Verhältnis zum Betriebsrat ergibt.

Im Mittelpunkt des BetrVG als einem wichtigen Teil des kollektiven Arbeitsrechtes steht die Tätigkeit des Betriebsrates. Außer diesem sind als weitere Organe der Betriebsverfassung die Jugend- und Auszubildendenvertretung (§§ 60ff. BetrVG), die Betriebsversammlung (§§ 42ff. BetrVG) sowie der Wirtschaftsausschuß (§§ 106ff. BetrVG) zu erwähnen.

Im zugrunde liegenden Falle verlangt die Jugend- und Auszubildendenvertretung (JAV)[1] des Betriebes C die Abberufung des Ausbilders A (vgl. Fall Nr. 18). Es fragt sich, ob die JAV hierzu berechtigt ist. Für die Beurteilung dieser Frage ist sowohl die Aufgabenverteilung zwischen Betriebsrat und JAV sowie die rechtliche Stellung der JAV gegenüber dem Betriebsrat und dem ArbG maßgeblich. Nach § 70 Abs. 1 Nr. 1 BetrVG hat die JAV Maßnahmen der Berufsbildung, die den jugendlichen ArbNern

[1] Gesetz zur Bildung von Jugend- und Auszubildendenvertretungen in den Betrieben vom 13.7.1988 (BGBl. I, S. 1034) sowie das Änderungsgesetz aus dem Jahre 1989 (BGBl. 1988 I, S. 2312).

dienen, zu beantragen. Ferner hat sie darüber zu wachen, daß die zugunsten der jugendlichen ArbNer geltenden Gesetze durchgeführt werden (§ 70 Abs. 1 Nr. 2 BetrVG). Die Forderung nach Abberufung des A könnte eine Maßnahme der Berufsbildung darstellen. Nach § 98 Abs.2 BetrVG kann der Betriebsrat die Abberufung einer mit der Durchführung der betrieblichen Berufsbildung beauftragten Person verlangen, wenn diese die persönliche oder fachliche Eignung im Sinne des BBiG nicht besitzt oder ihre Aufgaben vernachlässigt. Aus. § 98 Abs. 2 BetrVG geht zweierlei hervor. Bei der Abberufung eines Ausbilders (vgl. § 20 Abs. 2 BBiG) handelt es sich zwar um eine Maßnahme der Berufsbildung, d.h. der betrieblichen Berufsausbildung (vgl. §§ 1 Abs. 1; 3 Abs. 1 BBiG), jedoch ist für das Abberufungsverlangen nicht die JAV, sondern der Betriebsrat zuständig. Das bedeutet, die JAV müßte ihre Forderung dem Betriebsrat zuleiten und auf diesen in ihrem Sinne einzuwirken versuchen (vgl. unten).

Ferner fragt es sich, ob das Vorgehen des Ausbilders A nicht auch unter dem Gesichtspunkt des § 70 Abs. 1 Nr. 2 BetrVG gesehen werden muß, wonach der JAV die Aufgabe der Überwachung von Schutzvorschriften zugunsten jugendlicher ArbNer zufällt. Zunächst ist zu prüfen, ob A von B ein Tätigwerden über die betriebliche Arbeitszeit hinaus verlangen konnte. Für die Arbeitszeit jugendlicher ArbNer ist das JArbSchG maßgebend. § 8 Abs. 1 JArbSchG bestimmt, daß die tägliche Arbeitszeit der Jugendlichen (vgl. § 2 Abs. 2 und 3 JArbSchG) 8 Stunden täglich nicht überschreiten darf. Daher war das Verlangen des A gegenüber B rechtswidrig und stellte einen Verstoß gegen zwingende ArbNer-Schutzvorschriften im Sinne des § 70 Abs. 1 Nr. 2 BetrVG dar.

Zwar ist die JAV zur Überwachung der Einhaltung der zugunsten jugendlicher ArbNer geltenden Gesetze, hier des § 8 Abs. 1 JArbSchG, berufen. Aber auch in diesem Falle ist nicht der ArbG, sondern der Betriebsrat der Adressat der Beanstandung. Diese hat der Betriebsrat im Rahmen der Wahrnehmung seiner allgemeinen Aufgaben gemäß § 80 Abs. 1 Nr. 1 und Nr. 3 BetrVG weiterzuleiten und auf Erledigung der Beanstandung hinzuwirken. Die JAV könnte ihr Anliegen im Rahmen der §§ 66 bis 68 BetrVG an den Betriebsrat herantragen. So könnte sie beim Betriebsrat **beantragen**, Angelegenheiten, die **besonders** jugendliche ArbNer betreffen (z.B. Fragen des Jugendarbeitsschutzes oder der Berufsausbildung) auf die nächste **Tagesordnung** zu setzen (§ 67 Abs. 3 Satz 1 BetrVG).

Zu diesen Tagesordnungspunkten hätte die gesamte JAV ein **Teilnahmerecht** (§ 67 Abs. 1 Satz 2 BetrVG). Sollten die Beschlüsse des Betriebsrates sich **überwiegend** auf jugendliche ArbNer beziehen (z.B. Beratung einer Ordnung für die Ausbildungswerkstatt), so würden die JAVertreter über ein bloßes Teilnahmerecht hinaus **stimmberechtigt** sein (§ 67 Abs. 2 BetrVG). Unter dieser Voraussetzung wäre die JAV mitbestimmungsberechtigt und könnte somit direkten Einfluß auf die Willensbildung des Betriebsrates nehmen.

Außerdem könnte die JAV gemäß § 66 Abs. 1 BetrVG die **Aussetzung von Beschlüssen des Betriebsrates** mit aufschiebender Wirkung für die Dauer von einer

Woche **beantragen**. Darüber hinaus könnte die JAV vom Betriebsrat verlangen, im zugrunde liegenden Fall zu der Besprechung zwischen ArbG und Betriebsrat hinzugezogen zu werden (§ 68 BetrVG).

Betrachtet man **zusammenfassend** das Verhältnis der JAV zum Betriebsrat, so kann man hinsichtlich der Rechte der JAV **eigenständige** (von der Tätigkeit des Betriebsrates unabhängige) Rechte und Beteiligungsrechte unterscheiden. Bei den **eigenständigen Rechten** handelt es sich um das Sitzungsrecht gemäß § 65 Abs. 2 BetrVG sowie um das Recht, selbständig Sprechstunden unter den Voraussetzungen des § 69 BetrVG abzuhalten. Unter **Beteiligungsrechten** kann man die Einflußnahme der JAV auf die Willensbildung des Betriebsrates verstehen. Die Beteiligungsrechte sind im Verhältnis zueinander abgestuft. So wird man das Entsendungs- und Teilnahmerecht i.S.d. § 67 Abs. 1 BetrVG als bloße **Mitwirkung**, das Stimmrecht nach § 67 Abs. 3 BetrVG dagegen als **Mitbestimmung** der JAVertreter i.S.d. Mitentscheidung betrachten müssen. Festzuhalten ist, daß nach außen im Verhältnis zum ArbG der Betriebsrat auch die Angelegenheiten jugendlicher ArbNer einschließlich der Auszubildenden eigenverantwortlich wahrnimmt. Da die JAV gegenüber dem ArbG kein Mitbestimmungs- und Mitwirkungsrecht geltend machen kann, ist die JAV kein selbständiges Betriebsverfassungsorgan; ihr kommt keine Repräsentationsbefugnis zu. Demgegenüber hat die JAV im Innenverhältnis zum Betriebsrat eine entscheidende Funktion. Im vorstehenden Falle hätte die JAV hinsichtlich des Tagesordnungspunktes „Abberufung des Ausbilders“ ein Teilnahme- und Stimmrecht (§ 67 Abs. 1 Satz 1, Abs. 2 BetrVG). Nach alledem ist also der Betriebsrat das **alleinige Vertretungsorgan der Belegschaft** gegenüber der Betriebsleitung. (Allerdings genießen Mitglieder der JAV den gleichen Kündigungsschutz wie Betriebsratsmitglieder, § 15 KSchG und § 103 BetrVG; gleiche Rechtsstellung auch hinsichtlich der Weiterbeschäftigungspflicht, § 78a BetrVG)[2].

Im zugrunde liegenden Falle kann daher nur der Betriebsrat - und nicht die JAV - die Abberufung des Ausbilders A verlangen. Indessen dürfte das pädagogische Fehlverhalten des A - jedenfalls für sich allein genommen - nicht ausreichen für eine begründete Abberufung gemäß § 98 Abs. 2 BetrVG. Eine Aussprache der Beteiligten unter Zugrundelegung der Rechtslage sowie eine Beanstandung des Verhaltens des A würde dagegen angemessen sein. Insbesondere wäre A auf die rechtlich zulässigen pädagogischen Einwirkungsmöglichkeiten im Sinne des BBiG (neben der Ermahnung z.B. das aufklärende Gespräch, das Hinzuziehen der Erziehungsberechtigten, schriftliche Verwarnung sowie letztmalige Verwarnung mit Androhung der fristlosen Kündigung) hinzuweisen.

[2] **Kittner/Trittin**, § 78a BetrVG Rn. 1ff.

Rechte der Jugend- und Auszubildendenvertretung

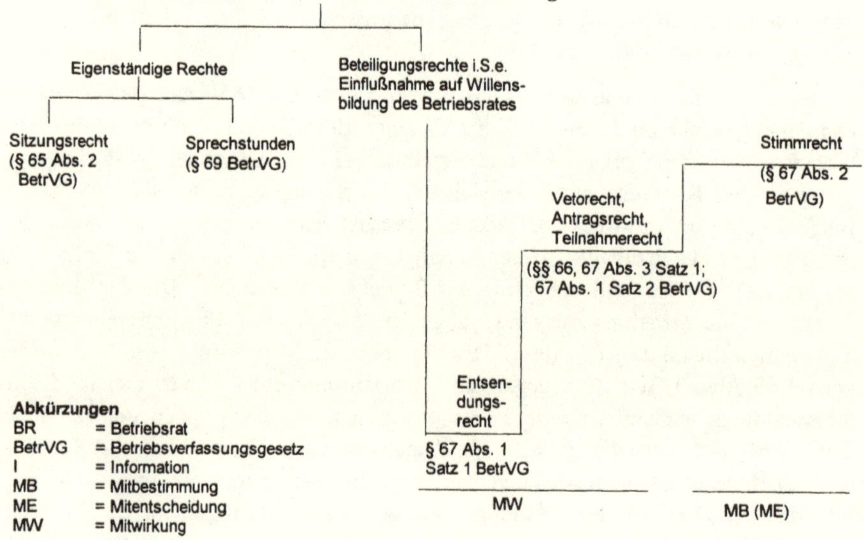

Zusammenfassung:

1. Die JAV ist **kein** selbständiges Betriebsverfassungsorgan; sie kann daher gegenüber dem ArbG kein Mitbestimmungsrecht geltend machen.
2. Der **Betriebsrat** nimmt nach Außen im Verhältnis zum ArbG auch die **Angelegenheiten jugendlicher ArbNer wahr.**
3. Die Rechte der JAV bestehen vor allem in einer **Einflußnahme auf die Willensbildung des Betriebsrates** (Beteiligungsrechte).

Literaturhinweise

Brill, ArbuR 88, 334ff.; **v. Hoyningen-Huene**, S. 61; **Schaub**, a.a.O., § 227, **Wohlgemuth**, BBiG.

Fall Nr. 29: Die Beteiligung des Betriebsrates in sozialen, personellen und wirtschaftlichen Angelegenheiten i.S.d. BetrVG

Der Betrieb B mit 300 wahlberechtigten ArbNern beabsichtigt,

1. mehrere Facharbeiter sowie kaufmännische Angestellte einzustellen. Außerdem soll die Stelle des Leiters der Abteilung für Betriebssicherheitsdienst neu besetzt werden.
2. Nach einiger Zeit möchte B wegen Auftragsrückganges Kurzarbeit in einer Betriebsabteilung einführen. Der für B geltende Manteltarifvertrag bestimmt, daß im Bedarfsfalle Kurzarbeit für Betriebe und Betriebsabteilungen unter Beachtung des gesetzlichen Mitbestimmungsrechtes des Betriebsrates mit einer Ankündigungsfrist von 14 Tagen eingeführt werden kann.
3. Da sich für B die Ertragslage laufend verschlechtert, erwägt B einen Betriebsteil stillzulegen.

Wie ist die Rechtslage?

Besprechung

Bei der Behandlung des vorstehenden Falles geht es vor allem um die Darstellung der **Aufgabenbereiche** und **Beteiligungsrechte** des **Betriebsrates.** Maßgebliche Rechtsquelle ist das BetrVG in seiner Interpretation durch Rechtswissenschaft und arbeitsgerichtliche Rspr., insbesondere durch die des **BAG.** Neben der Wahrnehmung allgemeiner Aufgaben (§ 80 BetrVG) hat der Betriebsrat Beteiligungsrechte in **sozialen** (§§ 106ff. BetrVG), **personellen** (§§ 92ff. BetrVG) und **wirtschaftlichen** (§§ 106ff. BetrVG) Angelegenheiten (s. Schaubild S. 149). Der Beteiligung des Betriebsrates kommt eine unterschiedliche rechtliche Bedeutung zu. Zu unterscheiden sind **Unterrichtungs-** oder **Informationsrechte, Mitwirkungs-** und **Mitbestimmungsrechte** (s. Schaubild S. 148). Der Betriebsrat ist der **Repräsentant** der Gesamtheit aller Arbeitnehmer des Betriebes (Belegschaft) gegenüber dem ArbG (Fall Nr. 28). Gegenüber der betriebsverfassungsrechtlichen Tätigkeit des Betriebsrates beschränkt sich die Beteiligung der Belegschaft im wesentlichen auf Wahlakte und auf die Teilnahme an Betriebsversammlungen. Für das Verhältnis von ArbG und Betriebsrat gilt der Grundsatz der **vertrauensvollen Zusammenarbeit (§ 2 Abs. 1 BetrVG) und der Friedenspflicht** i.S.d. § 74 Abs. 2 BetrVG. Gegenüber Belegschaftsmitgliedern haben ArbG und Betriebsrat den Grundsatz der **Gleichbehandlung** („Diskriminierungsverbot“) zu beachten (§ 75 BetrVG).

In der Praxis von erheblicher Bedeutung ist **§ 80 Abs. 3 BetrVG**, wonach der BR nach **näherer Vereinbarung** mit dem ArbG Sachverständige (z.B. Rechtsanwälte, Fachleute für EDV-Fragen u. dgl.) hinzuziehen darf, soweit dies zur ordnungsgemäßen Erfüllung seiner Aufgaben **erforderlich** ist. Im Bereich des **öffentlichen Dienstes** (BPersVG, Landespersonalvertretungsgesetze) existiert zwar keine dem § 80 Abs. 3 BetrVG vergleichbare Vorschrift. Nach übereinstimmender Auffassung[1] besteht aber auch hier für den Personalrat die Möglichkeit, bei Erforderlichkeit Sachverständige hinzuzuziehen. Hierbei nimmt die Rspr.[2] aufgrund des Gebotes der vertrauensvollen Zusammenarbeit (§ 2 Abs. 1 BPersVG) eine entsprechende Verpflichtung zur Absprache des Personalrats mit dem ArbG nur insoweit an, als die Hinzuziehung von externen Sachverständigen mit **außergewöhnlichen** und **weitreichenden Kosten** verbunden ist.

Erforderlich sind die Kosten dann, wenn sie zur Erfüllung der gesetzlichen Aufgaben des BR oder Personalrats **notwendig** sind. Demgemäß ist auf eine **objektive Beurteilung** unter Berücksichtigung der betrieblichen bzw. dienstlichen Gegebenheiten abzustellen.[3] Da sowohl der private als auch der öffentliche ArbG gem. § 40 Abs. 1 BetrVG bzw. § 44 Abs. 1 BPersVG die notwendigen Kosten zu tragen hat, die bei der Wahrnehmung der Amtstätigkeit der Mitarbeitervertretung im Zeitpunkt der Entstehung für erforderlich gehalten werden durften, ist bei der **Kostenverursachung** nach st. Rspr. der **Grundsatz der Verhältnismäßigkeit** zu beachten.

Was die **Vertragsbeziehungen**[4] **zum Sachverständigen** anbelangt, können sowohl der ArbG als auch einzelne Mitglieder[5] der Mitarbeitervertretung Vertragspartner des Sachverständigen werden. Eine Vertragsbeziehung zwischen Sachverständigem und BR bzw. Personalrat als Gremium bzw. Plenum kommt infolge mangelnder Rechtsfähigkeit nicht in Frage.

Zu 1. Bei der von B beabsichtigten Einstellung von Facharbeitern (§§ 611ff. BGB i.V.m. §§ 105ff. GewO) und kaufmännischen Angestellten (§§ 611ff. BGB i.V.m. §§ 59ff. HGB) handelt es sich um **personelle Einzel**maßnahmen (personelle Angelegenheiten) i.S.d. § 99 Abs. 1 BetrVG. Danach hat der ArbG angesichts der Betriebsgröße von 300 wahlberechtigten ArbNern (§§ 5 Abs. 1; 6; 7 BetrVG) den Betriebsrat

---

[1] vgl. **BVerwG** vom 21.7.1982, BVerwGE 65, 153; **Gerauer**, Die Kostentragungspflicht privater und öffentlicher Arbeitgeber bei Inanspruchnahme anwaltlicher Hilfe durch Betriebsrat oder Mitarbeitervertretung, NZA Beil. 4/1988, 19.

[2] **Hess. VGH** vom 29.10.1986 - BPV TK 39/85 n.V.

[3] vgl. **Ehrich/Hoß**, Die Kosten des Betriebsrates - Umfang und Grenzen der Kostentragungspflicht des Arbeitgebers, NZA 1996, 1077; **BAG** AP Nr. 8 zu § 40 BetrVG.

[4] vgl. dazu die ausführliche Darstellung bei **Bohr**, Betriebsexterne Wirkung betriebsinterner Mitwirkung, ZfA 1995, 433ff.

[5] Die Mitglieder der Mitarbeitervertretung werden im Außenverhältnis Vertragspartner des Sachverständigen und haben im Innenverhältnis gegenüber dem ArbG einen gesetzlich geregelten Anspruch auf Kostenerstattung. A.A.: **Altvater** u.a., Kommentar zum BPersVG, § 44 Rn. 2, der nur von einer unmittelbaren Bindung des ArbG als Schuldner der Forderung im Außenverhältnis ausgeht.

vor jeder Einstellung umfassend zu **unterrichten** und diesem die erforderlichen **Bewerbungsunterlagen vorzulegen,** Auskunft über die Person der Beteiligten zu geben und die **Zustimmung** des Betriebsrates zu der geplanten Maßnahme einzuholen (§ 99 Abs. 1 Satz 1 BetrVG). Hinsichtlich des Umfanges des **Informationsrechtes** des Betriebsrates hat das **BAG**[6] entschieden, daß nach Sinn und Zweck der Vorschrift der ArbG verpflichtet sei, unter Vorlage der erforderlichen Bewerbungsunterlagen **Auskunft auch über die Bewerber zu geben, die er nicht berücksichtigen will.** Der ArbG darf also die Beteiligung des Betriebsrates nicht auf die bereits in die engere Auswahl genommenen Bewerber beschränken. Andernfalls bliebe die schon in der Vorauswahl liegende Entscheidung des ArbG dem Betriebsrat verborgen.

Fraglich ist, ob es sich bei der Zustimmung des Betriebsrates zur Einstellung (§ 99 Abs. 1 BetrVG) um Mitbestimmung i.S. von Mitentscheidung oder nur um ein Widerspruchs- bzw. Vetorecht handelt. Wie aus § 99 Abs. 2 BetrVG hervorgeht, kann der Betriebsrat nur in den dort aufgeführten Fällen die Zustimmung zu der personellen Einzelmaßnahme verweigern. Eine diesen Rahmen überschreitende Ermessensentscheidung ist ausgeschlossen. Daher kann man allenfalls von einem **eingeschränkten** Mitbestimmungsrecht sprechen, besser jedoch von **„Vetorecht"** als einer Form der **Mitwirkung.**

Zur Ermittlung der für die Einstellung benötigten Information verwenden viele Betriebe (Personalabteilungen) **Einstellungs-** oder **Personalfragebogen**. Soweit es hierbei um Personaldaten aus dem Intimbereich des Bewerbers geht, entsteht das **Problem** der Frageberechtigung des ArbG gegenüber Bewerbern. Nur solche Fragen können als zulässig angesehen werden, an deren wahrheitsgemäßer Beantwortung der ArbG ein schutzwürdiges Interesse hat. Das darf nur bei der Erforschung von Tatsachen der Fall sein, die in einem **unmittelbaren sachlichen Zusammenhang** mit dem künftigen Arbeitsverhältnis stehen[7]. Wegen der besonderen Bedeutung unterliegen Personalfragebogen der **Mitbestimmung** i.S.e. Mitentscheidung des Betriebsrates (§ 94 BetrVG)[8].

Während Facharbeiter und kaufmännische Angestellte grundsätzlich ArbNer i.S.d. BetrVG sind (§§ 5 Abs. 1; 6 BetrVG), ist das bei einem **Abteilungsleiter für Betriebssicherheitsdienst** nicht ohne weiteres der Fall. Vielmehr ist zu prüfen, ob es sich hierbei um die Tätigkeit eines **leitenden Angestellten** i.S.d. § 5 Abs. 3 BetrVG

---

[6] **BAG** vom 6.4.1973, BB 73, 940f.

[7] **BAG** AP Nr. 2,15, 26 zu § 123 BGB, AP Nr. 7 zu § 611 BGB Persönlichkeitsrecht, Urt. vom 20.2.1986 - NZA 1986, 739; Urt. vom 22.10.1986 - AP Nr. 2 zu § 23 BDSG ; vgl. **Degener**, S. 107ff.; **Linnenkohl**, Fragerecht und Auskunftspflicht bei Einstellung im Hinblick auf Vorstrafen des Bewerbers, DVR, Sonderdruck (S. 317-267); **derselbe**, Arbeitsverhältnis und Vorstrafen - Fragen, ArbuR 1983, 129ff.

[8] Mitbestimmung dient dem Schutz der Menschenwürde und des Persönlichkeitsrechts des ArbN (vgl. auch **BAG**, Urteil vom 9.7.1991, DB 1992, 143 (144); 21.9.1993, DB 1994, 480).

handelt.[9] Leitender Angestellte ist, wer nach Arbeitsvertrag und Stellung im Unternehmen oder Betrieb Einstellungs- und Entlassungsbefugnis besitzt (§ 5 Abs. 3 Nr. 1 BetrVG) oder Generalvollmacht oder Prokura hat und die Prokura auch im Verhältnis zum ArbG nicht unbedeutend ist oder **unternehmerisch bedeutsame Aufgaben in eigener Verantwortung** wahrzunehmen hat, wobei § 15 Abs. 4 BetrVG Auslegungsregeln an die Hand gibt. Diese sind jedoch nur dann heranzuziehen, wenn nach erfolgter Auslegung des § 5 Abs. 3 Nr. 3 BetrVG Zweifel verbleiben.[10] Auf leitende Angestellte findet das BetrVG **grundsätzlich** keine Anwendung. **Ausnahmen** sind in den §§ 105; 107 Abs. 1 Satz 2; 108 Abs. 2 BetrVG enthalten. Das bedeutet, leitende Angestellte sind der Kompetenz des Betriebsrates entzogen. Folglich nehmen sie an den Betriebsratswahlen weder aktiv noch passiv teil. Die gesetzliche Repräsentanz der leitenden Angestellten des Betriebes stellt der Sprecherausschuß (§ 25 Abs. 1 Satz 1 SprAuG) dar.[11] (Näheres siehe unten.)

Da die Tätigkeit im betrieblichen Sicherheitsdienst z.B. aufgrund des sogenannten Arbeitssicherheitsgesetzes grundsätzlich eine **beratende** Aufgabe (§ 6 ArbSichG) und keine Linienfunktion mit Entscheidungskompetenz beinhaltet, treffen die Nr. 1 und Nr. 2 des § 5 Abs. 3 BetrVG nicht zu. Es kommt somit auf die Anwendung des **§ 5 Abs. 3 Nr. 3 BetrVG** an. Im Unterschied zur alten Fassung geht der Anwendungsbereich der Vorschrift nicht mehr von einem im Gesetz nicht näher definierten allgemeinen Oberbegriff des leitenden Angestellten aus, sondern der Abs. 3 S. 2 enthält nunmehr eine Legaldefinition, die die Begriffsmerkmale abschließend und erschöpfend aufzählt.[12]

Das **BAG** hat in st. Rspr.[13] ausgeführt, der Personenkreis der leitenden Angestellten sei in den letzten 50 Jahren infolge der weitreichenden wirtschaftlichen, sozialen und technischen Veränderungen in der Wirtschaft entstanden. Der Unternehmer sei namentlich in großen Unternehmen allein gar nicht mehr in der Lage, alle Unternehmerfunktionen auszuüben. Die zu treffenden Entscheidungen müsse er vielmehr durch Spezialisten mit besonderem Sachverstand planen, in ihrer Ausführung kontrollieren und bereits schon die Probleme ermitteln lassen. Dabei komme den „Vorentscheidungen" ein die endgültige Unternehmerentscheidung weitgehend bestimmendes Gewicht zu. Dementsprechend müsse für eine leitende Tätigkeit insbesondere die Wahrnehmung **spezifischer unternehmerischer (Teil-)Aufgaben** mit

---

[9] Die Kriterien für die Abgrenzung des leitenden Angestellten sind (§ 5 Abs. 3 BetrVG) durch die Novellierung des BetrVG mit Wirkung vom 1.1.1989 verfeinert worden; vgl. dazu **Richardi**, NZA Beil. 1/1990, 2ff.; Kriterien für die **Entscheidung** in **Zweifelsfällen** sind in § 5 Abs. 4 BetrVG niedergelegt. Kritisch hierzu **Hanau**, ArbuR 1988, S. 261 und **Trümmer** in **Däubler/Kittner/Klebe**, BetrVG, § 5 Rn. 231ff.

[10] **Brox/Rüthers**, Rn. 347a.

[11] **Brox/Rüthers**, Rn.. 361a ff.

[12] **Hromodka**, BB 1990, 57 (58); **Wlotzke**, DB 1989, 111 (118).

[13] **BAG** vom 6.4.1973, BB 1973, 940f. **Trümmer** in **Däubler/Kittner/Klebe**, BetrVG, § 5 Rn. 2141ff. m.w.N.

eigenem erheblichen Entscheidungsspielraum vorliegen, wodurch der Angestellte in die Nähe des Unternehmers und in dessen **Interessenpolarität** (Gegnerbezug) zur Arbeitnehmerschaft rücke. Dagegen sei nicht die finanzielle Rechtsstellung des Angestellten entscheidend; ebensowenig komme es darauf an, ob er eine „Linien-“ oder „Stabsfunktion“ ausübe oder eine Vorgesetztenstellung innehabe.

Auf das Heranziehen finanzieller Kriterien ist erst Raum, wenn bei der Auslegung des § 5 Abs. 3 Nr. 3 BetrVG Zweifel verbleiben (§ 5 Abs. 4 Nr. 3 und 4 BetrVG).

Im vorliegenden Falle steht also der Einstufung des Abteilungsleiters für Betriebssicherheitsdienst als leitenden Angestellten (§ 5 Abs. 3 Nr. 3 BetrVG) nicht entgegen, daß er vorwiegend eine **beratende** Tätigkeit, also eine Stabsfunktion, ausübt. Entscheidend dürfte sein, ob der dem **Abteilungsleiter** übertragene Funktions- und Aufgabenbereich „zu einer **Interessenpolarität**, zu einem **direkten Gegnerbezug** zur **Arbeitnehmerschaft** und zum **Betriebsrat** führt“. Auf diese Bewertungskriterien hat das **BAG**[14] in seinem Beschluß vom 17.12.1974 besonders hingewiesen. Nach Auffassung des **LAG** Hamm[15] stellt die Wahrnehmung der Sicherheitsaufgaben den **Leiter des betrieblichen Sicherheitsdienstes** in unternehmerische Mitverantwortung und zugleich in einen Gegnerbezug zur Belegschaft. Somit sei er **leitender Angestellter** i.S.d. § 5 Abs. 3 Nr. 3 BetrVG. Unter Berücksichtigung der §§ 1, 5, 6, und 8 ArbSichG wird man der Entscheidung des **LAG** Hamm zustimmen können. Das bedeutet für den vorliegenden Fall, daß sich bei der Besetzung der Stelle des Abteilungsleiters für betrieblichen Sicherheitsdienst das Beteiligungsrecht des Betriebsrates auf eine reine **Unterrichtung** (Information) beschränken würde (§ 105 BetrVG). Dagegen würde § 99 BetrVG keine Anwendung finden (§ 5 Abs. 3 BetrVG).

Durch das Gesetz über Sprecherausschüsse der leitenden Angestellten vom 20.12.1988 (BGBl. I S. 2312) bekam der Kreis der leitenden Angestellten erstmals die gesetzliche Möglichkeit ein eigenes Repräsentationsgremium zu bilden[16] In Betrieben mit in der Regel mindestens zehn leitenden Angestellten können Sprecherausschüsse (SpA) gewählt werden. Die Beteiligungsrechte des SpA bleiben aber in ihrer Qualität hinter denen des Betriebsrates zurück.[17]

Abmachungen zwischen Sprecherausschuß und ArbG sind rein schuldrechtlicher Natur ohne normative Wirkung, sie sind keine Betriebsvereinbarungen.[18] Nach § 28 SprAuG können nunmehr für leitende Angestellte Richtlinien zwischen Arbeitgeber und Sprecherausschuß vereinbart werden, deren Inhalt für die Arbeitsverhältnisse unmittelbar und zwingend gilt, wenn dies vereinbart ist (§ 28 Abs. 2 SprAuG).

---

[14] BB 1975, 604ff.

[15] **LAG** Hamm vom 11.7.1974, BB 1974, 1347.

[16] Vgl. **Hromodka**, SprAuG, 1991; **Löwisch**, SprAuG, 2. Aufl. 1994.

[17] Vgl. **Trümmer** in **Däubler/Kittner/Klebe**, § 5 Rn. 262, 263.

[18] **BAG** vom 19.2.1975, a.a.O., S. 927.

Zu 2. Während es sich bei Einstellungsfragen um personelle Angelegenheiten handelt, ist die Einführung von **Kurzarbeit** eine **soziale** Angelegenheit (§§ 87ff. BetrVG). Nach § 87 Abs. 1 Nr. 3 BetrVG hat der Betriebsrat, soweit eine gesetzliche oder **tarifliche** Regelung nicht besteht, bei einer **vorübergehenden** Verkürzung der betriebsüblichen Arbeitszeit **mitzubestimmen.** Der Begriff der „Kurzarbeit" hängt mit der gesetzlichen Regelung des Kurzarbeitergeldes i.S.d. §§ 63ff. AFG[19] zusammen. Danach kann Kurzarbeitergeld in einem Betrieb grundsätzlich nur bis zum Ablauf von **sechs Monaten** seit dem ersten Kalendermonat, für den Kurzarbeitergeld gezahlt wird, gewährt werden (§ 177 Abs. 1 SGB III). Ausnahmsweise kann der Bezugszeitraum zwölf Monate betragen (§§ 175, 177 Abs. 1 Satz 2 SGB III).

Die Einführung von Kurzarbeit sowie die Gewährung von Kurzarbeitergeld haben vor allem die Funktion, Entlassungen zu vermeiden. Dabei wirkt sich die Kurzarbeit betriebswirtschaftlich als Beschränkung der Personalkosten, arbeits- und sozialrechtlich i.S.d. Aufrechterhaltung von Arbeitsplätzen aus.

Unter **Kurzarbeit** kann man nur die **vorübergehende** Kürzung (der vertraglich vereinbarten) regelmäßigen betriebsüblichen Arbeitszeit verstehen, d.h., bei Einführung der Kurzarbeit muß sich bereits ihr Ende (kein konkreter Zeitpunkt) absehen lassen.[20] Ihre betriebliche Einführung unterliegt der **Mitbestimmung** des Betriebsrates (§ 87 Abs. 1 Nr. 3 BetrVG). Es handelt sich dabei um eine **Wirksamkeitsvoraussetzung** für das Zustandekommen der Kurzarbeit. Das bedeutet, ohne Zustimmung des Betriebsrates würde die Maßnahme nicht wirksam (Unwirksamkeitstheorie). Im Streitfalle könnte die fehlende Zustimmung nur durch den Spruch der Einigungsstelle (§§ 76; 87 Abs. 2 BetrVG) ersetzt werden[21].

Das Mitbestimmungsrecht des Betriebsrates besteht gemäß § 87 Abs. 1 Nr. 3 BetrVG allerdings nur insoweit, als nicht bereits eine gesetzliche oder tarifvertragliche Regelung besteht (Sperrwirkung). Zur Abgrenzung der Regelungsbefugnisse (Zuständigkeit) von Tarifvertrag und Betriebsvereinbarung s. Fall Nr. 24.

Mantel-Tarifverträge enthalten üblicherweise allgemeine Bestimmungen über die Einführung von Kurzarbeit. Der Tarifvertrag läßt das Mitbestimmungsrecht des Betriebsrates (§ 87 Abs. 1 Nr. 3 BetrVG) zwar grundsätzlich unangetastet. Nach der tarifvertraglichen Regelung kann Kurzarbeit aber nur im **Bedarfsfalle** und mit einer Ankündigungsfrist von 14 Tagen eingeführt werden. In Bezug auf die Erfüllung dieser Forderungen hat der Tarifvertrag somit **Vorrang** und engt das Mitbestimmungsrecht ein.

Fraglich ist, was unter dem von den Tarifvertragsparteien nicht bestimmten (unbestimmten) Begriff „Bedarfsfall" zu verstehen ist. Bei der Einführung der Kurzarbeit geht es um eine vorübergehende Minderung der betriebsüblichen Arbeitszeit.

[19] Ab dem 1.1.1999 gelten die §§ 169ff. des SGB III.

[20] **Brobowski/Gaul**, Bd. I, S. 215f.

[21] **Schaub**, § 241 VI.

Ob man dieser Sofortmaßnahme „bedarf", hängt davon ab, ob noch andere, weniger einschneidende Maßnahmen in Betracht kommen, die zum gleichen Ergebnis einer wirkungsvollen (vorübergehenden) Beschränkung der Personalkosten, führen würden. Sollte dies der Fall sein, so wären sie vorab, d.h., vor Einführung der Kurzarbeit, zu ergreifen. (Grundsatz der Verhältnismäßigkeit der Mittel)

Eine derartige Personalpolitik ergibt sich arbeitsrechtlich aus dem **Gebot der Verhältnismäßigkeit** der Mittel und dem **Arbeitnehmerschutzgedanken** i.V.m. der Fürsorgepflicht des ArbG (Fall Nr. 10) gegenüber den ArbNern. Während der Arbeitnehmerschutzgedanke ein unbestrittenes Prinzip des Arbeitsrechtes ist (vgl. Fälle Nr. 1, 15), findet der Grundsatz der Verhältnismäßigkeit der Mittel bisher nur im Arbeitskampfrecht ausdrücklich Anwendung (Fälle Nr. 25, 26). Darüber hinaus kann dieser Grundsatz überall da Geltung beanspruchen, wo es um die rechtliche Zulässigkeit notwendig erscheinender Eingriffe in geschützte Rechtspositionen geht. Die Kurzarbeit würde teilweise in das arbeitsvertraglich und gesetzlich abgesicherte Recht am Arbeitsplatz eingreifen.

Daher müßte die Personalabteilung zunächst unter Beteiligung des Betriebsrates prüfen, ob nicht anstelle von Kurzarbeit andere, weniger einschneidende Maßnahmen für sich allein oder miteinander verbunden zu der angestrebten Senkung der Personalkosten führen würden. Zu denken wäre an den Abbau von Überstunden, einen Einstellungsstop, das Auslaufenlassen von befristeten Arbeitsverträgen, die Beendigung von Arbeitnehmerüberlassungsverträgen (§ 12 Abs. 1 AÜG) sowie an eine Urlaubsverlegung[22].

Der Begriff „Bedarfsfall" ist aber nicht nur von den betrieblichen Maßnahmen, sondern auch von der gesetzlichen Regelung des Kurzarbeitergeldes (§§ 64ff. AFG, §§ 169ff. SGB III) her zu bestimmen. In der betrieblichen Praxis dürfte der Betriebsrat seine Zustimmung zur Einführung der Kurzarbeit (§ 87 Abs. 1 Nr. 1 BetrVG) davon abhängig machen, daß die gesetzlichen Voraussetzungen für die Gewährung von Kurzarbeitergeld vorliegen.

Unter der Zugrundelegung der ab 1.1.1999 geltenden §§ 169ff. SGB III besteht ein Anspruch auf Kurzarbeitergeld, wenn ein erheblicher Arbeitsausfall mit Engeltausfall vorliegt (§§ 169 Nr. 1, 170 SGB III), die betrieblichen und persönlichen Voraussetzungen erfüllt sind (§§ 169 Nr. 2, 3; 171, 172 SGB III) und der Arbeitsausfall dem Arbeitsamt angezeigt worden ist. Die Ursachen des Arbeitsanfalles dürfen **nicht** durch einen üblichen Witterungsverlauf bedingt, branchen- oder betriebsüblich sowie saisonbedingt sein oder ausschließlich auf betriebsorganisatorischen Gründen beruhen[23] es sei denn, daß, sie durch die allgemeine wirtschaftliche Entwicklung bedingt sind (§.170 Abs. 2 SGB III). Ferner muß der Arbeitsausfall **unvermeidbar** sein. Das ist - wie oben ausgeführt - nicht der Fall, wenn andere betriebliche Maßnahmen, wie

---

[22] **Gnade/Kehrmann/Schneider/Blanke,** § 87 Rn. 74; **Däubler/Kittner/Klebe**, § 87 Rn. 104.

[23] **Schaub**, § 47 IV 2.

z.B. eine Urlaubsverlegung (§ 170 Abs. 4 Nr. 2 SGB III), einen Arbeitsausfall verhindern würden. Als weitere Beispiele für **unvermeidbaren** Arbeitsausfall werden angeführt: die Möglichkeit der Produktion auf Vorrat oder eine Produktionsumstellung.

Somit liegt nach den angeführten **betrieblichen** und **gesetzlichen** Kriterien ein **Bedarfsfall** dann vor, wenn infolge **wirtschaftlicher** Gründe (z.B. Auftragsmangel, betriebliche Strukturveränderungen) oder einem unabwendbaren Ereignis (§ 170 Abs. 1 Nr. 1 SGB) ein **nicht vermeidbarer Arbeitsausfall** eintritt, dem nicht auf andere Weise als durch **Einführung von Kurzarbeit**, d.h. Streckung der Arbeit (Verhältnismäßigkeit der Mittel), begegnet werden kann (§ 170 Abs. 1 Nr. 2 SGB III)

Das Kurzarbeitergeld beträgt für ArbN mit mindestens einem unterhaltspflichtigen Kind 67 v.H. des ausfallenden Arbeitsentgeltes (§ 178 Nr. 1 SGB III), für alle anderen 60 v.H. (§ 178 Nr. 2 SGB III) der „Nettoentgeltdifferenz" im Anspruchszeitraum. Zum Begriff der Nettoentgeltdifferenz und seiner Berechnung siehe § 179 SGB III)

Einen nicht mit dem vorliegenden Sachverhalt zu verwechselnden Fall von Kurzarbeit regelt § 19 KSchG im Zusammenhang mit der Durchführung beantragter Massenentlassungen (Kurzarbeit kraft behördlicher Ermächtigung). Hierbei kann es sich allerdings nur um ein unabwendbares Ereignis i.S.d. Kurzarbeitergeldes (§ 170 Abs. 3 Satz 2 SGB III) handeln.

Unter Beachtung der geschilderten Voraussetzungen kann B im vorliegenden Falle mit Zustimmung des Betriebsrates (§ 87 Abs. 1 Nr. 3 BetrVG) Kurzarbeit nach einer Ankündigungsfrist von 14 Tagen einführen. Sollte der Betriebsrat die Zustimmung verweigern, könnte B die Einigungsstelle (§ 76 BetrVG) um Entscheidung anrufen (§ 87 Abs. 2 BetrVG).

Führt B die Kurzarbeit aufgrund einer Betriebsvereinbarung ein (§§ 77 Abs. 3 Satz 2; 87 Abs. 1 Nr. 3 BetrVG), gilt die Verkürzung der Arbeitszeit und die dadurch bedingte Lohnminderung gegenüber allen Belegschaftsmitgliedern (§ 77 Abs. 4 Satz 1 BetrVG), gleichgültig ob sie tarifgebunden sind oder nicht. Sollte der Betrieb B keinen Betriebsrat haben, könnte B die Kurzarbeit unter den übrigen tarifvertraglichen Voraussetzungen einführen. Sofern man die Einführung der Kurzarbeit für eine **betriebliche** Norm hält (bestr.!) - vgl. oben S. 116 -, würde die Regelung auch die Arbeitsverhältnisse nicht tarifgebundener Belegschaftsmitglieder erfassen (§§ 3 Abs. 2; 4 Abs. 1 Satz 2 TVG). Sollte keine Tarifvertragsklausel existieren, bliebe nur die Möglichkeit einer einzelvertraglichen Einführung der Kurzarbeit. Eine einseitige Anordnung durch B käme - wegen des Erfordernisses der inhaltlichen Änderung des Arbeitsvertrages - nicht in Betracht.

Zu 3. Die Stillegung eines wesentlichen Betriebsteiles kann unter den Voraussetzungen des § 111 BetrVG eine **Betriebsänderung** und damit eine **wirtschaftliche** Angelegenheit (§§ 106ff. BetrVG) darstellen.

Bei Betriebsänderungen ist das **Beteiligungs**recht des Betriebsrates **mehrstufig** aufgebaut. Die Beteiligungspflichten des ArbG (Unternehmers) beziehen sich auf die rechtzeitige und umfassende **Unterrichtung** (Information) über die geplante Betriebsänderung und die **Beratung** darüber mit dem Ziel des Zustandekommens eines Interessenausgleiches (§§ 111, Satz 1; 112 Satz 1 BetrVG). Hinsichtlich des Ausgleiches oder der Milderung der durch die geplante Betriebsänderung für die ArbNer entstehenden wirtschaftlichen Nachteile **(Sozialplan),** hat der Betriebsrat ein **Mitbestimmungsrecht** i.S.e. Mitentscheidung (§ 112 Abs. 1 Satz 2; Abs. 4 BetrVG). Die Beteiligungsrechte bei Betriebsänderungen lassen sich zusammenfassen als Informations- (Unterrichtung)-, Mitwirkungs- (Beratung)- und Mitbestimmungsrechte. Für den Fall der Nichterfüllung von Beteiligungspflichten durch den ArbG sehen die §§ 113 Abs. 3; 23 Abs. 3 und 121 BetrVG Sanktionsmöglichkeiten vor[24].

Ist die Beteiligung des Betriebsrates bei der wirtschaftlichen Maßnahme gewahrt, bedarf es noch seiner Beteiligung bei Durchführung der personellen Einzelmaßnahmen (§§ 99ff. BetrVG). Werden z.B. infolge einer Betriebsstillegung Kündigungen erforderlich, so ist der ArbG vor Ausspruch der einzelnen Kündigung zur Anhörung des Betriebsrates verpflichtet (§ 102 Abs. 1 BetrVG). Dagegen wäre die Anhörung nicht erforderlich, wenn der Betriebsrat z.B. im Sozialplan seine Zustimmung zu den Entlassungen ausdrücklich erteilt haben sollte[25].

Bei den in § 111 Nr. 1 bis Nr. 5 BetrVG aufgeführten Fällen von Betriebsänderungen ist stets davon auszugehen, daß sie wesentliche Nachteile für die Belegschaft oder erhebliche Teile der Belegschaft zur Folge haben können[26]. Dies gilt somit auch für die Stillegung eines wesentlichen **Betriebsteiles**. Um einen „wesentlichen" Betriebsteil handelt es sich, wenn von der Maßnahme so viele ArbNer betroffen werden, daß im Falle ihrer Kündigung eine Massenentlassungsanzeige (§ 17 KSchG) erforderlich wäre[27].

Unter dieser Voraussetzung würde, sobald B im vorliegenden Falle aus dem Stadium der Erwägung in das der **Planung** der Teilstillegung treten sollte, die oben dargestellten Beteiligungspflichten für B bzw. Beteiligungsrechte für den Betriebsrat entstehen. Lediglich kleinere Betriebe mit weniger als zwanzig wahlberechtigten ArbNern sind von den Vorschriften der §§ 111ff. BetrVG ausgenommen (§ 111 Satz 1 BetrVG).

---

[24] **Fitting /Kaiser/Heither**, § 23 Rn. 50ff. Zur Anwendung des § 23 Abs. 3 BetrVG im Rahmen des § 87 Abs. 1 BetrVG s. **BAG** vom 22.2.1983, BB 83, 1724 (problematisch!), **BAG** vom 20.8.1991 AP Nr. 2 zu § 77 BetrVG 72; vgl. **Dütz**, Unterlassungs- und Beseitigungsansprüche des Betriebsrats gegen den Arbeitgeber im Anwendungsbereich von § 87 BetrVG. Hans-Böckler-Stiftung, 1983. **Derleder**, Betriebliche Mitbestimmung ohne vorbeugenden Rechtsschutz, ArbuR 1983, 289ff.

[25] **Schaub**, § 244 IV 1.

[26] **Gnade/Kehrmann/Schneider/Blanke**, § 111 Rn. 10.

[27] **Schaub**, § 244 II 2.

Bei dem von B und dem Betriebsrat anzustrebenden **Interessenausgleich** (§ 112 Abs. 1 Satz 1 BetrVG) würde es darum gehen, **ob** die Betriebsstillegung **überhaupt** und wenn ja, in welchem **Umfang** und zu welchem Zeitpunkt sie stattfinden sollte. Der Interessenausgleich betrifft also die (wirtschaftliche) Durchführung der Betriebsänderung. Er kann nur durch **gütliche Einigung** erzielt werden. Die Einigungsstelle ist nicht befugt (§ 76 BetrVG), im Streitfalle über den Interessenausgleich verbindlich zu entscheiden. Sie kann sich nur **vermittelnd** einschalten (§ 112 Abs. 3, Abs. 4 BetrVG). Selbst von einem zustande gekommenen Interessenausgleich darf der ArbG abweichen. Allerdings können dadurch Arbeitnehmeransprüche auf **Nachteilsausgleich** entstehen (§ 113 Abs. 1 BetrVG). Bei dem von B und dem Betriebsrat zu beschließenden **Sozialplan** würde es um die **Vermeidung sozialer Härten** gehen, die infolge der geplanten Betriebsänderung (Stillegung eines wesentlichen Betriebsteiles) auftreten könnten (§ 112 Abs. 1 Satz 2 BetrVG).

Die Praxis der Vereinbarung von Sozialplänen sieht u.a. vor:

- Die Gewährung von **Abfindungen** bei Entlassungen,
- **Lohnausgleich** für Zuweisung einer anderer Tätigkeit,
- Angebot **anderweitiger Arbeitsplätze** im Unternehmen,
- Übernahme von **Umzugskosten,**
- Erstattung von **Fahrgeld** (z.B. bei Verlegung des Betriebes),
- **Umschulungs-** und **Vorstellungskosten**
- **Zuschuß** zum **Arbeitslosengeld,**
- die **bevorzugte Wiedereinstellung** ehemaliger Betriebsangehöriger,
- **Belassen von Werkswohnungen,**
- die Verpflichtung des ArbG, die in der Berufsausbildung stehenden ArbNer
- (Auszubildenden) in **Ausbildungsverhältnisse** des gleichen Berufes zu **vermitteln.**

Der Sozialplan kann Zustandekommen durch **Vereinbarung** zwischen Unternehmer und Betriebsrat (§ 112 Abs. 1 Satz 2 BetrVG), durch **Vermittlung** des Präsidenten des Landesarbeitsamtes (§ 112 Abs. 2 Satz 1 BetrVG) sowie durch Vermittlung oder **Spruch** der Einigungsstelle (§ 112 Abs. 2 Satz 2 Abs. 3, 4 und 5 BetrVG). Auch im **Konkurs** des Unternehmers kann der Betriebsrat vom Konkursverwalter die Aufstellung eines **Sozialplanes** fordern[28].

---

[28] Dies ist durch „Gesetz über den Sozialplan im Konkurs- und Vergleichsverfahren" vom 20.2.1985 (BGBl. I S. 369) anerkannt. Für Lohnabfindungen aufgrund eines Sozialplanes **nach** Konkurseröffnung kann ein Gesamtbetrag bis zu zweieinhalb Monatsverdiensten (§ 10 Abs. 3 KSchG) vorgesehen werden (§ 2). Ähnliches gilt für Forderungen aus einem Sozialplan vor Konkurseröffnung (§ 3). Forderungen aus einem Sozialplan gemäß §§ 2 und 3 werden mit dem Rang des § 61 Abs. 1 Nr. 1

Ebenso können **Abfindungsansprüche** gemäß § 113 Abs. 2 und 3 BetrVG entstehen, die im Konkurs als Masseschuld i.S.d. § 59 Abs. 1 KO bzw. als bevorrechtigte Konkursforderung gemäß § 61 Abs. 1 Nr. 1 KO zu werten sind[29]. Unberührt davon bleibt der Anspruch der ArbNer auf **Konkursausfallgeld** für die letzten drei Monate nach den §§ 141a. ff. AFG. Ab 1.1.1999 gelten stattdessen die Vorschriften der §§ 183 bis 189 SGB III über das **Insolvenzgeld**.

Das Verlangen nach einem Sozialplan ist Gegenstand des erzwingbaren **Mitbestimmungsrechtes** des Betriebsrates (§ 112 Abs. 2 Satz 2 Abs. 4 BetrVG). Dieses Mitbestimmungsrecht schränkt § 112a BetrVG[30] für den Fall des reinen Personalabbaues erheblich ein. Besteht eine geplante Betriebsänderung (§ 111 Satz 2 Nr. 1 BetrVG) allein in der Entlassung von Arbeitnehmern, hängt die Erzwingbarkeit des Sozialplanes von der Zahl der Arbeitnehmer des Betriebes und der Anzahl der von der Entlassung betroffenen Arbeitnehmer ab. Bis zur Regelung des § 112a BetrVG hatte das **BAG**[31] die Staffeln des § 17 KSchG als maßgeblich betrachtet. Im Vergleich hierzu sind die Staffeln des § 112a Abs. 1 BetrVG erheblich höher[32], so daß viele „Massenentlassungen" ohne Sozialplan durchgeführt werden können. Diese Erleichterungen für die Unternehmer, die zugleich einen gewissen Abbau des Sozialschutzes darstellen, sollen die Flexibilität des Arbeitsmarktes erhöhen[33]. Nicht sozialplanpflichtig sind geplante Entlassungen von weniger als 6 Arbeitnehmer bei 21, bzw. 12 bei 60, bzw. 37 bei 185, bzw. 38 bei 250, bzw. 60 bei 500 Belegschaftsmitgliedern. Bei Betrieben mit 1000 und mehr Arbeitnehmern stellt das Gesetz auf einen Prozentsatz von 10 v.H. ab. Überhaupt nicht sozialplanpflichtig sind Betriebe eines Unternehmens in den ersten vier Jahren nach seiner Gründung (§ 112a Abs. 2 BetrVG).

Der Sozialplan hat die Wirkung einer Betriebsvereinbarung, ohne daß für ihn die in § 77 Abs. 3 BetrVG statuierte Sperrwirkung des Tarifvertrages (Fall Nr. 24) gilt (§ 112 Abs. 1 Satz 3 und 4 BetrVG).

Wegen der Einzelheiten und Verfahrensstationen, die durch die Beteiligung des Betriebsrates bei Betriebsänderungen auftreten können, siehe **Schaubild** Seite 150. Hinsichtlich der **Beteiligungsformen** des Betriebsrates bei **Betriebsänderungen** ist zusammenfassend festzustellen, daß die wirtschaftliche Entscheidung über die Betriebsänderung beim Unternehmer liegt und die Beteiligung des Betriebsrates sich

KO berichtigt, d.h. sie sind ebenso wie Lohnansprüche gegenüber den anderen Konkursgläubigern bevorrechtigt. Die Gesamtsumme des Sozialplanes darf ein Drittel der Konkursmasse nicht übersteigen.

[29] **Dietz/Richardi**, § 113 Rn. 49; **Fitting /Kaiser/Heither**, § 113 RN. 35, § 4.

[30] Eingefügt durch Art. 2 Beschäftigungsförderungsgesetz.

[31] DB 1983, 2776.

[32] **Kittner**, Beschäftigungsförderungsgesetz, 1985, S. 21; **Wlotzke**, Zum arbeitsrechtlichen Teil des Regierungsentwurfs eines Beschäftigungsförderungsgesetzes 1985 - Ein Bericht, NZA 1984, 217, 221.

[33] **Wlotzke**, a.a.O., S. 220.

auf Unterrichtung und Beratung, also auf **Mitwirkungsrechte**, beschränkt. Dagegen hat der Betriebsrat ein **Mitbestimmungsrecht,** soweit es um den **Sozialplan** geht. Würde der Betriebsrat auf der wirtschaftlichen Seite nicht nur mitwirken, sondern mitbestimmen, wäre er Mit-Unternehmer. Die Vertretung und **Mitbestimmung** der **Belegschaft** auf Unternehmensebene ist aber nicht **Gegenstand** des BetrVG, sondern der **Mitbestimmungsgesetze** in der Montanindustrie (Montanmitbestimmungsgesetz) und der übrigen Wirtschaft (MitbestG vom 4.5.1976). Demgegenüber ist und bleibt der Betriebsrat - auch in wirtschaftlichen Angelegenheiten - Repräsentant der Belegschaft auf betrieblicher Ebene.

Zusammenfassend kann festgestellt werden, daß

1. Die Einstellung von ArbNern (1.) eine **personelle Angelegenheit** (personelle Einzelmaßnahmen) darstellt. Hierbei steht dem Betriebsrat ein Mitwirkungsrecht (Vetorecht) zu; bei **leitenden Angestellten** beschränkt sich die Beteiligung des Betriebsrates auf eine **Unterrichtung** (Information) über die geplante personelle Maßnahme.

2. Die Planung der Einführung von Kurzarbeit (2.) ist eine **soziale Angelegenheit,** bei der der Betriebsrat **mitzubestimmen** hat. Der Begriff des „Bedarfsfalles" der Kurzarbeit ist unter Berücksichtigung des AFG zu bestimmen. Kurzarbeit hat die Funktion, durch Arbeitsstreckung Arbeitslosigkeit zu verhindern.

3. Bei der Planung einer Teilstillegung (3.) handelt es sich um eine **wirtschaftliche Angelegenheit**. Hinsichtlich des **Interessen**ausgleiches steht dem Betriebsrat ein **Mitwirkungsrecht** (Unterrichtung und Beratung) zu; dagegen unterliegt die Aufstellung eines **Sozialplanes** einem erzwingbaren **Mitbestimmungsrecht** des Betriebsrates. Davon unberührt bleibt das Mitwirkungsrecht im Einzelfall bei Entlassungen (§ 102 BetrVG) als Folge einer Betriebsänderung.

Formen der Beteiligung nach dem BetrVG

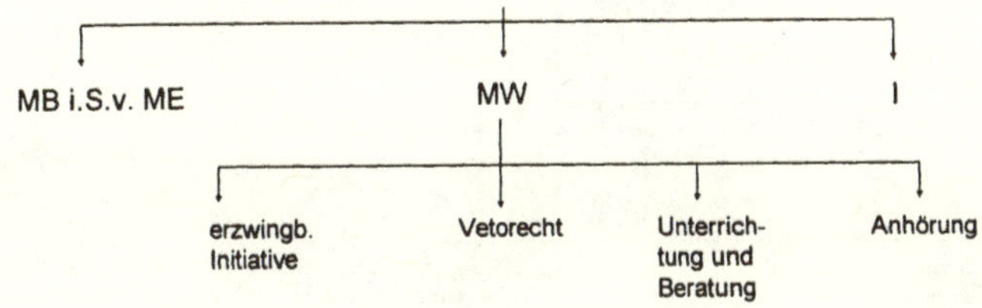

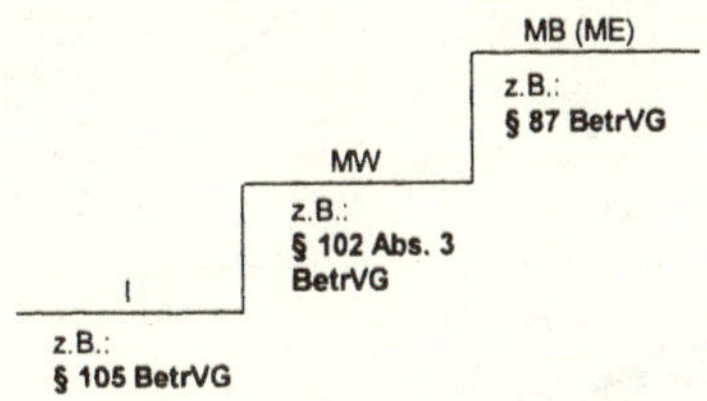

Abkürzungen:

BR = Betriebsrat
BetrVG = Betriebsverfassungsgesetz
I = Information
MB = Mitbestimmung
ME = Mitentscheidung
MW = Mitwirkung

Gegenstand der Beteiligung des BR nach dem BetrVG

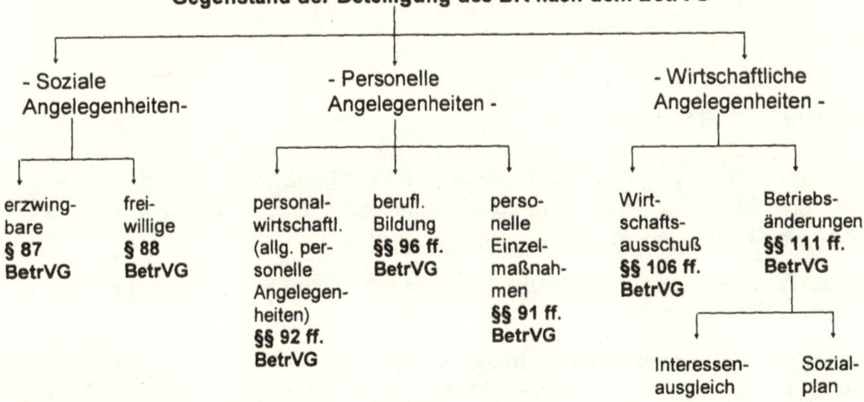

Abkürzungen:

BR = Betriebsrat
BetrVG = Betriebsverfassungsgesetz
I = Information
MB = Mitbestimmung
ME = Mitentscheidung
MW = Mitwirkung

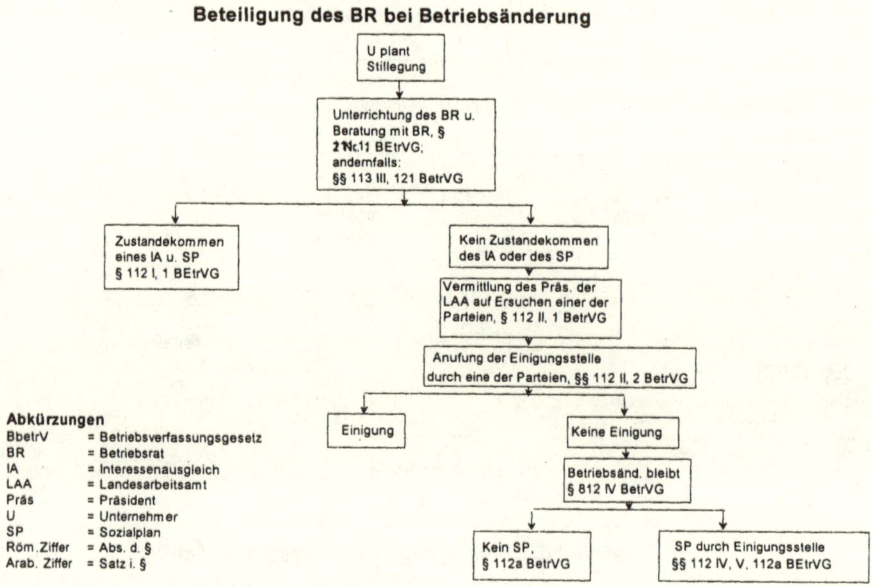

Zusätzliche Literaturhinweise:

Generell (einschlägige **Kommentare** zum BetrVG); **Brill**, Die höchstrichterliche Rechtsprechung zum neuen Betriebsverfassungsgesetz, BB 74, Beilage 8; **Etzel**, S. 242f.; **von Hoyningen-Huene**, S. 236f.

Zu 1. (Personelle Angelegenheiten): **Meisel**, a.a.O.; **Schaub**, § 238ff.; **Schmid**, S. 264.

Zu 2. (Soziale Angelegenheiten): **Böhm,** Massenentlassung und Kurzarbeit, in BB 74, 281ff.; **Großmann/ Schneider**, S. 367; **Schaub,** § 235.

Zu 3. (Wirtschaftliche Angelegenheiten): **Brox/Rüthers**, S. 253ff.; **Schaub**, §§ 243, 244.; **Teubner**, Interessenausgleich und Sozialplan, in BB 74, 982ff.

Zulässigkeit der Bildung von Sprecherausschüssen für leitende Angestellte: **BAG**, Beschluß vom 19.02.1975 = BB 75, 925ff.

Aufgrund des SprAuG vom 20.12.1988 (BGBl. I S. 2312) ist § 5 Abs. 3 neu gefaßt und Absatz 4 neu eingefügt worden. Hierdurch sind neue Zweifelsfragen entstanden; zur Problematik vgl. **Kittner**, Arbeits- und Sozialordnung, 23. Aufl., 1998, S. 557.

Nr. 30: Die Beteiligung des Betriebsrates in informations- und datenschutzrechtlichen Angelegenheiten

ArbG A hat über den ArbN B Daten gespeichert. Sie betreffen u.a. die Positionen 008 (Geschlecht), 012 (Konfession), 013 (Familienstand), 017 (Wehrdienstbeginn), 018 (Wehrdienstende), 019 (Ableistung Grundwehrdienst), 023 (Schule), 024 (Ausbildung in Lehr- und anderen Berufen), 030 (Fachschulausbildung), 031 Fachschulausbildung/Fachrichtung 310), 032 (Fachschulausbildung/Abschluß) und 040 (Sprachkenntnisse)[1].

B verlangt von A die Löschung dieser Daten. Er beruft sich auf sein „informationelles Selbstbestimmungsrecht" sowie auf fehlende Zustimmung des Betriebsrates zur Datenspeicherung.

Zu Recht?

A möchte die gewonnen Daten in einem Personalinformationssystem (PIS) weiterverarbeiten. Muß er dazu die Zustimmung des BR einholen?

Besprechung

Auf dem Weg in die sogenannte „Informationsgesellschaft" gewinnt ein neues Produkt, die **Information,** immer mehr an ökonomischer und gesellschaftlicher Bedeutung[2]. Das Instrumentarium der mikroelektronischen Informationsgewinnung besteht in der Telekommunikation, der gesamten Datenverarbeitung, der Bürotechnik sowie der informationstechnologisch gesteuerten Automation in der industriellen Fertigung. Die „allumfassende" Technik zur Produktion von Informationen durchdringt (informatisiert) den gesamten Betrieb, sowohl den Fertigungs- als auch den Bürobereich. Die Information wird zum beherrschenden Faktor in den Produktionsfunktionen und Entscheidungsprozessen der Unternehmen[3].

---

[1] Der Sachverhalt ist dem der Entscheidung des **LAG** Baden-Württemberg vom 11.7.1985, RDV 86, 20, nachgebildet. Revisionsentscheidung vom 22.10.1986 = DB 1987, S. 1048 = BB 1987, S. 1461 = RDV 1987, S. 12 9 mit Anmerkung von **Linnenkohl/Schütz.** Im übrigen ist das bisher geltende Bundesdatenschutzgesetz (BDSG), wonach der vorstehende Fall beurteilt worden ist, inhaltlich durch Gesetz vom 18.12.1989 (BGBl. I S. 2261) geändert worden. Siehe hierzu **Gola/ Wronka**, Das neue BDSG und der Arbeitnehmerdatenschutz, RDV 4/1991, S. 165-172.

[2] **Lamborghini**, Die Auswirkungen auf das Unternehmen, in „Auf Gedeih und Verderb - Mikroelektronik und Gesellschaft" (Bericht an den Club of Rome), 1982, S. 132f., 157ff.

[3] **Linnenkohl** u.a., Informationstechnologie und Arbeitsbedingungen, RDV 1986, 121ff.

Die Informationsgewinnung und -verarbeitung hat unterschiedliche qualitative Auswirkungen, je nach dem, ob sie sich auf reine Produktions- und Fertigungs- oder auf **Personaldaten** erstreckt. Dies gilt vor allem für Mitarbeiterdaten. Sie sind dem Schutz des Datenrechts unterstellt. Die Zulässigkeit ihrer Verarbeitung beurteilt sich nach dem Bundesdatenschutzgesetz (BDSG) und den Datenschutzgesetzen der Länder. Auf die Personaldatenverarbeitung „nicht-öffentlicher Stellen", also im privatrechtlichen Bereich, findet das BDSG (§§ 27 bis 38) Anwendung.

Ziel des BDSG ist der Schutz der Betroffenen (vgl. § 2 Abs. 1 BDSG), somit auch des Arbeitnehmers, vor ungerechtfertigten und daher rechtswidrigen Eingriffen in seine Privatsphäre als Bestandteil des allgemeinen Persönlichkeitsrechtes (§ 1 BDSG). Das Datenschutzrecht alleine dürfte künftig nicht mehr in der Lage sein, die durch die ständig fortschreitende Entwicklung der Informationstechnik ausgelösten sozialen Folgen aufzufangen sowie die Integrität der Betroffenen zu schützen[4]. Hierfür ist eine umfassende Betrachtungsweise erforderlich, die von dem Bewußtsein bestimmt ist, am Anfang der „zweiten industriellen Revolution" zu stehen. Diese ist nach Auffassung **Steinmüllers**[5] durch eine mehr oder weniger allumfassende „Industrialisierung" der geistigen Arbeit (Kopfarbeit)[6] charakterisiert, der die immer noch wirksame Industrialisierung der körperlichen (manuellen) Arbeit als Ergebnis der „ersten industriellen Revolution" vorausgegangen ist. Während es Aufgabe des bisherigen und derzeitigen Arbeits- und Sozialrechtes war und ist, hat das durch Industrialisierung der Kopfarbeit erforderlich werdende neue Arbeitsrecht die Funktion, die durch Informatisierung bestimmte Entwicklung zu steuern und zu „domestizieren". In diesem Sinne spricht **Steinmüller** von „Informationsrecht" als dem Arbeitsrecht der zweiten industriellen Revolution.

Im Unterschied zu körperlicher Arbeit findet bei geistiger Tätigkeit keine originelle Werkstoffverarbeitung („Originale der Werkstoffe") statt, sondern es werden nur „Abbilder" dritter Subjekte oder Objekte, also „Denkstoffe", d.h. Informationen, hergestellt. Zu denken ist an die Herstellung eines Arbeitnehmer-Profils (Subjekt-Abbild) durch Einsatz eines Personalinformationssystems, oder an die Maschinen-Konstruktionszeichnung (Objekt-Abbild) eines Ingenieurs. An die Stelle des Werkzeuges tritt das „Denkzeug" oder der computergestützte Bildschirm (Computer Aided Design = „CAD"). Informationsverarbeitung ist somit Abbildverarbeitung („Modellverarbeitung"), die Verfügungsmöglichkeiten über andere Subjekte bzw. Objekte verschafft. Deshalb stellt **Informationsverarbeitung Machtverarbeitung** dar („Macht über informationelle Originale").

---

[4] **Linnenkohl**, Informationsrecht und Arbeitnehmerschutz, ArbuR 84, 129, 130.

[5] Informationsrecht - das Arbeitsrecht der zweiten industriellen Revolution?, DVR 82, 170, 180; **derselbe**, Computernetze und Informationsrecht, DVR 79, 213, 219

[6] Beispiele für Industrialisierung: Elektronische Diktiergeräte, Textautomaten, „Heimarbeitsplätze" per Telekommunikation und Bildschirm (Telearbeit), computergestütztes Konstruieren und Planen, computerassistierte Syntheseplanung in der Chemie; vgl. dazu **Steinbuch**, Die rechte Zukunft, 2. Aufl., S. 175ff.

Sie bedeutet Erzeugung und Verteilung von Beherrschungsmöglichkeiten und damit Machtzuwachs. Verfügbare Macht verlangt nach Kontrolle, entstandenes Machtungleichgewicht nach Ausgleich und Balance. Dies muß jedenfalls für den Zuständigkeitsbereich des „informationellen" Arbeitsrechtes gelten, soweit es um den Schutz der (abhängigen) geistigen Arbeit geht[7]. Von **Gamillscheg**[8] stammt die Feststellung, die Geschichte des Arbeitsrechtes sei die Geschichte der Zurückdrängung des freien Vertrages. Die Geschichte des Informationsrechtes könnte dereinst - in Abwandlung dieses Satzes - die Reduktion der Freiheit der Informationsverarbeitung sein. In diese Richtung weist bereits die bisherige Datenschutzgesetzgebung sowie die Entscheidung des **Bundesverfassungsgerichtes** in Sachen Volkszählungsgesetz vom 15.12.1983[9], mit der das Gericht ein Grundrecht des Bürgers auf „informationelle Selbstbestimmung" im Rahmen des allgemeinen Persönlichkeitsrechtes (Art. 1 und 2 GG) anerkannt hat. Da dem allgemeinen Persönlichkeitsrecht als Grundrecht unmittelbare Drittwirkung zukommt, steht das „informationelle Selbstbestimmungsrecht" (ISB) auch dem Bewerber/ Arbeitnehmer im Bereich des geltenden Arbeitsrechtes und des sich entwickelnden Informationsrechtes zu[10]. Das vom **BVerfG** anerkannte ISB erzwang die Novellierung der Datenschutzgesetzes, weil alle Regelungen des bereichsspezifischen Personaldatenrechts den verfassungsrechtlichen Anforderungen nicht mehr genügten. Nach § 1 BDSG ist der Zweck des Gesetzes nun, „den einzelnen davor zu schützen, daß er durch den Umgang mit seinen personenbezogenen Daten in seinem Persönlichkeitsrecht beeinträchtigt wird"[11]. Dem Schutz des ISB entspricht das grundsätzliche Verbot der Datenverarbeitung (Verbotsprinzip mit Erlaubnisvorbehalt) im Sinne des Bundesdatenschutzgesetzes (§ 4 BDSG).

Sämtliche Datenschutzgesetze der alten Bundesländer wurden ebenfalls novelliert, für die neuen Bundesländer traten eigene in Kraft[12]. Die neuen Landesdatenschutzgesetze stimmen inhaltlich weitgehend mit denen des BDSG 1990 überein und folgen den Prinzipien, der Systematik und den Definitionen des BDSG.

Die Novelle präzisiert in ihrem Anwendungsbereich die Rechtsgrundlagen für die Erhebung von personenbezogenen Informationen sowie ihre Verarbeitung innerhalb

---

[7] **Linnenkohl**, a.a.O., S. 130 m.w.N.

[8] Die Grundrechte am Arbeitsplatz, in: Arbeit, Realität und Problem, 1982, S. 6.

[9] NJW 1984, 419ff.

[10] Ebenso **Jobs** in **Jobs/Samland**, S. 128; **Simitis**, Die informationelle Selbstbestimmung - Grundbedingung einer verfassungskonformen Informationsordnung, NJW 1984, 398, 401; a.A. **Zöllner**, Die Nutzung DV-gestützter Informationssysteme im Schnittpunkt von Datenschutzrecht und Betriebsverfassung, DB 1984, 241, 246.

[11] Im Gegensatz zum vorherigen Gesetzestext wird der Persönlichkeitsrechtsschutz ausdrücklich genannt. Das BDSG 1977 sprach noch von „schutzwürdigen Belangen"; vgl. **Gola /Schomerus**, BDSG, § 1, 1.2, 6. Aufl., München.

[12] Siehe dazu **Simitis/Damman/Mallmann/Reh**, Dokumentation zum Bundesdatenschutzgesetz, B. Dokumentation - Länder (1. Teil).

und außerhalb von Dateien[13]. An der Zweigleisigkeit des arbeitsrechtlichen Informationsschutzes hält der Gesetzgeber aber fest und verzichtet auf eine bereichsspezifische Regelung des Personaldatenrechts.

Infolge fortschreitender Informatisierung durchdringt das Informationsrecht das geltende Arbeits- und Sozialrecht, das seine Entstehung auf die Industrialisierung der körperlichen Arbeit zurückführt. Dabei bleiben die bisherigen Grundstrukturen des Arbeitsrechtes vorerst bestehen; sie erhalten jedoch teilweise eine neue Qualität. Das Arbeitsrecht bietet sich als „Auffanggesetz" für die sozialen Folgen der Industrialisierung der geistigen Arbeit an, indem es sich zu einem „Informationellen Arbeitsrecht" weiterentwickelt[14]. Wie die arbeitsrechtliche Problematik von Bildschirmarbeitsplätzen sowie die möglichen Verhaltens- und Leistungskontrolle von Arbeitnehmern durch Personalinformationssysteme zeigt, sind rechtlich qualitativ veränderte Anforderungen an die weitere Ausgestaltung eines wirkungsvollen Arbeitnehmerschutzes zu stellen, und zwar bis hin zu der Forderung einer „human sized technology" und der Anerkennung eines von **Roßnagel** postulierten „Rechts auf kommunikative Selbstbestimmung" (KSB)[15]. Im Zuge fortschreitender Informatisierung, insbesondere durch Nutzung von Informationssystemen auf der Arbeitgeberseite, wird auch die Weiterentwicklung des kollektivrechtlichen Arbeitnehmerschutzes im Rahmen des Betriebsverfassungsgesetzes provoziert. **Kilian**[16] sieht die Notwendigkeit für die Entwicklung eines „informationellen Kooperationsmodelles" zwischen ArbG und Betriebsrat, um das durch die vermehrte Selektionsmacht („selection power") des Arbeitgebers entstandene machtmäßige Übergewicht wieder auszugleichen. Dabei handelt es sich - trotz unverändert fortbestehender Rechtslage - um sekundäre Machtverschiebungen, die dadurch entstehen, daß der Betriebsrat durch Informationssysteme der Arbeitgeberseite benachteiligt wird. Hierbei geht es nicht um den individuellen, sondern um den kollektiven Daten- und damit Arbeitnehmerschutz durch den Betriebsrat im Interesse der betroffenen Arbeitnehmer. Nach Ansicht von **Simitis** zeigen Entwicklung und Struktur des Arbeitsrechtes, daß sich der Datenschutz in erster Linie über kollektivrechtliche Abwehrmaßnahmen vollziehen dürfte. Um daher der mit der Abbildung von Arbeitnehmern entstehenden Datenmißbrauchsgefahr wirkungsvoll begegnen zu können, bedarf der Betriebsrat effektiver Kontrollmöglichkeiten hinsichtlich der Informationsverarbeitung des Arbeitgebers. Dabei ist als Voraussetzung für eine erfolgreiche Ausübung der Beteiligungsrechte ein Informationsgleichgewicht zwischen Arbeitgeber und Betriebsrat - ein informa-

[13] Eine Datei ist ein Sammlung personenbezogener Daten, die durch automatisierte Verfahren nach bestimmten Merkmalen ausgewertet werden kann (automatisierte Dateien), oder jede sonstige Sammlung personenbezogener Daten, die gleichartig aufgebaut ist und nach bestimmten Merkmalen geordnet, umgeordnet oder ausgewertet werden kann (nicht-automatisierte Dateien), § 3 II BDSG.

[14] **Linnenkohl,** a.a.0. S. 131.

[15] **Roßnagel,** Das Recht auf (tele-)kommunikative Selbstbestimmung, KJ 1990, S. 283.

[16] **Kilian,** S. 220.

tionelles Kooperationsmodell[17] - anzustreben. Dies würde zugleich der Erhaltung und Stabilisierung des dualistischen Prinzips der Betriebsverfassung als Grundlage partnerschaftlicher Kooperation zwischen den betrieblichen Sozialpartnern dienen (§§ 2 Abs. 1; 74 Abs. 1 BetrVG). Die methodische Aufgabe besteht darin, die betriebsverfassungsrechtlichen Beteiligungsrechte des Betriebsrates durch „informationelle" Interpretation inhaltlich neu zu bestimmen. Soweit hierbei „Regelungsdefizite" sichtbar werden, sind sie rechtspolitisch zu diskutieren. Hintergrund hierfür ist die Informatisierung im Zuständigkeitsbereich des Arbeitsrechtes.

Im zugrundeliegenden **Fall Nr. 30** kann B von A die Löschung der über ihn gespeicherten Daten verlangen, wenn ihm ein derartiger Anspruch zusteht. Eine Anspruchsgrundlage für das Verlangen des B könnte, da es sich um Arbeitnehmerdaten handelt, die Fürsorgepflicht des Arbeitgebers gegenüber dem Arbeitnehmer im Rahmen des Arbeitsverhältnisses sowie das BDSG darstellen. Für die Rechtsanwendung gilt der Satz, daß die speziellere gegenüber der allgemeineren Norm Vorrang hat (lex specialis derogat legem generalem). Das bedeutet, es ist zunächst zu prüfen, ob B gegen A aus dem BDSG ein entsprechendes Recht zusteht.

Nach § 35 Nr. 2 Satz 1 BDSG kann der Betroffene (§ 3 Abs. 1 BDSG) u.a. die Löschung der zu seiner Person gespeicherten Daten verlangen, wenn ihre Speicherung unzulässig war. Gemäß § 4 Nr. 1 BDSG ist die Verarbeitung personenbezogener Daten unzulässig (Verbotsprinzip), wenn sie weder das BDSG noch eine andere Rechtsvorschrift erlaubt (Erlaubnisvorbehalt). Der Erlaubnistatbestand der Einwilligung des Betroffenen scheidet hier nach dem Sachverhalt aus (§ 4 Nr. 2 BDSG).

Da es sich bei der Verarbeitung personenbezogener Mitarbeiterdaten durch einen privatrechtlichen Arbeitgeber um Datenverarbeitung nicht-öffentlicher Stellen für eigene Zwecke handelt, sind die Vorschriften der §§ 27 bis 38 BDSG zu beachten. Nach § 35 Abs. 2 Satz 1 BDSG sind personenbezogene Daten zu löschen, wenn ihre Speicherung unzulässig war. Trifft diese Voraussetzung zu, ist der Arbeitgeber als speichernde Stelle - unabhängig von einem entsprechenden Verlangen des Betroffenen - bereits von sich aus, d.h. von **Rechtswegen**, verpflichtet, die Daten zu löschen[18].

Die Speicherung der Arbeitnehmerdaten des B waren unzulässig, wenn dem Arbeitgeber A kein Erlaubnistatbestand i.S. des § 4 BDSG im Zeitpunkt der Speicherung zur Seite stand.

Nach § 28 BDSG ist das Speichern (vgl. § 4 Abs. 1 BDSG) zulässig im Rahmen der Zweckbestimmung eines Vertragsverhältnisses. Nachdem das **Bundesverfassungsgericht**[19] im Rahmen des sogenannten „Volkszählungsurteils" vom 15.12.1983 ein Recht des Bürgers auf „informationelle Selbstbestimmung" als Bestandteil des

[17] **Derselbe**, S. 220.

[18] **Simitis** in **Simitis** u.a., § 4 Rn. 24; § 27 Rn. 22, 23; **Gola/Schomerus**, § 35, 3.1.

[19] **BVerfG** vom 15.12.1983, NJW 84, 419ff.

allgemeinen Persönlichkeitsrechtes anerkannt hat, ist zu prüfen, ob dieses Recht auch im Rahmen des Arbeitsverhältnisses gilt.

Das **Bundesverfassungsgericht** hat entschieden, daß die freie Entfaltung der Persönlichkeit unter den modernen Bedingungen der Datenverarbeitung den Schutz des Einzelnen gegen unbegrenzte Erhebung, Speicherung, Verwendung und Weitergabe seiner persönlichen Daten voraussetze. Dieser Schutz sei daher vom Grundrecht des Art. 2 Abs. 1 in Verbindung mit Art. 1 Abs. 1 GG umfaßt. **Das Grundrecht gewährleiste insoweit die Befugnis des Einzelnen, grundsätzlich selbst über Freigabe und Verwendung seiner persönlichen Daten zu bestimmen.** Dieses Recht ist allerdings nicht als eine schrankenlose Herrschaft über die eigenen Daten zu verstehen; es ist vielmehr sozialbezogen. Das **BVerfG**[20] führt hierzu wörtlich aus: „Dieses Recht auf „informationelle Selbstbestimmung" ist nicht schrankenlos gewährleistet. Der Einzelne hat nicht ein Recht im Sinne einer absoluten, uneingeschränkten Herrschaft über „seine" Daten; er ist vielmehr eine sich innerhalb der sozialen Gemeinschaft entfaltende, auf Kommunikation angewiesene Persönlichkeit. Information, auch soweit sie personenbezogen ist, stellt ein Abbild sozialer Realität dar, das nicht ausschließlich dem Betroffenen allein zugeordnet werden kann."

Für die Zulässigkeit der Speicherung ist das Vorhandensein eines Vertragsverhältnisses mit dem Betroffenen erforderlich, so daß jeder der in § 28 Abs. 1 BDSG Genannten, also auch der Arbeitgeber, berechtigt ist, Daten, die seinen Vertragspartner, den Arbeitnehmer betreffen, zu speichern, sofern und soweit die Datenverarbeitung durch den Vertragszweck gedeckt ist. Zwischen der beabsichtigten Datenverarbeitung :und dem Vertragszweck muß ein unmittelbarer sachlicher Zusammenhang bestehen[21]. Für die Speicherung im Zusammenhang mit dem Arbeitsverhältnis gelten nach **Simitis** besonders ausgeprägte Regeln, die von Gesetzgeber und Rechtsprechung schon lange vor dem BDSG zum Schutze des Arbeitnehmers vor zu weitgehenden Informationserwartungen des Arbeitgebers entwickelt worden sind. Hierunter sind insbesondere die Grundsätze zum Fragerecht des Arbeitgebers und der Auskunftspflicht des Arbeitnehmers zu verstehen, wie sie das **BAG** zur Frage der Rechtmäßigkeit von Personalfragebogen, der „Theorie von der unzulässigen Frage", geschaffen hat[22].

Das Erfordernis der Unverzichtbarkeit bzw. Verbot der „Vorratshaltung" von Personaldaten des Arbeitnehmers bzw. Bewerbers läßt sich aus der sachlichen Rechtfertigung sowie aus dem hier anzuwendenden Grundsatz der Verhältnismäßigkeit[23] der das Persönlichkeitsrecht beeinträchtigenden Datenspeicherung herleiten. Soweit es dagegen um die inhaltliche Ausgestaltung der Benachrichtigungspflicht vor jeder

---

[20] a.a.O., S. 422.

[21] vgl. **Gola/Schomerus**, § 28, 5.2.

[22] **Linnenkohl**, Fragerecht und Auskunftspflicht bei Einstellungen im Hinblick auf Vorstrafen des Bewerbers, DVR, Sonderdruck, 4/1981, S. 317.

[23] vgl. **BVerfG** vom 15.12.1983, NJW 1984, 419, 422.

Speicherung geht, dürfte es sich um eine erweiternde Abänderung der Benachrichtigungspflicht des speichernden Arbeitgebers gemäß § 33 Abs. 1 BDSG handeln. Die Informationspflicht über beabsichtigte oder bestehende Verarbeitungsmöglichkeiten begegnet dagegen vor allem Bedenken mangelnder Praktikabilität. Wie ist z.B. zu verfahren, wenn der Arbeitgeber erst nach der Speicherung von weiteren Verarbeitungsmöglichkeiten erfährt? Besteht dann ebenfalls eine zusätzliche Informationspflicht gegenüber dem betroffenen Arbeitnehmer, obwohl keine weitere Speicherung erfolgt ist? Ist unter „Speicherung" im Sinne der Benachrichtigungspflicht[24] auch jede weitere Phase der Datenverarbeitung, wie z.B. die Datenveränderung durch Verknüpfung mit anderen Daten sowie die Datenübermittlung (vgl. § 3 Abs. 5 Nr. 2 und Nr. 3 BDSG) zu verstehen? Wie erlangt der betroffene Arbeitnehmer nötigenfalls die erforderliche Sachkenntnis, um sich ein Bild von den Verfügungsmöglichkeiten des Arbeitgebers über seine Daten zu machen?

In Anbetracht dieser offenen Fragen dürfte es sinnvoll sein, nach wie vor von den vom **BAG** entwickelten Grundsätzen zum Fragerecht des Arbeitgebers[25] auszugehen und die Zweckbestimmung des Vertragsverhältnisses sowie die Zulässigkeit der Datenverarbeitung im Rahmen des § 28 Abs. 1 Nr. 1 BDSG hiernach zu beurteilen, zumal die Geltung des informationellen Selbstbestimmungsrechtes im Rahmen des Arbeitsverhältnisses hierzu nicht zwingt. Die von Rechtsprechung und Lehre entwikkelten Grundsätze zur Abgrenzung des Fragerechts des Arbeitgebers können als „Grundsätze ordnungsgemäßer Datenverarbeitung" unter Berücksichtigung des „informationellen Selbstbestimmungsrechtes" angesehen und der Anwendung des § 28 Abs. 1 Nr. 1 BDSG zugrunde gelegt werden.

Im vorstehenden Fall kann daher B von A nicht nur die Löschung der unzulässiger Weise gespeicherten Daten über Religion und Wehrdienst verlangen (§ 4 Abs. 1 BDSG), sondern A ist sogar von **Rechtswegen** zur Löschung verpflichtet (§ 35 Abs. 2 Nr. 1 und 2 BDSG).

Da B sein Löschungsverlangen aus dem BDSG, dem Spezialgesetz herleiten kann, entfällt die Frage, ob B auch aufgrund der Fürsorgepflicht des ArbG ein Anspruch auf Löschung zustehen könnte.

Die Speicherung der Daten des B durch A war auch nicht dadurch zulässig, daß der Betriebsrat nicht zugestimmt hat. Diesem steht bezüglich der Speicherung sowie Auswertung von Personaldaten der Arbeitnehmer kein Beteiligungsrecht, weder nach dem BDSG noch nach dem Betriebsverfassungsgesetz, zu. Ein Beteiligungsrecht mag zwar wünschenswert sein, entspricht jedoch nicht der geltenden Rechtslage.

---

[24] Nach bisher geltender Interpretation des § 33 Abs. 1 S. 1 BDSG sind nur erstmalige, dagegen nicht weitere Datenspeicherungen mitzuteilen; vgl. **Tinnefeld/Ehmann**, Einführung in das Datenschutzrecht, S. 216ff.

[25] Vgl. **Wohlgemuth**, Datenschutz für Arbeitnehmer, Rn. 240, 211.

Das BetrVG enthält selbst keine umfassende Normierung des Datenschutzes im Betrieb auf kollektivrechtlicher Ebene, ebensowenig das BDSG. Im Rahmen des § 80 BetrVG hat der BR lediglich die Aufgabe, über die Einhaltung der Vorschriften des BDSG zu wachen. Das BetrVG hat ihm aber keine eigenständigen Kompetenzen zugestanden, bei Verstößen durch den ArbG auf Abhilfe zu drängen. Er kann aber über die Einschaltung des betrieblichen Datenschutzbeauftragten (§ 36 BDSG/Art. 12 lit.b) Datsch.-RL.) oder der Aufsichtsbehörde (§ 38 BDSG/Art. 28. Datsch.-RL.) auf den ArbG einwirken.

Werden Personaldaten erhoben, so hat der BR aufgrund des § 94 Abs. 1 BetrVG bei der Aufstellung und Verwendung von Personalfragebögen ein Mitbestimmungsrecht. Werden ohne die erforderliche Zustimmung des BR gewonnene Daten gespeichert, so ist gemäß § 28. Abs. 1 Satz 2 BDSG die Datenspeicherung unzulässig[26].

Ein umfassendes Mitbestimmungsrecht in allen Phasen der Datenverarbeitung bietet der § 87 Abs. 1 Nr. 6 BetrVG. Danach hat der BR ein Mitbestimmungsrecht bei der **Einführung und Anwendung von technischen Einrichtungen, die dazu bestimmt sind, das Verhalten und die Leistung des ArbN zu überwachen**. Dieses Mitbestimmungsrecht dient direkt dem Persönlichkeitsschutz des ArbN und konkretisiert den in § 75 II enthaltenen Grundsatz.[27]

Der Schutzzweck des § 87 Abs. 1 Nr. 6 BetrVG geht weit über den individuellen Datenschutz hinaus. Er besitzt eine **präventive Schutzfunktion**[28] und erweitert den Schutzbereich.

Aufgrund des § 87 Abs. 1 Nr. 6 BetrVG ist der Prozeß der betrieblichen Informatisierung in jeder Phase mitbestimmungspflichtig. Dies verdeutlicht die **„Informationelle Rosette“**.[29]

[26] **BAG**, Urt. vom 22.10.1986, E 53, 226 = AP Nr. 2 zu § 23 BDSG = BB 1987, 1461 = DB 1987, 1048.

[27] vgl. **Däubler**, Gläserne Belegschaften, Rn. 391f.

[28] vgl. **Däubler/Kittner/Klebe/Schneider**, BetrVG, § 87 I Nr. 6, Rn. 135.

[29] entnommen: **Linnenkohl**, Informationstechnologie und Mitbestimmung, Frankfurt, 1989, S. 84.

Informationelle Rosette

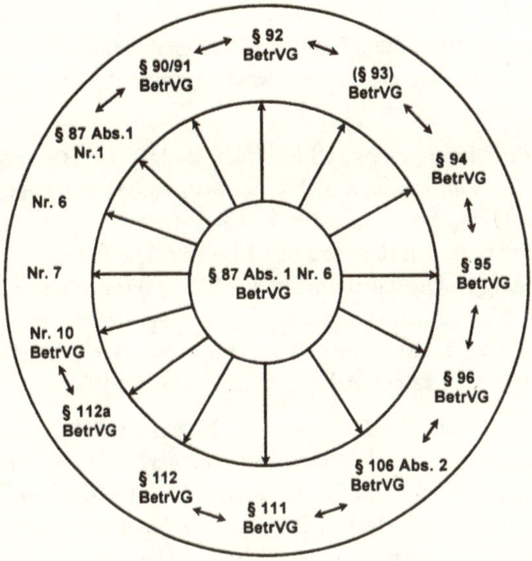

Die informationelle Rosette kann als gedankliches Netzwerk aufgefaßt werden, welches immer dann eine Mitbestimmung nach § 87 Abs. 1 Nr. 6 BetrVG auslöst, sobald einer seiner Knoten (Beteiligungsrechte) im Zusammenhang mit der Verarbeitung von Informationssystemen mit Arbeitnehmerbezug (ISA) betroffen ist.

Die Frage nach dem Vorliegen und der Ausgestaltung eines Mitbestimmungsrechtes des BR wurde von den Gerichten und der Wissenschaft eingehend erörtert. Es liegen eine Reihe von **BAG-Entscheidungen** zu diesem Thema vor, die sich mit der Frage des Vorliegens einer mitbestimmungspflichtigen Einführung von technischen Einrichtungen befassen. Die Frage nach der inhaltlichen Ausgestaltung wurde aber nur in wenigen Fällen behandelt[30].

Die Einführung eines PIS berührt direkt das informationelle (ISB) und das kommunikative Selbstbestimmungsrecht (KSB) des ArbN. Daraus folgende Eingriffe sind nach ständiger **BAG-Rechtsprechung** jedoch nur zulässig, wenn zwingende betriebliche Gründe[31] dies rechtfertigen und dabei die erwogenen Maßnahmen die Kriterien der Eignung, der Erforderlichkeit und der Verhältnismäßigkeit wahren.[32]

[30] vgl. **Toefflinger**, Rechtliche Kriterien für Inhalt und Umfang der Mitbestimmung des Betriebsrates bei „technisierter Überwachung“ (§ 87 Abs. 1 Nr. 6 BetrVG), 1. Aufl. 1991, S. 10.

[31] § 2 Abs. 1 BetrVG „zum Wohle ... des Betriebes“.

[32] vgl. **Toefflinger**, a.a.O., S. 179.

Die bisherige Interpretation des § 87 Abs.1 Nr. 6 BetrVG durch das **BAG** bezog sich nur auf die zweite Generation[33] von technischen Einrichtungen. Dies stellt aber hinsichtlich der Anwendung bei der dritten Generation von technischen Einrichtungen kein Problem dar, da die Überwachungsmöglichkeiten durch die digitalisierte Vernetzung weiter steigen.[34]

Vor der Einführung eines PIS ist A verpflichtet den BR aufgrund des § 87 Abs.1 Nr. 6 BetrVG zu informieren und seine Zustimmung einzuholen. Verletzt der ArbG die Mitbestimmungsrechte des BR so kann der BR die **Unterlassung** dieser Maßnahmen **gerichtlich durchsetzen** (bei Eilbedürftigkeit auch im Wege einer einstweiligen Verfügung).[35] Die Zustimmung des BR zu der geplanten Maßnahme (hier PIS) ist also eine Wirksamkeitsvoraussetzung. Versagt der BR die Zustimmung, so kann der ArbG diese **nicht** durch die **Änderung der einzelnen Arbeitsverträge** (Zustimmung des einzelnen ArbN zum Einsatz von PIS) erreichen.[36]

Kann über den Einsatz des geplanten PIS zwischen A und BR keine Einigung erzielt werden, so trifft die Einigungsstelle eine **verbindliche Entscheidung**. Die Einigungsstelle kann sowohl vom BR als auch ArbG angerufen werden Ihr Spruch ersetzt die fehlende Einigung zwischen BR und ArbG und stellt eine BV dar, wenn es zur Durchführung der mitbestimmungspflichtigen Maßnahme einer BV bedarf.

Literaturhinweise:

Ehmann, a.a.O.; **Jobs/Samland**, a.a.O.; **Kilian**, a.a.O.; **Hentschel/Wronka**, a.a.O.; **Linnenkohl**, Informationsrecht und Arbeitnehmerschutz, ArbuR 84, 129ff.; **Simitis**, Die informationelle Selbstbestimmung - Grundbedingungen einer verfassungskonformen Informationsordnung, NJW 84, 398ff.; **Zöllner**, a.a.O.; **Tinnefeld/Ehmann**, a.a.O.

[33] Zur Genealogie des Begriffes der technischen Einrichtungen vgl. **Linnenkohl**, Mobilitätstechnologie und Mitbestimmung, in: **Tinnefeld/Köhler/Piazolo**, „Arbeit in der mobilen Kommunikationsgesellschaft", 1996, S. 194.

[34] ebenda, S. 197.

[35] **BAG** vom 18.4.1985, AP Nr. 5 zu § 23 BetrVG 1972.

[36] **BAG** vom 13.2.1990, DB 1990, 1238, 1240.

Anhang

Sachverhalt: Musterklausur

Das Unternehmen A ist tarifgebunden. In dem zuständigen Tarifvertrag heißt es u.a.: „Ist bei der Einstellung kein schriftlicher Arbeitsvertrag abgeschlossen worden, so hat der Arbeitgeber das Arbeitsverhältnis innerhalb einer Woche nach Aufnahme der Beschäftigung schriftlich zu bestätigen.“

A stellt ArbN B, der nicht organisiert ist, formlos ein. Ferner enthält der Tarifvertrag folgende Klausel:

„Im Bedarfsfalle kann Kurzarbeit für Betriebe oder Betriebsabteilung unter Beachtung des gesetzlichen Mitbestimmungsrechtes des Betriebsrates mit einer Ankündigungsfrist von 14 Tagen eingeführt werden.“

Nachdem die Konjunktur schlecht geworden ist, und die Aufträge nur sehr schleppend eingehen, beschließt A, Kurzarbeit einzuführen und statt 40 nur noch 35 Stunden in de Woche arbeiten zu lassen. A holt die Zustimmung des Betriebsrates ein und verkündet fristgemäß durch Aushang am Schwarzen Brett die beschlossene Maßnahme.

B bietet seine Arbeitskraft an und verlangt den Lohn für die ausgefallenen Stunden.

Wie ist die Rechtslage?

Wie wäre der Fall zu beurteilen, wenn B tarifgebunden wäre?

Hilfsmittel: Gesetzestexte

Bearbeitungszeit: 90 Minuten

Besprechung

Vorbemerkung: Die Frage nach der **Rechtslage** bedeutet, daß der vorgegebene Sachverhalt grundsätzlich in chronologischer Folge nach seiner Entstehung satzweise zu überprüfen ist.

Nach **Satz 1** besteht für A ein Tarifvertrag. Damit treten in jedem Fall die Wirkungen der **einseitigen** Tarifbindung ein (§§ 3 Abs. 2; 4 Abs. 1 Satz 2 TVG).

Satz 2 gibt ein wörtliches Zitat aus dem zuständigen Tarifvertrag wieder, das die Form des Abschlusses des Arbeitsvertrages anspricht. Es handelt sich um eine Abschlußnorm, deren normative Geltung beiderseitige Tarifbindung voraussetzt (§§ 3 Abs. 1; 4 Abs. 1 Satz 1 TVG). Nach der Abschlußnorm hat der ArbG das Arbeitsverhältnis innerhalb einer bestimmten Frist, einer Woche, schriftlich zu bestätigen, wenn bei der Einstellung der Arbeitsvertrag nicht in schriftlicher Form abgeschlossen worden ist. Wie hieraus hervorgeht, macht der Tarifvertrag die Wirksamkeit des Vertragsabschlusses nicht von der Beachtung der Schriftform abhängig. Auch ein mündlicher, also formloser AV soll gültig sein. Es handelt sich mithin nicht um die rechtsbegründende (konstitutive, §§ 127, 126 BGB), sondern die rechtsklärende, bestätigende (deklaratorische) Schriftform. Ihre Verletzung würde daher nicht zu der existentiell bedrohlichen Nichtigkeit des Arbeitsvertrages führen, sondern lediglich zur Rechtssicherheit eine Verpflichtung für den ArbG zur Abgabe einer schriftlichen Bestätigung und für den ArbN einen Anspruch auf Vornahme dieser Rechtshandlung begründen (vgl. Fall Nr. 5).

Nach **Satz 3** stellt A den nicht organisierten B formlos, d.h. mündlich oder durch schlüssiges (konkludentes) Verhalten, ein. Da B nicht organisiert ist, besteht keine beiderseitige Tarifbindung. Somit hat die tarifvertragliche Abschlußnorm im Verhältnis zwischen A und B keine Gültigkeit. Eine schriftliche Bestätigung des Arbeitsverhältnisses hat daher nicht zu erfolgen.

Nach **Satz 4** des Sachverhaltes enthält der Tarifvertrag eine Klausel über die Einführung betrieblicher Kurzarbeit. Danach erklärt der Tarifvertrag die Einführung von Kurzarbeit unter bestimmten Voraussetzungen für zulässig. Wie aus § 87 Abs. 1 BetrVG hervorgeht, sind die Tarifvertragsparteien berechtigt, Normen über Kurzarbeit zu beschließen, die etwaigen bereits bestehenden Regelungen auf betrieblicher Ebene vorgehen würden (Vorrangigkeit tariflicher Abreden). Ferner ist § 87 Abs. 1 BetrVG zu entnehmen, daß Klauseln über die Einführung von Kurzarbeit betriebliche Normen darstellen, die sämtliche Arbeitsverhältnisse eines tarifgebundenen Betriebes erfassen (einseitige Tarifbindung i.S.d. § 3 Abs. 2 TVG).

Die tarifliche Regelung als solche ist inhaltlich nicht zu beanstande, zumal sie das Mitbestimmungsrecht des BR nach § 87 Abs. 1 Nr. 3 BetrVG berücksichtigt.

Die in den **Sätzen 5 und 6** geschilderte Einführung der Kurzarbeit im Unternehmen A entspricht inhaltlich und verfahrensmäßig dem Tarifvertrag. Dabei ist hervorzuheben, daß konjunkturell bedingter Auftragsrückgang einen „Bedarfsfall" darstellt, der vorübergehende Kurzarbeit rechtfertigt.

Das Verlangen des B **(Satz 7)** auf vollen Lohn wäre begründet, wenn B einen Beschäftigungsanspruch im Rahmen der üblichen Arbeitszeit hätte. In diesem Falle würde A mit der Annahme der Dienste in Verzug kommen (§ 615 BGB). B ist zwar selbst nicht organisiert, unterliegt jedoch andererseits den betrieblichen Normen des für A geltenden Tarifvertrages (§ 3 Abs. 2 TVG). Das bedeutet: B muß die Einführung der Kurzarbeit und damit die Reduzierung der üblichen AZ gegen sich gelten lassen. Demgemäß verringert sich sein Lohnanspruch. (Gegenseitigkeit von Lohn und erbrachter Arbeitsleistung); der teilweise Lohnausfall kann durch die Gewährung von Kurzarbeitergeld (gemäß §§ 63ff. AFG) gemindert werden. A gerät also nicht in Annahmeverzug.

Im Alternativfall **(Satz 8)** ist B, weil bei der tariflichen Gewerkschaft organisiert, tarifgebunden. Es liegt also eine beiderseitige Tarifbindung vor. Daher findet der gesamte normative Teil des Tarifvertrages auf das Arbeitsverhältnis zwischen A und B Anwendung. A ist somit verpflichtet, dem B gemäß der tariflichen Abschlußnorm das Arbeitsverhältnis schriftlich zu bestätigen. Im übrigen ändert die beiderseitige Tarifbindung nichts an der Rechtslage.

Literaturverzeichnis

ALTVATER, LOTHAR u.a.: Bundespersonalvertretungsgesetz, Kommentar für die Praxis, 4. Aufl., Köln 1996.

BALZE, WOLFGANG / REBEL, WOLFGANG / SCHUCK, PETER: Outsourcing und Arbeitsrecht, 1. Aufl., München 1997.

BECKER, FRIEDRICH u.a.: Gemeinschaftskommentar zum Kündigungsschutzgesetz und sonstigen kündigungsschutzrechtlichen Vorschriften, 4. Aufl., Neuwied, Kriftel, Berlin 1996 (Zit.: KR-Bearbeiter).

BOBROWSKI, PAUL / GAUL, DIETER: Das Arbeitsrecht im Betrieb, Bde. I und II, 8. Aufl., Heidelberg 1986.

BROX, HANS / RÜTHERS, BERND: Arbeitsrecht, 13. Aufl., Stuttgart, Berlin, Köln 1997.

BROX, HANS / RÜTHERS; BERND: Arbeitskampfrecht, 2. Aufl., Stuttgart, Berlin, Köln, Mainz 1982.

DÄUBLER, WOLFGANG (Hrsg.): Arbeitskampfrecht, 2. Aufl., Baden-Baden 1987.

DÄUBLER, WOLFGANG: Das Arbeitsrecht, Bd. II, 10. Aufl., Reinbek bei Hamburg, 1995.

DÄUBLER, WOLFGANG / KITTNER, MICHAEL / KLEBE, THOMAS (Hrsg.): Betriebsverfassungsgesetz, Kommentar für die Praxis, 6. Aufl., Frankfurt a. M. 1998.

DÄUBLER, WOLFGANG: Gläserne Belegschaften? Datenschutz für Arbeiter, Angestellte und Beamte, 3. Aufl., Köln 1993.

DEGENER, UDO: Das Fragerecht des Arbeitgebers gegenüber Bewerbern, Berlin 1975.

DIETZ, ROLF / RICHARDI, REINHARD: Betriebsverfassungsgesetz, Kommentar mit Wahlordnung, 6. Aufl., München 1992.

DÜTZ, WILHELM: Arbeitsrecht, 3. Aufl., München 1997.

DÜTZ, WILHELM: Unterlassungs- und Beseitigungsansprüche des Betriebsrates gegen den Arbeitgeber im Anwendungsbereich von § 87 BetrVG, Hans-Böckler-Stiftung, Düsseldorf, 1983.

EHMANN, HORST: Arbeitsschutz und Mitbestimmung bei neuen Technologien, Berlin 1981.

ENSTHALER, JÜRGEN: (begr. v. Bandasch, Georg W.): Gemeinschaftskommentar zum Handelsgesetzbuch, 5. Aufl., Neuwied, Kriftel, Berlin 1997.

ERMANN, WALTER: Handkommentar zum Bürgerlichen Gesetzbuch, Bd. I, 9. Aufl., Münster 1993 (Zit.: Ermann-Bearbeiter).

ETZEL, GERHARD: Betriebsverfassungsrecht, 5. Aufl., Neuwied, Kriftel, Berlin 1995.

EVERS, HANS-ULRICH: Arbeitskampfrecht, Neutralität, Waffengleichheit, Hamburg 1969.

FISCHER, PETER: Die Selbständigen von morgen: Unternehmer oder Tagelöhner, Frankfurt a. M., New York 1995.

FITTING, KARL / KAISER, HEINRICH / HEITER, FRIEDRICH / ENGELS, GERD: Betriebsverfassungsgesetz, Handkommentar, 18. Aufl., München 1996.

GAGEL, ALEXANDER: Arbeitsförderungsgesetz, Kommentar, München, Loseblattsammlung, Stand: September 1997.

GAMILLSCHEG, FRANZ: Arbeitsrecht, Prüfe dein Wissen - Rechtsfälle in Frage und Antwort, Bd. I, 7. Aufl., München 1987.

GAMILLSCHEG, FRANZ: Arbeitsrecht, Prüfe dein Wissen, Bd. II, 6. Aufl., München 1984.

GAMILLSCHEG, FRANZ: Kollektives Arbeitsrecht, Bd. I, München, 1997.

GITTER, WOLFGANG: Arbeitsrecht, 4. Aufl., München 1997.

GITTER, WOLFGANG: Sozialrecht, 4. Aufl., München 1996.

GNADE, ALBERT / KEHRMANN, KARL / SCHNEIDER, WOLFGANG: Betriebsverfassungsgesetz Basiskommentar mit Wahlordnung, 7. Aufl., Köln 1997.

GOLA, PETER / SCHOMERUS, RUDOLF: Bundesdatenschutzgesetz, Kommentar, 6. Aufl., München 1997.

GROSS, WILLI: Arbeitsvertragsrecht, Wiesbaden 1979.

GROßMANN, RUPRECHT / SCHNEIDER, FRIEDRICH: Arbeitsrecht, 9. Aufl., Bonn 1995.

HANAU, PETER / ADOMEIT, KLAUS: Arbeitsrecht, 11. Aufl., Neuwied, Kriftel, Berlin 1994.

HENTSCHEL, BERND / WRONKA, GEORG u.a.: Personalinformationssysteme in der Diskussion, Köln 1983.

HERKERT, JOSEF: Berufsbildungsgesetz, Kommentar mit Nebenbestimmungen, Regensburg, Bonn, Loseblattsammlung, Stand: Oktober 1997.

HERSCHEL, WILHELM: Arbeitsrecht, 87.-90. Tsd., Heidelberg 1980.

HERSCHEL, WILHELM / LÖWISCH, MANFRED: Kommentar zum Kündigungsschutzgesetz, 6. Aufl., Heidelberg 1984.

HESS, HARALD / SCHLOCHAUER, URSULA / GLAUBITZ, WERNER: Kommentar zum Betriebsverfassungsgesetz, 5. Aufl., Neuwied, Kriftel, Berlin 1997.

VON HOYNINGEN-HUENE, GERRICK: Betriebsverfassungsrecht, 3. Aufl., München 1993.

HROMADKA; WOLFGANG: Sprecherausschußgesetz, Kommentar, Neuwied 1991.

HUECK, ALFRED / NIPPERDEY, HANS-CARL: Grundriß des Arbeitsrechts, 5. Aufl., Berlin und Frankfurt a. M.

HUECK, ALFRED / NIPPERDEY, HANS-CARL: Lehrbuch des Arbeitsrechts, Bde. I und II, 7. Aufl., Berlin, Frankfurt a. M. 1973-1970.

HUECK, GÖTZ (begr. v. Hueck, Alfred): Gesellschaftsrecht, 19. Aufl., München 1991.

HUECK; GÖTZ / VON HOYNINGEN-HUENE, GERRICK: Kündigungsschutzgesetz, Kommentar, 12. Aufl., München 1997.

JOBS, FRIEDHELM / SAMLAND, JÜRGEN: Personalinformationssysteme in Recht und Praxis, Stuttgart 1984.

KILIAN, WOLFGANG: Personalinformationssysteme in deutschen Großunternehmen, Berlin, Heidelberg, New York 1982.

KITTNER, MICHAEL: Arbeits- und Sozialordnung, ausgewählte und eingeleitete Gesetzestexte, 23. Aufl., Frankfurt a. M. 1998.

KITTNER, MICHAEL: Beschäftigungsförderungsgesetz, Köln 1985.

KITTNER, MICHAEL / TRITTIN, WOLFGANG: Kündigungsschutzrecht, Kommentar zum Kündigungsschutzgesetz und anderen Kündigungsvorschriften, 3. Aufl., Köln 1997.

KITTNER, MICHAEL / KRAẞNEY, OTTO-ERNST: Sozialgesetzbuch, Textausgabe mit Einleitungen und ausgewählter Rechtsprechung in Leitsätzen, 4. Aufl., Köln 1996, Loseblattsammlung Stand: Juli 1997.

KLEBE, THOMAS / SCHUMANN, MANFRED: Das Recht auf Beschäftigung im Kündigungsschutzprozeß, Köln 1981.

LIEB, MANFRED: Arbeitsrecht, 6. Aufl., Heidelberg 1997.

LINNENKOHL, KARL: Arbeitszeitgesetz, Taschenkommentar, 1. Aufl., Baden-Baden 1996.

LINNENKOHL, KARL: Informationstechnologie und Mitbestimmung, Frankfurt a. M. 1989.

LÖWISCH, MANFRED: Taschenkommentar zum Sprecherausschußgesetz, 2. Aufl., Heidelberg 1994.

LORENZ, MARTIN: Teilzeitarbeit (Art. 1 BeschFG 1985), München 1985.

MEISEL, PETER G.: Die Mitwirkung und Mitbestimmung des Betriebsrates in personellen Angelegenheiten, 5. Aufl., Heidelberg 1984.

MEISEL, PETER G. / SOWKA, HANS-HARALD: Mutterschutz und Erziehungsurlaub, Kommentar zum Mutterschutzgesetz, zu den Leistungen bei Schwangerschaft und Mutterschaft nach der RVO und zum Bundeserziehungsgeldgesetz, 4. Aufl., München 1995.

NAGEL, BERNHARD: Fristverträge an Hochschulen und Forschungseinrichtungen, 1986.

NATZEL, BENNO: Berufsbildungsrecht, 3. Aufl., Stuttgart 1982.

NEUMANN, DIRK / BIEBL, JOSEF (begr. v. J. Denecke): Arbeitszeitgesetz, Kommentar, 12. Aufl., München 1995.

NEUMANN, DIRK / PAHLEN; ROLAND: Schwerbehindertengesetz, Kommentar, 8. Aufl., München 1992.

NICKISCH, ARTHUR: Arbeitsrecht, Bd. I, 3. Aufl., Tübingen 1961.

OTTO, HANSJÖRG: Einführung in das Arbeitsrecht, 2. Aufl., Berlin, New York 1997.

PALANDT, OTTO: Bürgerliches Gesetzbuch, Kurzkommentar, 57. Aufl., München 1998 (Zit.: Palandt-Bearbeiter).

PICOT, ARNOLD / REICHWALD, RALF / WIGAND, ROLF T.: Die grenzenlose Unternehmung: Information, Organisation und Management, Wiesbaden 1996.

PÜNNEL, LEO: Was man vom Arbeitsrecht wissen sollte, 17. Aufl., Neuwied, Kriftel, Berlin 1996.

RICHARDI, REINHARD / WLOTZKE, OTFRIED (Hrsg.): Münchener Handbuch zum Arbeitsrecht, Bd. III, Kollektives Arbeitsrecht, München 1993 (Zit.: MünchArb-Bearbeiter).

SCHACK, AXEL: Gruppenarbeit, Mitarbeiterverhältnis und die Arbeitsrechtsordnung, Berlin 1997.

SCHAUB, GÜNTER: Arbeitsrechtshandbuch, 8. Aufl., München 1996.

SCHMID, HANS DIETER / TRENCK-HINTERBERGER, PETER: Grundzüge des Arbeitsrechts, 2. Aufl., München 1994.

SCHNEIDER, HANS-PETER / WULFES, DETLEV: Nichtraucherschutz durch staatlichen Eingriff oder individuelle Konfliktlösung, Baden-Baden 1998.

SÖLLNER, ALFRED: Grundriß des Arbeitsrechts, 11. Aufl., München 1994.

SIMITIS, SPIROS / DAMMAN, ULRICH / MALLMANN, OTTO / REH, HANS-JOACHIM: Dokumentation zum Bundesdatenschutzgesetz: Bund, Länder, Kirchen, Ausland und Internationales, Baden-Baden, Loseblattsammlung, Stand: August 1997.

STEINBUCH, KARL: Die rechte Zukunft, 2. Aufl., 1982.

TOEFFLINGER, FRANK: Rechtliche Kriterien für Inhalt und Umfang der Mitbestimmung des Betriebsrates bei technisierter Überwachung, 1. Aufl., Baden-Baden 1991.

TINNEFELD, MARIE-THERES / EHMANN, EUGEN: Einführung in das Datenschutzrecht, München 1992.

TINNEFELD, MARIE-THERES / KÖHLER, KLAUS / PIAZOLO, MICHAEL (Hrsg.): Arbeit in der mobilen Kommunikationsgesellschaft: Arbeits-, datenschutzrechtliche, wirtschaftliche und soziale Auswirkungen der Telearbeit, Braunschweig, Wiesbaden 1996.

WANK, ROLF: Telearbeit, Heidelberg 1997.

WANNAGAT, GEORG: Lehrbuch des Sozialversicherungsrechts, Tübingen 1965.

WEBER, ROLF: Berufsbildungsgesetz, Text und Kommentar, Köln, Loseblattsammlung Stand: Februar 1997.

WEDDE, PETER: Telearbeit, 2. Aufl., Köln 1994.

WIEDEMANN, HERBERT / STUMPF, HERMANN: Tarifvertragsgesetz, Kommentar, 5. Aufl., München 1977.

WIETHÖLTER, RUDOLF: Rechtswissenschaft, Frankfurt a. M., Hamburg 1968.

WOHLGEMUTH, HANS HERMANN: Berufsbildungsgesetz, Kommentar für die Praxis, 2. Aufl., Köln 1995.

WOHLGEMUTH, HANS HERMANN: Datenschutz für Arbeitnehmer, 2. Aufl., Neuwied 1988.

ZMARZLIK, JOHANNES / ZIPPERER, MANFRED / VIETHEN, HANS PETER: Mutterschutzgesetz, Mutterschaftsleistungen, Bundeserziehungsgeldgesetz, 7., Aufl., Köln, Berlin, Bonn, München 1994.

ZÖLLNER, WOLFGANG / LORITZ, KARL-GEORG: Arbeitsrecht, 5. Aufl., München 1998.

Stichwortverzeichnis

www.ingramcontent.com/pod-product-compliance
Lightning Source LLC
LaVergne TN
LVHW042242300926
849161LV00003B/446